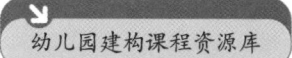

幼儿园建构项目活动

主编
王 瑞

编写者
（按姓氏笔画排序）

王　慧　吕　霞　朱　莉　江新明　孙　婧　孙　聪
芮晓君　杨　娟　杨春桂　张　萍　张　蔚　罗　敏
胡　璟　侯建勤　钱　莉　徐春敏　高婷婷　盛　凌
梁　莉　嵇梦卉　程　超　蔡玉峰　霍　文　戴宁宁

南京师范大学出版社

图书在版编目（CIP）数据

幼儿园建构项目活动 . 中班 / 王瑞主编 . — 南京：南京师范大学出版社，2022.12（2025.2重印）

（幼儿园建构课程资源库）

ISBN 978-7-5651-4976-4

Ⅰ. ①幼… Ⅱ. ①王… Ⅲ. ①学前教育—教学参考资料 Ⅳ. ① G613

中国版本图书馆 CIP 数据核字（2021）第 170542 号

书　　名	幼儿园建构项目活动（中班）
丛 书 名	幼儿园建构课程资源库
主　　编	王　瑞
责任编辑	王　瑾
出版发行	南京师范大学出版社
地　　址	江苏省南京市玄武区后宰门西村 9 号（邮编：210016）
电　　话	（025）83598919（总编办）　83598412（营销部）　83598009（邮购部）
网　　址	http://press.njnu.edu.cn
电子邮箱	nspzbb@njnu.edu.cn
照　　排	南京凯建文化发展有限公司
印　　刷	南京艺中印务有限公司
开　　本	787 毫米 × 1092 毫米　1/16
印　　张	18
字　　数	401 千
版　　次	2022 年 12 月第 1 版　2025 年 2 月第 3 次印刷
书　　号	ISBN 978-7-5651-4976-4
定　　价	72.00 元
出 版 人	张　鹏

南京师大版图书若有印装问题请与销售商调换
版权所有　侵犯必究

序　言

积木与儿童的梦想世界

江苏省教育科学研究院　毛曙阳

南京市六一幼儿园在建构游戏研究方面积累了丰富的经验，这是一所关心幼儿、善于学习并且得到家长与同行高度肯定和赞誉的幼儿园。让每一个幼儿都能够"有活力地成长"，这是南京市六一幼儿园研究团队在幼儿发展目标上的一种高度认同，这也是幼儿园中孩子们茁壮成长的一种生动样态。在这里，孩子们可以得到老师的温暖支持，可以尽情地展开自己的梦想，可以用多种方式展现自己的才干，可以不断地向着美好的目标前行，可以在丰富的探索和游戏活动之中感受成长的喜悦。

在新书出版之际，结合这些年来和南京市六一幼儿园教师团队一起开展合作研究的心路历程，下面我和大家一起讨论与交流以下三个话题。

一、儿童是有能力的，儿童总生活在自己的梦想世界之中

1. 每一个儿童都是独特的和有才干的，是活力满满的。

儿童是具有潜能的，是好奇和好探索的，是有能力的主动学习者。儿童会在与他人的交往过程中，在与环境的互动过程之中，显现出自身的能动性、独创性和差异性。儿童是一群充满活力的好学者，会以整体的、身体的和体验式的方式来进行学习，他们的学习方式是独特的，他们的学习效率是很高的。我们要充分信任儿童，相信他们自己能够解决好自己面临的问题。在幼儿园和家庭中，孩子能做的事情，都要让孩子自己去做。这样一来，孩子们就可以在探索和做事的过程中积累信心，不断增强自己的能力，就能表现出更好的学习状态和姿态。

2. 每一个儿童都是积极向上的，儿童对自己的生活充满了梦想和期待。

儿童是积极的，是向上的，是充满梦想的，他们对未来充满了美好的期待。儿童希望能够在一个熟悉和可信赖的环境中生活与活动，渴望与他人建立起密切而温暖的关系，盼望着能够得

到来自他人的认可与肯定,他们愿意和周围的人友好相处。当儿童与他人建立起良好的关系之后,当他们获得肯定和鼓励之后,儿童就会感受到安定和受尊重,就会乐意参加各类新的探索和发现,就会在活动中不断增强信心和发展能力。

二、来自教师的欣赏陪伴和恰到好处的支持能够让儿童的梦想世界变得更加美好

1. 教师需要成为儿童成长的欣赏者和陪伴者。

在儿童的健康成长和迎接各类挑战的过程中,他们期盼能够得到来自教师的欣赏和陪伴。教师是有爱心的一群人,是具有专业素养的一群人,同时也是有着社会责任感的一群人。在幼儿园中,教师的角色是多元的。教师不仅是组织者、引导者和监督者,而且也是儿童成长的欣赏者、陪伴者和支持者。在幼儿园中,儿童们不仅喜欢参与各种探索和游戏活动,而且他们也极希望陪伴自己的老师能够真诚地欣赏和关注自己的探索和游戏活动。有良好专业素养的教师不仅可以用自己的爱心和耐心让孩子们的心灵感受到温暖,而且也会以多种方式来鼓励和支持孩子们用自己的方式去迎接新的挑战。

2. 教师的支持和指导应当是恰到好处的。

所谓恰到好处的支持就是一种不多不少的和适宜有效的支持。恰到好处的支持意味着教师不要过多地拘泥或纠结于多一些指导语或少一些指导语,而是要根据实际情况,借助于自己的专业理解和已有经验,果断地做出最佳的判断。在这个过程中,教师既可以就一些安全问题反复进行提醒和开展讨论,也可以用简洁的语言和温和的态度来鼓励和回应儿童;教师既可以为孩子们创设出一个有准备的环境,也可以静静地观察孩子们的游戏;教师既可以用一对一详细写下来的方式来记录儿童对自己绘画内容的介绍和描述,也可以鼓励儿童自己想办法去解决游戏和探索中所遇到的问题。教师支持儿童学习的方式是多样的,既可以推动着儿童学本领,也可以看着儿童学本领并把整个学习的过程记录下来。总之,教师要形成基本的共识,要相信每一个儿童都是积极主动和有能力的学习者,要灵活地把握好自身的角色和作用。

三、多样化的积木能够支持儿童不断发现和展现自己的潜能,能让儿童的梦想世界变得更加丰富和生动

1. 多样化的和低结构的积木是儿童认识世界与创造世界的有力工具。

儿童在迈入正规的教育机构之前,就已经拥有了大量的学习基础和特别的本领。著名的哲学家和教育家杜威指出,儿童的生长发展需要一定的内在条件,这种内在条件就是儿童的兴趣、本能、依赖性和已经形成的习惯。杜威认为,儿童的本能包括四个方面,即交流的本能、探究的本能、建造的本能和表现的本能。他说:"当我将这四类兴趣——交谈或交流方面的兴趣、探究或发现的兴趣、制作或建造的兴趣和艺术表现的兴趣——牢记在心时,我们就可以说,它们是

自然的资源，是未投入的资本，儿童的积极生长仰赖于对它们的运用。"在此，我们可以清楚地看到，在人类发展的早期阶段，人们就对各类搭建和建造活动充满了浓厚的兴趣，同时也会不断地积累各种搭建的经验。对于孩子们来说，积木有着神奇的力量，有着无穷的魅力。这些看似简单的积木之中蕴含着丰富的发展可能，能给孩子们带来大量深刻的挑战，也能让孩子们感受到物品搭建的独特乐趣。我们看到，单元积木是最具有代表性的一类积木，深受儿童的喜爱。西蒙·尼科尔森提出了松散材料理论，他说："在任何环境中，发明和创造的程度以及发现的可能性，都与该环境中变量的数量和种类成正比。"实践证明，大量的、多样化的低结构材料有助于儿童产生出更多的创造和发现。而积木就是低结构材料的典型代表。因此，在幼儿园中，孩子们应当拥有多样化的和大量的积木等低结构材料，应当有充足的时间和机会去操作与摆弄各种积木，这样一来，孩子们就可以借助积木这一强有力的工具来主动地进行探索和发现，就能够以自己的方式来认识和理解眼前的世界，就能够大胆地创造出自己梦想中的新世界。

2. 在积木搭建的过程中，儿童会不断地发现和展示自己的才能，会以多种方式来创造和丰富自己的梦想世界。

当儿童拥有了积木、宽敞的游戏场地和充足的游戏时间之后，就变得神通广大起来。儿童充分地发挥自己的想象力，会用灵巧的手搭建起各种各样的物品和建筑物，会搭建出桥梁、道路、亭子、城墙、幼儿园和美丽的花园等。可以说，只要是人们能够想到的，孩子们就可以搭建出来。那么，孩子们为什么喜欢搭积木呢？因为积木好玩，因为积木能够让他们把想法变成现实，能够让他们充分地表达自己的情绪和观点，能够让他们看到自己不断增长的能力，能够让他们感受到交往与合作的愉快，也能够让他们获得自尊和自信。就像孩子们都喜欢画画一样，他们也都喜欢搭积木，他们会用自己的方式来创建出全新的梦想世界。儿童搭建积木的过程就是他们展现自己本领的过程，就是他们开发自己潜能的过程。对于儿童来说，在幼儿园中他们需要有充足的时间、机会来展现自己的各种本领和才能。此外，积木游戏也能够给孩子们提供大量的探究、试错和重复的机会。通过大量的搭积木游戏，孩子们的动作会更加熟练，他们相互之间的交流会更加顺畅，他们会不断增强整体规划能力，他们会持续养成收拾整理的好习惯，他们会在游戏中获得多方面的整体发展，他们也将会通过多种方式来创造和丰富自己生动的梦想世界。

通过这套书，读者们会真切地感受到儿童成长的巨大力量，会看到教师们孜孜不倦的努力和追求，同时也会对自己的实践工作产生新的启发。知行需要合一，我们既需要有理念也需要有行动，需要通过不断学习才能深入地认识和把握事物发展的内在规律，才能持续保持头脑的清醒。只要我们怀有"赤诚之心"，以"不计失败"的无功利之心来做好自己的日常工作，始终真诚地向儿童学习，向有见识的同行学习，那么，我们就可以更加贴近儿童的世界，就能够更加有力地支持儿童实现自己的梦想，就能够让儿童在展现自己本领的过程中有活力地成长，就能够支持儿童拥有健康快乐和充实有趣的童年时光。

目 录

序言：积木与儿童的梦想世界 / 毛曙阳　　　　　　　　　　　　　　　1
前言　　　　　　　　　　　　　　　　　　　　　　　　　　　　　　1

上学期

项目一　有用的轨道交通

一、项目缘起　　　　　　　　　　　　　　　　　　　　　　　　　　1
二、发展线索　　　　　　　　　　　　　　　　　　　　　　　　　　2
三、具体活动　　　　　　　　　　　　　　　　　　　　　　　　　　2
　　线索一　多样火车　　　　　　　　　　　　　　　　　　　　　　2
　　活动一　厉害的高铁　　　　　　　　　　　　　　　　　　　　　3
　　活动二　高铁快跑　　　　　　　　　　　　　　　　　　　　　　4
　　活动三　绿皮火车与高铁　　　　　　　　　　　　　　　　　　　6
　　活动四　有趣的车厢　　　　　　　　　　　　　　　　　　　　　7
　　活动五　各种各样的火车　　　　　　　　　　　　　　　　　　　9
　　活动六　火车站　　　　　　　　　　　　　　　　　　　　　　　11
　　线索二　城市列车　　　　　　　　　　　　　　　　　　　　　　13
　　活动一　小紫来啦　　　　　　　　　　　　　　　　　　　　　　13
　　活动二　夸地铁　　　　　　　　　　　　　　　　　　　　　　　14
　　活动三　地铁和高铁　　　　　　　　　　　　　　　　　　　　　16
　　活动四　地铁交通变变变　　　　　　　　　　　　　　　　　　　17
　　活动五　地铁（一）　　　　　　　　　　　　　　　　　　　　　18
　　活动六　地铁（二）　　　　　　　　　　　　　　　　　　　　　19
　　活动七　地铁（三）　　　　　　　　　　　　　　　　　　　　　21

活动八　地铁游戏总动员　　　　　　　　　　　　23
　　活动九　地铁安全小知识　　　　　　　　　　　　24
四、关键经验　　　　　　　　　　　　　　　　　　　26

项目二　飞机起飞啦

一、项目缘起　　　　　　　　　　　　　　　　　　　27
二、发展线索　　　　　　　　　　　　　　　　　　　28
三、具体活动　　　　　　　　　　　　　　　　　　　28
　线索一　客机　　　　　　　　　　　　　　　　　　28
　　活动一　我知道的客机　　　　　　　　　　　　　29
　　活动二　造飞机　　　　　　　　　　　　　　　　30
　　活动三　神奇的客机　　　　　　　　　　　　　　32
　　活动四　比一比谁飞得远　　　　　　　　　　　　33
　　活动五　我是客机建造师　　　　　　　　　　　　34
　　活动六　各种各样的客机　　　　　　　　　　　　36
　　活动七　对称的机翼　　　　　　　　　　　　　　37
　　活动八　可以坐的飞机　　　　　　　　　　　　　38
　　活动九　有用的机票　　　　　　　　　　　　　　40
　　活动十　我是小小飞行员　　　　　　　　　　　　41
　　活动十一　空哥空姐带你安全坐飞机　　　　　　　42
　线索二　军用飞机　　　　　　　　　　　　　　　　43
　　活动一　飞机本领大　　　　　　　　　　　　　　44
　　活动二　有用的直升机　　　　　　　　　　　　　45
　　活动三　拼插直升机　　　　　　　　　　　　　　46
　　活动四　厉害的歼20　　　　　　　　　　　　　　47
　　活动五　战略运输机　　　　　　　　　　　　　　49
四、关键经验　　　　　　　　　　　　　　　　　　　51

项目三　船的世界

一、项目缘起　　　　　　　　　　　　　　　　　　　52
二、发展线索　　　　　　　　　　　　　　　　　　　53
三、具体活动　　　　　　　　　　　　　　　　　　　53

目 录

　　线索一　我坐过的船　　53
　　　活动一　我身边的船　　54
　　　活动二　游船　　56
　　　活动三　各种各样的游船　　58
　　　活动四　超级大邮轮　　60
　　　活动五　建构大邮轮　　61
　　　活动六　邮轮要开了　　63
　　线索二　军舰　　65
　　　活动一　船舶　　65
　　　活动二　多样的船　　66
　　　活动三　厉害的军舰　　68
　　　活动四　建构军舰　　69
　　　活动五　认识潜水艇　　71
　　　活动六　小小潜水艇　　72
　　　活动七　制订港口建构计划　　74
　　　活动八　建构港口　　75
四、关键经验　　78

项目四　海底世界

一、项目缘起　　79
二、发展线索　　80
三、具体活动　　80
　　线索一　多样的海洋生物　　80
　　　活动一　各种各样的海洋生物　　81
　　　活动二　海洋生物食物链　　83
　　　活动三　漂亮的水母　　84
　　　活动四　可爱的海龟（一）　　86
　　　活动五　可爱的海龟（二）　　88
　　　活动六　聪明的章鱼　　89
　　　活动七　凶猛的鲨鱼（一）　　91
　　　活动八　凶猛的鲨鱼（二）　　93
　　线索二　好玩的海洋馆　　94
　　　活动一　探秘海洋馆　　95

  活动二 漂亮的美人鱼 96

  活动三 美人鱼馆 97

  活动四 海洋馆礼品店 98

  活动五 欢乐海洋馆 100

 线索三 保护海洋 102

  活动一 困境重重的海洋生物 102

  活动二 保护海洋小卫士 103

四、关键经验 105

项目五 智能时代

一、项目缘起 106

二、发展线索 107

三、具体活动 107

 线索一 百变机器人 107

  活动一 生活中的智能机器人 108

  活动二 有趣的扫地机器人 109

  活动三 建构智能机器人 110

  活动四 商场里的机器人 112

  活动五 人形机器人 113

  活动六 快乐机器人 115

  活动七 机器人动起来 116

  活动八 机器人探秘 117

  活动九 各种各样的机器人 119

  活动十 有趣的仿生机器人 120

  活动十一 仿生机器人来了 122

 线索二 未来机器人 123

  活动一 机器人总动员 123

  活动二 机器人瓦力 126

  活动三 我发明的机器人 127

  活动四 机器人乐园 128

  活动五 玩转未来机器人世界 129

四、关键经验 132

目录

下学期

项目六 秦淮灯会

一、项目缘起 … 133
二、发展线索 … 134
三、具体活动 … 134
  线索一 看花灯 … 134
  分支一 花灯
  活动一 热闹的秦淮灯会 … 135
  活动二 各式各样的花灯 … 136
  活动三 做花灯 … 137
  活动四 荷花灯 … 138
  活动五 动物花灯 … 140
  活动六 宫灯 … 141
  活动七 花灯分类 … 143
  分支二 坐游船看花灯
  活动八 画舫（一）… 144
  活动九 画舫（二）… 145
  活动十 坐画舫，赏花灯 … 147
  线索二 游秦淮 … 148
  活动一 牌坊（一）… 149
  活动二 牌坊（二）… 149
  活动三 中国古代建筑 … 151
  活动四 夜泊秦淮 … 153
  活动五 十里秦淮 … 154
四、关键经验 … 156

项目七 可爱的动物

一、项目缘起 … 157
二、发展线索 … 158
三、具体活动 … 158
  线索一 脊椎动物 … 158
  分支一 爬行动物

活动一　我喜欢的动物　　159
　　活动二　可爱的小兔子　　160
　　活动三　有趣的猫科动物　　162
　　活动四　可爱的动物（一）　　163
　　活动五　可爱的动物（二）　　165
　　活动六　动物乐园搭建计划　　167
　　活动七　玩转动物乐园　　168
　　分支二　鸟类
　　活动八　各种各样的鸟　　169
　　活动九　可爱的小鸟　　171
　　活动十　鸟的王国　　173
　　线索二　无脊椎动物　　174
　　活动一　我知道的昆虫　　175
　　活动二　蝴蝶和蜻蜓　　176
　　活动三　神奇的毛毛虫　　178
　　活动四　公园里的昆虫　　179
　　活动五　有趣的昆虫游戏　　180
四、关键经验　　181

项目八　好玩的游乐场

一、项目缘起　　182
二、发展线索　　183
三、具体活动　　183
　　线索一　好玩的游乐器械　　183
　　活动一　各种各样的游乐器械　　184
　　活动二　游乐器械真好玩　　185
　　活动三　旋转飞椅　　186
　　活动四　摩天轮　　188
　　活动五　旋转类游乐器械设计师　　190
　　活动六　旋转类游乐器械　　191
　　活动七　青蛙跳　　192
　　活动八　有趣的跳楼机　　194
　　活动九　果虫滑车　　195

活动十	游乐器械大集合	197
线索二	玩转游乐场	198
分支一	迪士尼乐园	
活动一	漂亮的花车	199
活动二	神奇的水晶鞋	200
活动三	设计吉祥物	202
分支二	六一游乐场	
活动四	有趣的游乐场	203
活动五	玩转六一游乐场	204

四、关键经验　　　　　　　　　　　　　　　　206

项目九　摩天大楼

一、项目缘起　　　　　　　　　　　　　　　　207
二、发展线索　　　　　　　　　　　　　　　　208
三、具体活动　　　　　　　　　　　　　　　　208

线索一	紫峰大厦	208
活动一	南京的摩天大楼	209
活动二	紫峰大厦	210
活动三	我知道的摩天大楼	212
活动四	建造摩天大楼	213
活动五	数高楼	215
活动六	门牌号码	216
活动七	乘坐电梯	217
活动八	上楼下楼	218
活动九	火灾来临怎么办	220
线索二	上海中心大厦	221
活动一	上海的摩天大楼	221
活动二	上海中心大厦	222
活动三	夜幕下的上海中心大厦	223
线索三	哈利法塔	225
活动一	世界的摩天大楼	225
活动二	纸杯盖大楼	226
活动三	纸牌搭高楼	228

四、关键经验　　230

项目十　桥的世界

一、项目缘起　　231
二、发展线索　　232
三、具体活动　　232
　　线索一　我身边的桥　　232
　　　活动一　幼儿园里的荡桥　　233
　　　活动二　我了解的桥　　234
　　　活动三　秦淮古桥　　235
　　　活动四　河面上的小桥　　236
　　　活动五　弯弯曲曲的桥　　237
　　　活动六　"南京眼"的由来　　239
　　　活动七　"南京眼"灯光秀　　240
　　　活动八　"南京眼"　　241
　　　活动九　桥的挑战　　243
　　线索二　中国名桥　　245
　　　活动一　中国名桥　　245
　　　活动二　各种各样的桥　　246
　　　活动三　风雨廊桥　　248
　　　活动四　各种各样的廊桥　　249
　　　活动五　亭桥　　251
　　　活动六　各种各样的亭桥　　253
四、关键经验　　254

幼儿建构表征作品　　255
后记　　270

前　言

一、幼儿园建构项目活动介绍

南京市六一幼儿园致力于幼儿园建构游戏的研究20余年，2016年出版的《创意拼搭——幼儿园建构游戏方案》系列丛书受到了广大读者的欢迎，这让我们备受鼓舞，也成为我们在建构游戏研究道路上不断前行的动力。建构是一种儿童喜欢的游戏，是儿童表达自我的一种语言，也是儿童解决实际问题的一个支架。

随着研究的深入，我们发现建构游戏的价值不仅仅是建构本身，如何站在课程的角度让建构真正地"活"起来成为我们需要进一步研究的核心。建构游戏只能是搭建吗？搭建前儿童的需要和经验是什么？建构的动机又是什么？建构过程又会生发哪些活动？可能内隐哪些学习与发展？所以，我们从建构游戏本身的研究转向建构游戏课程化的研究。

在"活教育"思想体系中，陈鹤琴先生提出：幼儿园的教学不再碎片化，而是从儿童的生活出发，以社会或自然为中心，选择相关联的学习素材。美国教育家杜威认为：有意义的课程应基于儿童的兴趣和需要，支持儿童在真实的任务情境中进行探索学习。因此，《幼儿园建构项目活动》的探索与实践，以项目活动形式展开，以真实问题为导向，以建构为主要载体，调动儿童各领域经验，运用一日活动的各个环节促进儿童综合、整体地发展。在不断追随儿童的过程中，我们惊喜地发现建构游戏是儿童表达自己想法、经验和情感的重要方式，建构活动常常与角色游戏、表演游戏、体育游戏、音乐游戏等活动发生关联，进一步拓展了建构游戏本身的价值，实现了多维度经验联系生长的可能性。

二、幼儿园建构项目活动特点

1. 目标内隐性

《幼儿园建构项目活动》系列丛书由30个项目组合而成。这些项目来源于儿童的生活和儿童的兴趣。每一个项目和项目中的每一个活动没有预设的目标，而是在儿童探索和实践完之后，以《3—6岁儿童学习与发展指南》为依据，对五大领域关键经验进行分析，实现从儿童需要学习建构技能到支持儿童整体发展的转变。在实践操作前,教师需要树立儿童发展意识,对阶段性发展目标有全面的了解,在实际生成项目的过程中,目标内隐在教师心中,教师带着这些隐藏目标和儿童一起探究,通过开放性的问题和启发性的策略潜移默化地引导儿童深入学习。

2. 问题导向性

本丛书中的每一个项目都来源于儿童的真实问题,问题与问题之间具有一定的联系,前一个问题为下一个问题的解决奠定相关经验基础,在问题解决的过程中不断生成新的问题,教师不断支持儿童解决问题的过程,就是项目自然生成的过程。例如:在"戏剧乐园"项目中,儿童对戏曲产生了兴趣,想要搭建一个戏台,于是就产生了"戏台是什么样子的,怎么搭建戏台,回廊式戏台怎么表现,怎么搭建一个可以让我们表演的戏台,怎样让戏台更好看"等问题。在这个过程中,"建构"不仅是儿童的一种语言,也成为支持儿童解决问题的一种手段,成为儿童经验不断生长的一个支架。

3. 经验生长性

经验来自主体的活动,儿童经验的生长离不开与周围环境的互动。杜威认为经验将有机体与环境形成了一个不可分割的统一体,将经验视为不断构造过程的结构,认为经验是不断发展和重组的,操作是获得经验最直接的途径。本丛书以建构为特色,以儿童真实问题为导向,建构活动的开展是以大量低结构材料为基础的,低结构的材料具有可变性强、结构多样等特点,能够帮助儿童获取更多的经验,促进他们深度学习。在实践的过程中,我们发现建构游戏能够推动儿童在健康、语言、社会、科学、艺术等五大领域多种经验的生长,在每一个活动后都有针对性的分析,每一个项目最后有整体经验获得的总结。虽然活动与活动之间、项目与项目之间有相关经验的重合,但儿童整体经验呈不断进阶、螺旋上升的趋势。

4. 路径多元性

建构项目活动来源多元。有的项目源自儿童生活感知的建筑物,如"摩天大楼"项目起源于南京的紫峰大厦,"走进南博"项目来源于南京博物院,"印象南京"项目以夫子庙建筑群为代表;有的项目源自原有课程方案中儿童感兴趣的话题,如在"我爱幼儿园"项目中,教师和孩子们一起观察幼儿园,了解幼儿园的小路、花坛和鱼池,并用建构的方式进行表现;有的项目以儿童游戏为生发点,如"戏剧乐园"项目,孩子们想要尝试搭建一个可以游戏的戏台,并以此为目标在一次次建构的过程中不断尝试、反思和改进。此外,项目的实践路径也是多元的,除了有一个个基于儿童真实问题的集体活动,还可以通过晨间谈话、户外游戏、体育锻炼、角色游戏、区域游戏、餐前讨论等一日活动的各个环节支持儿童在项目活动中的探索,运用集体、小组和个别的组织形式贯穿于一日活动之中。在晨间谈话或集体活动中聚焦问题、分析问题、讨论问题,儿童通过集体活动或游戏活动动手动脑探索解决问题的方法,在户外游戏、角色游戏、区域游戏等环节巩固和提升经验,通过餐前讨论和谈话活动等形式反思回顾探究的过程,将经验内化,在多元路径中实现经验的持续递进。

三、幼儿园建构项目活动的一般过程

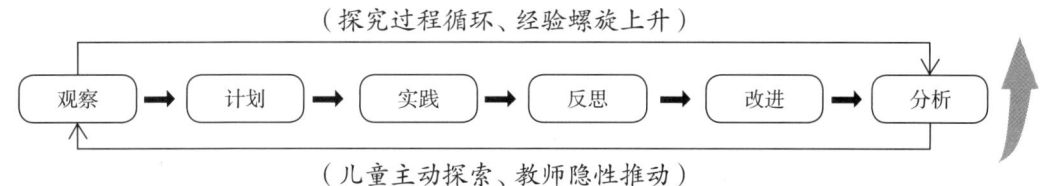

每个项目活动开展的过程是儿童和教师共同确定项目内容、探究学习、产生互动和发展总结的过程。它围绕观察、计划、实践、反思、改进、分析几个大环节不断循环，根据每个项目的复杂程度进行调整，在解决一个问题的基础上生发新的问题。

对于儿童来说，根据他们感兴趣的项目内容进行精密观察、制订计划、运用多种表征方式来呈现、反思并不断调整。这种循环的主动的探究过程渗透在一日活动的各环节中，调动儿童运用各领域经验解决问题，促进经验的螺旋上升。

对于教师来说，他们一直在儿童的背后观察、支持，提供适宜的材料、场地，和儿童一起布置环境、讨论交流，提出问题引发儿童思考，推动他们用多种方式方法解决问题、主动学习，推动整个项目的深度发展和儿童各方面能力的同步发展。

1. 观察

观察儿童的生活、观察儿童的兴趣，每一个项目需要来源于儿童，这样才能发现真实的儿童视角下的问题。在精密观察儿童的基础上，教师需要帮助他们更精确、更充分地了解自身的经验及环境，让儿童学会观察，了解事物的特征和结构。然而，并非儿童经验中的所有现象、环境都值得投入精力和注意力，每一个项目应能提供给儿童大量应用多元互动技巧的机会，让他们了解各种不同媒介、材料的功用及限制，关注他们所产生的问题。

2. 计划

我们主张儿童体验在前、教师支持在后的生成策略。教师运用晨间谈话、集体活动、餐前讨论等环节和幼儿一起交流，了解儿童在项目活动中遇到的真实问题，引导儿童思考可能的解决方法。小组预先讨论，提出可能性的措施，制订相应的计划，再进行实践。计划可以是口头讨论的行动方案，也可以根据不同年龄段儿童的经验水平，鼓励他们运用绘画、符号和数字等多种方式进行表征。

3. 实践

依照前期讨论的内容，儿童将自己的计划付诸实践。一方面，儿童去参观、体验，并互相讨论交流自己的想法和感受，对事物的了解也越来越深入。另一方面，教师提供大量的低结构材料，让儿童用各种表征方式自由表达，教师运用开放性问题和启发性策略予以支持，鼓励儿童迁移经验，用建构的方法解决问题，发展其运用各种媒介的技巧和经验。

4. 反思

反思包括个人反思、小组反思和集体反思。教师引导儿童针对实践中出现的关键性问题进行讨论,讲述他们的解决方式,并分析实践的可行性,对自己预先的计划是否做调整进行思考。同时,鼓励儿童提出在实践过程中遇到的新问题,以及自己是否解决和运用的方法,最后可以用语言、绘画、符号等各种形式将自己的反思记录下来,探寻改进的方法。

5. 改进

改进包括解决问题过程中的改进,也包括对整个项目活动的改进。针对问题可以从材料、方法、环境、场地、合作等多个角度提出改进的策略,儿童再次实践调整。教师需关注幼儿学习探索的兴趣和积极性、项目架构的完整性及社会资源的利用等方面,儿童能通过项目的学习对核心内容有更加深入的理解和表达,且解决问题的方式更加多元,问题之间也具有一定的连续性,便于儿童在不断循环往复的过程中巩固已有经验,提升新的经验。

6. 分析

教师可以引导儿童分析问题解决成败的原因,也可以自己回顾整个项目活动,以《3—6岁儿童学习与发展指南》以及其他专业理论为依据,对儿童在项目活动中五大领域的发展做全面、综合的分析,了解儿童在探究过程中自然渗透与整合了哪些学习与发展,并通过丰富多样的延伸活动促进儿童经验的多元发展。

在项目活动进行的过程中,我们主张儿童主动探索,教师隐性推动,这种隐性的支持是建立在教师对儿童有全面了解的基础之上的,教师需要做到心中有数、因势利导、适度支持。在整理这些方案时,我们梳理出儿童视角下的问题,真实记录儿童的学习过程,将聚焦于一个核心问题的零散问题形成一个线索,重点关注儿童解决问题的方式以及关键经验的获得,形成了一个个鲜活的项目活动。

四、使用建议

本书是"十三五"省级规划课题"以建构为特色的幼儿园课程研究"的成果,也是南京市六一幼儿园20多年研究幼儿园建构活动的阶段性成果。我们始终秉持幼儿园课程是一种动态的教育的存在理念,书中为读者提供了课程生成过程中教师的支持方式和儿童解决问题的方法,但这些方式并不是唯一的。每个园所的情况和儿童的经验不同,我们需要注意让整个教育过程浸润在"活"的理念中。教师需要在掌握教材的基础上,不受制于教材,关注班级儿童的经验和需要,精密观察儿童在一日活动中的行为和表现,不断抓住新的具有教育价值的契机。在使用本丛书时,要因地制宜,根据自身园所的课程文化、课程资源、儿童经验、地域特点等影响因素,重新审视每一节活动,在已有基础上生发不同的活动、游戏和项目。若遇到材料不够或缺失某一种材料时,可以适当进行调整,寻找身边的资源进行替代,充分发挥幼儿的想象力和创造力,利用建构游戏培养其解决问题的能力。

我们很高兴能与您在书中相遇,如果书中的一些观点能够得到您的认可和共鸣,我们深感荣幸。书中的文字倾尽了每一位六一幼儿园教师的心血,字里行间透露的是儿童无与伦比的创造,还有老师们放手儿童的豁达。相信您在阅读时,或多或少能感受到老师们的教育情怀。书中难免有疏漏和不当之处,也欢迎您和我们共同完善。

上学期

项目一
有用的轨道交通

一、项目缘起

美丽的南京地铁四号线，高速行驶的和谐号动车，还有经常出现在电视和杂志上的老式火车……生活中到处都有轨道交通工具的身影。一天，萌萌兴奋地问大家："你们去过下关的火车主题公园吗？"这一下就打开了孩子们的话匣子。"我和爸爸妈妈坐过高铁去旅游。""我觉得地铁和高铁长得也有点像呢。"不论是地铁、高铁还是绿皮火车，都让人们的生活更加便利。

我们和孩子们一起探讨关于火车的话题，了解火车的种类，学习一些乘坐火车的安全小知识，还运用积木、雪花片、万能工匠、牙膏盒等多种建构材料表现出多种多样的火车；用画、拼、贴等多种方式表现自己喜欢的火车模型。城市里的轨道交通是什么呢？孩子们最熟悉的就是地铁，他们一起坐地铁、搭地铁，准备地铁里需要的游戏材料，玩起了有趣的地铁游戏，各方面的经验也随之丰富起来。

二、发展线索

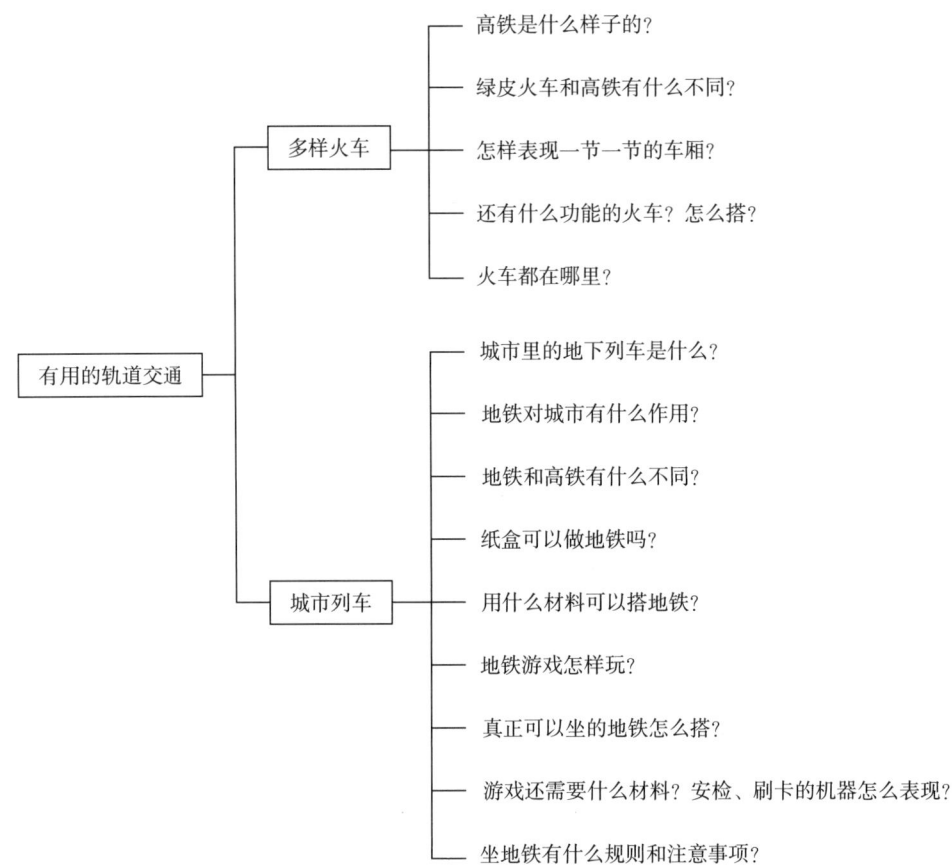

三、具体活动

线索描述

线索一　多样火车

幼儿十分喜欢托马斯系列的动画片,有了想要搭建火车的想法。生活中,高铁已成为幼儿外出常用的交通工具。在本线索中,幼儿主要对不同火车的特征、功能进行研究,并尝试用建构、绘画、游戏等方式表现其典型特征,感受火车给生活带来的便利。

项目一　有用的轨道交通

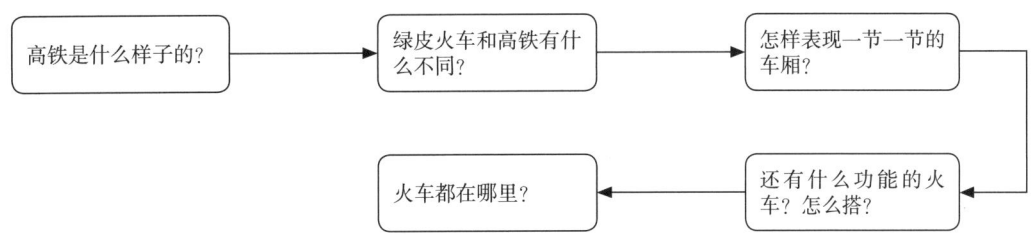

活动一　厉害的高铁

活动背景

高铁是幼儿出门旅行常用的交通工具,他们知道高铁是速度的象征。为了满足幼儿对于高铁的探究愿望,我们追随他们一起走近高铁,认识高铁的结构,了解高铁的典型特征,从而感受高铁给人们的生活带来的便利。

材料准备

高铁运行的视频,高铁的图片,高铁的介绍视频,歌曲《火车快飞》。

活动描述

1. 高铁话题导入,进行讨论。

教师:你们都坐过高铁吗?去了哪里?

幼儿根据自己的经验说说自己坐高铁的经历:坐高铁去了上海迪士尼,去了启东水上世界,去了北京爬长城……

2. 集体观看高铁运行的视频,感受高铁的快捷。

教师播放高铁运行的视频。

教师:看了这段视频,你有什么感受?

幼儿说出高铁的速度非常快,即使去一些比较远的城市也能当天到达,节省了很多时间。

3. 观察高铁的外形特征,了解高铁的本领。

教师出示高铁图片,提问:高铁是什么样子的?幼儿说出高铁是长长的,有尖尖的车头。

教师:高铁为什么会跑得很快呢?

教师播放关于高铁的介绍视频,让幼儿知道:一是因为高铁的外形细细长长的,便于跑动;二是因为高铁有一个动车组,动力强大,所有的车轮一同运转,团结的力量大,速度就特别快;三是因为高铁的路轨能使列车平稳高速前进,称为"陆地飞行"。

4. 欣赏歌曲:《火车快飞》。

教师:让我们一起来欣赏歌曲《火车快飞》,感受火车给我们的生活带来的便利吧。

活动延伸

1. **区域游戏**:在美工区提供长方形的纸片,幼儿在纸上连接组合成高铁,并尝试添画门和窗户。

2. 日常活动：在餐前学唱歌曲《火车快飞》。

3. 家园共育：家长带幼儿去火车公园或高铁站，观察高铁的外形特征及运行速度等，丰富幼儿的生活经验。幼儿园可组织亲子活动参观下关火车主题公园，让幼儿了解老式火车的特征。

关键经验

1. 愿意跟同伴分享自己乘坐高铁的经历。

2. 了解高铁的的基本结构，知道高铁比普通火车跑得快的原因。

3. 愿意尝试用粘粘贴贴的方法制作高铁，并能添画出门和窗户。

附：歌曲

火车快飞

$1=F \quad \frac{2}{4}$

5 5 3 1	5 5 3 1	2·3 4 4	3·4 5 5
火车 快飞，	火车 快飞，	穿过 高山，	穿过 大桥，

5 4 5 4	3 2 1	4 2 2 2	3 1 1 1
把我 带到	北京 去。	轰 隆 隆 隆，	轰 隆 隆 隆，

4 2 2 2	3 1 1 1	2 4 3 2	1 7 1
轰 隆 隆 隆，	轰 隆 隆 隆，	火车 开到	北京 去。

活动二　高铁快跑

活动背景

幼儿有乘坐高铁的经历，他们对于高铁的速度、子弹头似的车头造型印象比较深刻。通过实地观察、亲身体验和对高铁模型、图片的细致观察，幼儿对高铁的基本结构有了一些初步的认识，产生了搭建的想法。如何用积木表现出高铁长长的车身和不一样的车窗呢？又如何分工呢？本次活动中我们就将解决这个问题。

材料准备

高铁的视频、图片，清水积木若干。

活动描述

1. 回忆、讨论高铁的外形和结构。

教师出示高铁的图片，提问：高铁是什么样子的？车头是什么样子的？身体是什么样子的？在哪里行驶？

幼儿观察图片自由回答。

教师根据幼儿的回答进行总结：高铁的身体长长的，头尖尖的。它的车厢是连起来的，车轮变小了，在身体的下面。高铁在铁轨上行驶。

2. 讨论高铁的基本组成部分。

教师：高铁是由哪几部分组成的？

师幼共同总结出高铁由车头、车身和车尾组成，高铁的车头和车尾是一样的。

3. 讨论建构的方法。

教师：搭建时怎样将车身变长？幼儿说说自己的想法，可以多用几块积木连在一起，也可以用长板连起来，搭建时注意连接的地方要整齐、紧密。

教师：怎样分工呢？

对于中班幼儿来说，分工合作还是非常重要的，教师可以和幼儿协商如何分工，并且在幼儿建构过程中注意观察他们合作时发生的问题。

4. 幼儿尝试搭建，教师指导。

萌萌说她来搭车头，多多搭车尾。萌萌拿来两块四倍块并排铺在地上，一直铺了两节。然后在上面使用小方块进行间隔围合，围好车厢后，在上面盖顶。前部使用十个三角块组合成了尖尖的车头。多多从另外一边开始搭建车尾，她模仿萌萌的方法，搭建了一个一样的车尾。

小宝也使用四倍块进行平铺，作为高铁的底部，在上面使用圆柱和半拱门组合围合出了车身，上面盖顶。最后在前部使用半拱门组合成了车头。

5. 欣赏和交流。

教师鼓励幼儿去观察同伴的作品，在欣赏的同时学习别人的方法，感受成功的快乐。

萌萌他们搭建的高铁使用了半拱门作为车窗，很像。

妹妹这组使用的是小拱形组合成的半圆形的车窗，上面铺了顶。

小宝他们使用的是小方块，一个一个分开形成了窗户。

活动延伸

1. 区域游戏：在数学区提供小型积木、点卡，幼儿根据卡片上的点子数量拼高铁车厢，并会点数车厢数量。

2. 环境创设：在班级的建构区域中，将幼儿在搭建高铁的过程中出现的不同问题以及解决方法进行呈现。

关键经验

1. 能手口一致地点数出高铁车厢的数量，并能按数取相应的积木。

2. 通过观察图片、交流分享，发现高铁和地铁的不同，迁移延长、加宽、盖顶的建构经验表现出高铁身体长长的特征。

3. 能积极地与别人交流，尝试与他人合作，用普通话清楚、完整地表达自己建构高铁的想法。

图 1-1 高铁（一）

图 1-2 高铁（二）

图 1-3 高铁（三）

图 1-4 高铁（四）

活动三　绿皮火车与高铁

活动背景

《托马斯和朋友们》是幼儿非常感兴趣的动画片，里面各种用途的火车给幼儿带来了视觉冲击。老式绿皮火车到底是什么样子的？和现在的火车有什么区别？在参观过下关火车主题公园后，他们对绿皮火车的印象更加深刻。本活动中，幼儿通过观察、比较和绘画的方式认识绿皮火车的构造，感受绿皮火车的特征。

材料准备

托马斯火车模型玩具，绿皮火车和高铁的图片，纸、笔。

活动描述

1. 情景导入，引起幼儿对火车的兴趣。

教师展示幼儿收集来的托马斯火车模型玩具，提问：这是什么？生活中也有这样的火车吗？

2. 了解绿皮火车的样子。

教师出示绿皮火车的图片，提问：你们坐过这样的火车吗？是什么样子的？

师幼小结：这些都是以前的火车，有一节一节的车厢，车厢之间是由挂钩连接起来的。

教师：绿皮火车的车头是什么样子的？

幼儿发现火车头是长方形的，上面还有烟囱。

教师：现在的火车有烟囱吗？为什么以前的火车有烟囱？

扩展经验：现在的火车没有烟囱，以前的火车通过烧煤提供动力，因此要用烟囱排烟。

3. 观察、比较绿皮火车和高铁。

教师出示绿皮火车和高铁的图片，幼儿观察、比较绿皮火车和高铁的相同与不同之处。幼儿发现：它们都很长，但是车辆的形状不同，车轮、车厢、速度也不同。

4. 讨论绘画火车的方法。

教师：怎么样画出一节一节的火车？先从哪里画起？幼儿发现可以从火车头开始，从纸的顶头开始，一个方框接一个方框，中间要空出距离，一直画到纸的尾部。

5. 绘画火车。

幼儿绘画，用自己的方式表达对老式火车的理解。教师观察幼儿的绘画过程。

6. 欣赏、交流。

教师展示幼儿的作品，请幼儿数数火车车厢的节数。

乐乐在纸上画了一个一个的方框，中间画了一条短线进行连接。

哈哈画了一个长方形的车头，上面用短线做烟囱，后面画两个方形做车厢。

活动延伸

1. 区域游戏：在绘本区放置关于火车的图书，幼儿自由进行翻阅，观察绿皮火车的基本结构和不同的造型；在建构区提供火车的图片，幼儿尝试搭建火车。

2. 家园共育：家长带幼儿去火车博物馆和火车公园，实地观察绿皮火车的造型和挂钩的特点。

关键经验

1. 对比观察发现绿皮火车的功能和特点，知道绿皮火车由火车头、一节一节的车厢和挂钩组成。

2. 喜欢谈论火车的话题，愿意表达自己在搭建过程中的想法。

3. 探索用线条和形状表现出绿皮火车的主要特征。

活动四　有趣的车厢

活动背景

前期，幼儿研究了高铁和绿皮火车，了解了它们的典型特征，关于火车的经验越来越丰富，他们希望用建构的表征方法来表达自己对绿皮火车的理解。本次活动的核心是对火车车厢进行细致观察，尝试合作搭建一节一节的车厢，表现出绿皮火车的特征。

材料准备

绿皮火车的图片，动画片《托马斯和他的朋友们》片段，清水积木。

活动描述

1. 动画片导入，引起幼儿对火车车厢的兴趣。

幼儿观看动画片《托马斯和他的朋友们》片段，说说托马斯的车厢里运送了什么货物，知道火车可以运很多东西。

2. 讨论车厢的搭建方法。

教师鼓励幼儿讨论：一节一节的火车车厢我们怎么搭？可以使用什么积木？幼儿自由发表想法。教师根据幼儿的回答拿出双倍块、四倍块积木。

教师：先搭车身还是车轮？可以先搭好车轮，再在上面搭车身。

教师：火车的车厢很长，怎么才能搭得长呢？幼儿发现只要车厢数量多，火车就变长了。教师带领幼儿一起数一数托马斯的火车车厢，感受长长的火车的车厢数量。

教师：一列火车的车厢造型都一样吗？该怎样合作才能搭建出一样的车厢呢？

3. 参与建构游戏。

请幼儿自己选择材料进行绿皮火车的搭建。

多多拿来圆柱放在地上，两头用基本块夹住，车轮就搭好了，车轮上面平铺了四倍块的板。搭车头时他有些犹豫。教师提问：想一想，火车的车头是怎么表现的？多多转身取来半拱门放了车头的位置。后面他运用基本块组合成车厢。搭完一节车厢后，多多又开始搭建第二节车厢。第二节车厢完成后，在中间的连接处，他先拿来了双倍块接在后面，看了看，又拿掉，换成了一个小拱形，一个挂钩就将两节车厢连在了一起。他用相同的方法继续搭建，四节车厢的火车就完成了。

可可在搭建火车的时候，在车头上使用了三角块，表现了不一样的车头，中间使用了细圆柱进行连接。

4. 欣赏、交流。

教师：火车完成了，你是怎么进行连接的？车头使用了什么材料？

幼儿向大家介绍自己的搭建方法。

熙熙：我是用大半圆进行连接的。

恬恬：我是用细圆柱连接的。

桃桃：我是用基本块连接的。

小经：我是用大拱形连接的。

活动延伸

1. 区域游戏：在建构区提供绿皮火车的图片和其他的废旧材料如牙膏盒、肥皂盒、罐子等，幼儿再次尝试进行火车的搭建。

2. 环境创设：将幼儿搭建绿皮火车中遇到的问题、解决的方法和创造的作品用儿童海报的形式进行呈现。

关键经验

1. 能对绿皮火车进行观察，发现绿皮火车的功能和特点，在观察的过程中，了解绿皮火车的基本结构，知道绿皮火车由火车头、一节一节的车厢和挂钩组成。

2. 喜欢谈论火车的话题，能用比较清楚、完整的语言表达自己在搭建过程中的想法。

3. 能够按需拿取积木，尝试搭建一节一节的火车车厢。

4. 愿意接受同伴的意见和建议，一起合作完成建构作品。

图 1-5　绿皮火车（一）

图 1-6　绿皮火车（二）

图 1-7　绿皮火车（三）

图 1-8　绿皮火车（四）

活动五　各种各样的火车

活动背景

火车是重要的交通工具，它的普及改变了人们的出行方式。火车的不同用途、多种外形更是吸引着幼儿。本活动中，幼儿初步认识油罐火车和货运火车的特征，并用熟悉的方式进行搭建，感受火车的多种多样。

材料准备

不同类型火车（老式挂钩火车、油罐车、货运火车等）的图片，各种积木。

活动描述

1. 讨论关于火车的话题。

教师：火车有什么用处呢？幼儿根据以往的经验说说自己的想法：火车可以将人送到很远

的地方。教师追问：那火车除了运送人，还有什么用处？幼儿按照自己的想法大胆说出可以运送玩具和食物。

2. 教师出示油罐车和货运火车的图片。

教师出示油罐车和货运火车的图片并提问，让幼儿进行猜想：这些火车里运送的是什么？

师幼小结：油罐车和货运火车可以给我们的生活带来很多便利，给我们运送生活必需的汽油、柴油、食物、生活用品等。

3. 观察油罐车和货运火车的造型。

教师：油罐车和乘客坐的火车有什么不一样的地方？幼儿发现油罐车上面有一个一个圆形的油罐，每节车厢都是由油罐组成的。

教师：货运火车和乘客坐的火车有什么不同？幼儿发现货运火车是由一节一节的车厢组成的，里面装的是货物。

4. 讨论搭建的方法。

教师：什么样的材料搭建油罐会比较形象？幼儿说说自己的想法，教师与幼儿讨论后发现小拱形、圆柱、半圆形的积木都比较像油罐。幼儿还发现货车的车厢和搭建过的卡车车厢比较像，可以使用搭建卡车的方式来搭建货车。

5. 自主进行搭建。

小彻拿来圆柱作为火车的车轮，放在下面，上面使用双倍块铺底，用二维垒高的方法，做了车头，后面的车厢上，使用小拱形组合表现油罐，又请老师帮助，中间插入了圆柱，一个油罐火车完成了。

小经使用基本块夹住车轮，照这样共放置了8个车轮，在车轮上面铺了基本块作车厢底，车厢底上用基本块间隔出了车厢。用这样的方式一节一节搭好后，一辆货运火车完成了。

6. 共同欣赏交流。

教师与幼儿欣赏各自的作品，感受各种各样火车的本领，并将雪花片、玩具小人等辅助物放在自己的火车中进行装饰，感受搭建成功的快乐。

活动延伸

1. 区域游戏：在图书区提供各种各样火车的图书，幼儿自由阅读，了解各种各样火车的特征；在美工区提供牙膏盒，幼儿尝试用剪剪贴贴的方式将牙膏盒制作成货运火车。

2. 户外游戏：提供连接的圈及火车的铁轨小路，幼儿分组玩开火车的游戏。

关键经验

1. 感知火车的多样性及它们的功能和特点，能用数词描述火车的车厢数量。
2. 能用简单的线条或者不同的建构材料，与同伴合作表现出想要搭建的火车。
3. 在成人提醒下，能够爱护自己和同伴的火车作品。

项目一　有用的轨道交通

图 1-9　各种各样的火车（一）

图 1-10　各种各样的火车（二）

图 1-11　各种各样的火车（三）

图 1-12　各种各样的火车（四）

活动六　火车站

活动背景

幼儿提出想玩开火车的游戏，可以怎么玩呢？到哪里坐火车呢？坐火车一定要去火车站。本次活动从火车站入手，幼儿运用清水积木分工合作，搭建火车站，丰富对火车游戏的认知。

材料准备

火车进站的视频，火车站图片，清水积木。

活动描述

1. 观看火车进站的视频，了解火车站的作用。

教师播放视频并提问：火车开到了目的地，要停靠在哪里？幼儿说出要停靠在火车站。

2. 了解火车站内的各个部分的设施。

教师：我们要去哪里乘坐火车？幼儿说出要去高铁站、火车站乘坐火车。

教师出示南京火车站的图片，问：这是哪里？你是怎么知道的？火车站里面是什么样子的？幼儿观看图片后知道火车站里面有候车大厅、站台、售票处等。

教师：站台是什么样子的？幼儿根据图片说说站台的样子。

教师：售票处是什么样子的？幼儿回答：有一间屋子，卖票的在里面，买票的在外面。

教师：火车站里有哪些火车呢？幼儿说出有高铁、货车、绿皮火车等各种类型。

3. 自由选择搭建内容。

教师：火车站这么大，我们该怎样合作来搭建呢？幼儿根据自己的喜好选择一张搭建的图片，找一个空地方，试着去搭建，分别表现出售票处、候车大厅、各类型火车进行组合。

4. 欣赏与评价。

请幼儿来介绍自己搭建的火车站设施，其他幼儿进行欣赏与评价，更进一步认识火车站。

活动延伸

区域游戏：语言区提供各个城市的图卡，幼儿玩高铁游戏时说出该城市的名称；角色游戏区提供椅子、纸盒等材料，幼儿尝试玩开火车的游戏。

关键经验

1. 了解火车站的作用及主要设施。
2. 能够在成人的指导下，分工组合搭建火车站。
3. 与同伴友好地开展火车游戏，感受游戏带来的快乐。

图 1-13　火车站（一）

图 1-14　火车站（二）

图 1-15　火车站（三）

图 1-16　火车站（四）

项目一　有用的轨道交通

> **线索描述**
>
> ## 线索二　城市列车
>
> 幼儿有多次乘坐地铁和高铁的经历,对地铁和高铁非常感兴趣。地铁和高铁在外形和功能上有什么不同呢?地铁和高铁的游戏可以怎么玩呢?如何运用我们身边的材料来搭建地铁和高铁呢?在本线索中,幼儿充分地进行探索与实践,感受地铁和高铁在我们生活中的重要作用。

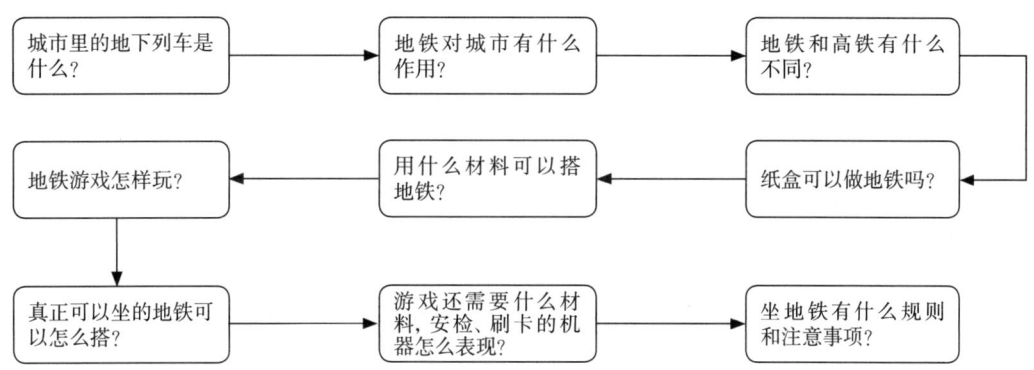

活动一　小紫来啦

活动背景

小紫是谁?它有什么作用?小紫就在幼儿的身边,是南京地铁四号线,他们通过亲身体验、观察图片等方式对小紫做相关问题的调查,同时通过绘画、语言的方式,表现出小紫的特征,感受小紫为我们的生活提供的便利。

材料准备

南京地铁四号线的图片,勾线笔、水彩笔等。

活动描述

1. 猜谜,引发活动兴趣。

教师念谜面:一条胡同地下藏,列列车厢跑得忙,先下后上秩序好,来来往往很便当。幼儿猜测谜底是地铁。

2. 欣赏南京地铁四号线的图片,自由讨论。

教师:你们知道地铁四号线吗?它是城市里的地下列车,叫什么名字?

幼儿根据经验说出四号线有一站就在龙江小区附近,车身、座椅都是紫色的,它的名字叫小紫。

教师:这张图片上的小紫是什么样子的?

幼儿表述自己看到的内容：小紫的身体是长长的，还有一点灰色和红色，红色的图标是地铁的标志。小紫的车头有窗户，还有车灯。车身两边都有方形的窗户。

3. 分组绘画表现自己所观察到的地铁。

教师：这里有一张纸，我们的地铁画在什么地方比较合适呢？先画地铁还是先画周边的环境？幼儿说出要在纸的中间画，要画出长长的线条，小紫的车身才能长。

幼儿绘画，教师重点关注画面的构图。

4. 展示与欣赏。

请幼儿介绍自己的作品，说说自己的小紫在哪里行驶。

活动延伸

1. 区域游戏：益智区里提供各条地铁线路主要站点的图片，开展轨道交通翻翻乐的记忆类游戏。
2. 环境创设：师幼共同将幼儿参观地铁的照片和调查表布置在班级环境中；将幼儿绘画的地铁布置在美工区。

关键经验

1. 通过实地参观、欣赏图片，了解南京地铁四号线的基本外形特征，知道地铁的周边设施。
2. 能用简单的线条绘画出小紫的基本外形特点，构图合理。
3. 感受绘画的乐趣，学习欣赏他人作品。

活动二　夸地铁

活动背景

幼儿知道南京的地铁有多条线路，这些线路会经过哪里？这些线路周围有什么好玩的地方呢？本活动中，幼儿学习了歌曲《夸地铁》，歌词帮助他们更加清晰地了解地铁的线路，感受地铁外的风景。

材料准备

与歌曲内容有关的图片，歌谱。

活动描述

1. 师幼谈话，说说南京的地铁。

教师与幼儿聊聊南京的地铁，原来南京有很多条地铁，给人们的出行带来便利，可以减少堵车的现象。地铁是长长的，每条地铁的颜色都不一样。

教师：地铁给我们的生活带来便利，有一首好听的歌曲也是关于地铁的，我们来听一听。

2. 教师范唱歌曲，幼儿欣赏并熟悉曲调，学习歌词。

教师范唱两遍《夸地铁》，帮助幼儿梳理歌词顺序，并根据歌词出示相应的图片。

请幼儿根据歌词的顺序调整图片顺序。教师继续范唱，并根据幼儿的回答调整歌词图片的呈现顺序。

3. 学唱歌曲，重点练习附点音符的唱法。

幼儿跟着教师学唱歌曲，重点练习附点句。

4. 尝试创编歌曲。

教师请幼儿尝试把歌词进行替换创编：小蓝就是一号线，开动起来快又快，新街口、珠江路、迈皋桥。大红就是二号线，到站总是准又准，油坊桥、大行宫、西安门。

活动延伸

1. 区域游戏：在科学区提供幼儿乘坐地铁的照片和地铁线路图，请幼儿说说是哪条地铁线及主要站名。

2. 环境创设：以地铁、高铁和绿皮火车为三条不同的线索，呈现出幼儿积木建构水平的阶段性发展过程。

关键经验

1. 能够用轻松愉快的声音演唱歌曲，尝试模仿动作、表情，唱准附点音符。

2. 喜欢跟唱韵律感强的歌曲，愿意表述自己的想法。

3. 认识地铁的线路，感受地铁不同线路对城市交通的作用。

附：歌曲

夸地铁

江 苏 民 歌
幼儿园教师集体创编

1=C 2/4

| 1 6 5 3 | 1 6 5 3 | 6 1 5 6 | 5 3 1 | 2 3 2 1 |
南 京 是 个 好 地 方 呀， 好 地

| 2 - | 2 3 5 5 | 1 6 5 | 5 5 3 | 2 3 5 |
方。 地 铁 清 洁 又 漂 亮 呀，

| 3. 5 3 2 | 1 1 1 | 5 3 5 6 | 1 1 1 | 3. 5 6 1 |
地 铁 清 洁 又 漂 亮。 小 蓝 就 是 一 号 线， 开 动 起 来
　　　　　　　　　　　大 红 就 是 二 号 线， 到 站 总 是

| 1 1 1 | 6 1 6 5 | 6 1 6 5 | 1 1 1 6 |
快 又 快。 新 街 口、 珠 江 路、 迈 皋 桥。
准 又 准。 油 坊 桥、 大 行 宫、 西 安 门。

| 5 3 5 6 | 1 2 1 | 6 5 3 2 | 1 1 1 |
真 热 闹。 南 京 的 地 下 火 车 真 方 便。

活动三 地铁和高铁

活动背景

幼儿近期了解了很多类型的火车,这些火车都有自己独特的本领和作用,地铁和高铁到底有哪些相同和不同呢?本活动中,幼儿对地铁和高铁展开进一步探讨,从而对地铁和高铁有了更加清晰的认识。

材料准备

地铁、高铁的图片,记录单,笔等。

活动描述

1. 观看图片并讨论。

教师:这些是什么车?幼儿根据图片回答地铁、高铁。

2. 观察高铁和地铁的图片,比较高铁与地铁的异同。

教师:高铁和地铁有哪些相同点呢?

康鸣:高铁和地铁都是长长的。

小宇:高铁和地铁都是在轨道上面行驶的。

教师追问:高铁和地铁有哪些不同点呢?

贤贤:高铁开的速度很快很快,地铁没有高铁开得快。

灵溪:地铁的头是扁扁的、平平的,但是高铁的头是尖尖的。

可可:高铁可以去很远的地方,地铁就在城市里行驶。

幼儿发现高铁和地铁都是长长的,并且都在轨道上行驶,都使用电力驱动。但高铁和地铁还有许多不同的地方。

3. 记录高铁和地铁的不同之处。

请幼儿用纸、笔简单记录高铁和地铁的不同之处,并能说出自己记录的是什么内容。

4. 联系生活实际说说自己坐地铁、高铁的经历。

教师请幼儿分享自己坐地铁、坐高铁的经历和感受。

活动延伸

1. 区域游戏:在绘本区提供城市列车发展历史的绘本及图片,让幼儿观察与阅读,感受社会的快速发展与进步。

2. 家园共育:可以请在地铁工作的家长或相关人员来当义工,给幼儿说说城市地铁的故事。或者去地铁站开展一次亲子活动,让幼儿去实地考察。

关键经验

1. 能够仔细观察地铁和高铁,发现它们的相同与不同之处。能用简单的线条、符号记录自己对地铁和高铁的认识。

2. 根据自己的记录单，表达自己的想法，说出地铁和高铁的异同。
3. 能按顺序进行阅读，基本理解城市列车发展的历史。

活动四　地铁交通变变变

活动背景

生活中有非常多的废旧材料，这些材料可以制作出我们喜欢的地铁吗？幼儿在认识了地铁的结构特点以后，想要自己动手拼搭、制作出地铁模型。本活动中，幼儿根据自己的想法，合理使用废旧材料制作地铁，表现了对地铁的再认识。

材料准备

各种废旧材料、剪刀、胶棒，幼儿用废旧材料和积木搭建的火车图片。

活动描述

1. 幼儿作品图导入，引出话题。

教师：这是小朋友在建构区搭建的一辆火车，这辆火车有没有特别的地方呢？幼儿发现这辆火车的轮子是用铁皮牛奶罐搭的。教师总结：原来废旧材料也可以用来表现轨道交通工具。

2. 讨论交流使用废旧材料制作地铁的方法。

教师：地铁是什么样子的呢？幼儿回顾地铁的特征。

教师出示废旧材料，有牙膏盒、铁皮牛奶罐、各种盒子、卷纸筒芯。教师：你们收集了那么多废旧材料，可以用哪些材料来制作地铁呢？

幼儿迁移用废旧材料制作汽车的经验，自由发表自己的想法，比如用牙膏盒、肥皂盒等长方形纸盒表现出车身部分，剪出圆形的纸片或瓶盖等材料做车轮。

教师：制作时需要注意些什么呢？教师在桌面上提供小垃圾桶，幼儿提出需要在活动中注意安全、及时收拾等。

3. 制作地铁，教师观察。

幼儿动手操作，把自己观察到的地铁形象表现出来。教师关注幼儿使用废旧材料和工具的情况。

4. 分享交流。

教师：你们刚才是怎么制作的？用了哪些废旧材料？

活动延伸

1. 区域游戏：在建构区尝试用废旧材料搭建地铁。

2. 晨间谈话：请个别幼儿与大家分享自己找到的使用废旧材料制作的火车、地铁的图片，拓宽幼儿的思路。

幼儿园建构项目活动（中班）

关键经验

1. 熟悉多种材料、工具的用法，能积极探索材料、工具的综合使用，对使用废旧材料制作地铁感兴趣。

2. 积极探索综合运用各种废旧材料，尝试表现地铁的典型特征。

3. 乐于用完整的语言向同伴介绍自己的地铁作品。

活动五　地铁（一）

活动背景

地铁四号线中有一个站点就在幼儿园的门口，幼儿对于四号线非常熟悉。因此在研究地铁的过程中，他们也想了解小紫的基本结构特点。本活动中，幼儿通过观察、讨论、绘画等方式，迁移前期对于高铁的认知经验，尝试用清水积木表现出地铁的结构特征。

材料准备

南京地铁四号线的图片，地铁与高铁异同记录单，清水积木。

活动描述

1. 教师通过提问，激发幼儿搭建兴趣。

教师出示地铁图片，提问：地铁有没有车轮？地铁有几个车头呢？

2. 通过观察熟悉地铁四号线的特征。

教师与幼儿观察地铁四号线的车轮，发现地铁的车轮是隐藏在车身下面的，看不见。教师出示地铁与高铁异同记录单，提问：上次我们发现了地铁与高铁哪些不同和相同的地方？

教师：地铁与高铁长得差不多，都是由车头、车身、车尾三个部分组成的，里面都有门、窗和座椅。地铁的车头和车尾是一样的，车轮隐藏在车身下面。地铁的速度比高铁慢。

3. 讨论积木建构的方法。

教师：可以使用哪些积木来建构地铁的车身呢？幼儿自由说说自己的想法：可以使用双倍块和四倍块，也可以使用半拱门围合起来，上面再盖顶，搭出地铁的车厢。教师请幼儿根据自己的想法，试一试搭建地铁。

4. 参与建构游戏。

在幼儿搭建过程中，教师引导幼儿注意将积木排列整齐，列车之间空出相应的距离，避免相互影响。

5. 游戏：我是地铁驾驶员。

幼儿的地铁作品完成后，可以相互欣赏，也可以扮演地铁驾驶员，进行开地铁的游戏。

活动延伸

1. 区域游戏：在语言区进行《我爱地铁》的儿歌创编。

2. 环境创设：在主题海报中提供幼儿搭建地铁几个阶段的活动照片。

关键经验

1. 能够根据自己的兴趣搭建地铁，感受搭建成功的喜悦。

2. 通过实地参观、观察图片熟悉地铁的结构特点，并在有趣的情境中运用连接、垒高等建构方法尝试表现。

3. 能够说出南京地铁四号线的名字叫小紫，为南京地铁感到自豪。

图 1-17　地铁（一）

图 1-18　地铁（二）

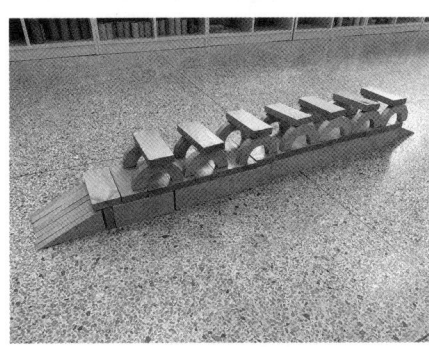

图 1-19　地铁（三）

图 1-20　地铁（四）

活动六　地铁（二）

活动背景

在使用积木搭建过地铁以后，幼儿在平时的桌面游戏中，也会尝试进行地铁的拼插游戏。本活动中，幼儿整合自己的搭建经验，选择适合的积塑材料建构地铁，进一步丰富表现的手段。

材料准备

积木搭建的地铁作品，雪花片、桌面清水积木、子弹玩具、地铁道路底图等。

活动描述

1. 回忆地铁的结构特点。

教师出示幼儿之前用积木建构地铁的图片，请幼儿观察，并说一说地铁从外面看由车头、车尾和车身组成，车身上有门和窗户。教师小结：地铁是由车头、车身、车尾和车轮四个部分组成的，并且车轮藏在车身下方。

2. 观察地铁车身内部图片，进一步了解地铁的结构特点。

教师：地铁的车身里面都有什么呢？幼儿自由表达自己的认知：地铁里面有座椅、栏杆，车身上有车门和车窗，地铁里的座椅是在车厢两边的。

3. 讨论搭建的步骤和材料。

教师：除了用清水积木搭建地铁，还可以用哪些材料呢？幼儿说出还可以用雪花片、桌面的小积木以及子弹玩具。

教师：在使用积木搭建地铁的时候，你先搭建了地铁的什么部分？为什么？

幼儿自由表达。教师根据幼儿的回答总结：应先搭建车身，然后再搭建车头和车尾，最后在车身里面搭建座椅。

教师：怎么让车身变得立体呢？幼儿发现可以先插一个面，再拼插一个面，然后把它们连接起来，可以用双面插的方法让车身变得立体。

4. 参与建构游戏。

教师重点关注幼儿使用材料的情况，引导幼儿使用双面插的方法让车身立体，搭建完主体部分后提醒幼儿注意表现地铁的细节部分。

5. 展示作品，师幼共同欣赏。

幼儿介绍自己的作品，重点讲述所使用的材料、地铁的基本结构。教师对幼儿的作品给予充分的肯定，并将作品展示在幼儿的自留地*中。

活动延伸

1. 区域游戏：语言区里提供地铁的图卡，幼儿进行《轨道交通真有趣》的故事创编。
2. 日常活动：在餐前欣赏南京地铁宣传片，了解乘坐地铁的安全事项。

关键经验

1. 创造性地选择多种结构材料拼插出地铁，并注意车门、车窗、座椅的表现。
2. 愿意向大家介绍自己的地铁搭建想法，表达时口齿清楚、较大方。
3. 感受建构游戏的乐趣，萌发对地铁的喜爱。

---

* 自留地是指每个幼儿在班级里都有一块展示自己作品（平面、立体）的空间，大小一致，一般会在幼儿能看到、摸到的柜面或墙面。

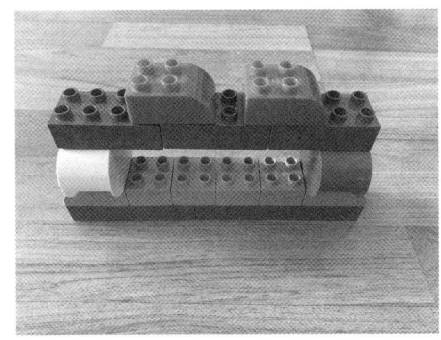

图 1-21 地铁（五）

图 1-22 地铁（六）

图 1-23 地铁（七）

图 1-24 地铁（八）

活动七　地铁（三）

活动背景

经过一段时间的研究，幼儿对于地铁有了一定的认识，于是他们想要玩一个关于地铁四号线的游戏。地铁游戏怎么玩？需要什么材料？怎样表现？本活动中，幼儿为自己的游戏进行搭建和准备，表现出能真正坐进去的地铁，感受自主游戏的快乐。

材料准备

地铁的图片，椅子，积木、纸砖等。

活动描述

1. 讨论游戏玩法。

教师请幼儿说说自己对于地铁游戏的想法。幼儿自由表达想要如何开展地铁游戏：需要一辆长长的地铁，小朋友可以真正坐进去玩的地铁；可以使用我们开火车时的方法，用小椅子搭建一辆地铁。

2. 讨论如何用小椅子搭建地铁。

教师：怎么用椅子搭建地铁？幼儿在讨论中想出方法，也可以迁移开火车游戏的经验：把椅子两把两把面对面地摆出座位的样子，然后在椅子的外面使用积木或者纸砖围合出地铁的车身。

教师：地铁的车头怎样用椅子表现？引导幼儿思考椅子的摆放方式：可以将一把椅子摆放在前面，在它的两边各斜着摆放把椅子，就成了三角形的车头。

3. 教师出示地铁图片，幼儿尝试在游戏中搭建地铁。

幼儿参照地铁图片，尝试使用小椅子搭建地铁。教师提醒幼儿搬椅子时注意安全，有序排放；在围合中，尽量选择比较长的积木，并且围合整齐。

4. 进行地铁游戏，感受游戏的快乐。

师幼讨论地铁游戏的相关工作人员和游戏道具、配件，帮助幼儿明确司机及客人的职责，然后进行游戏。

活动延伸

1. 区域游戏：在建构区拼插司机的方向盘、安检通道等，为游戏做准备。
2. 环境创设：在游戏海报中呈现幼儿在地铁游戏中发生的问题及解决的方法，便于幼儿了解游戏的发展。

关键经验

1. 愿意和小朋友一起玩地铁游戏，感受和同伴游戏的快乐。
2. 能对地铁的搭建提出想法，并尝试运用教室内的椅子、积木等材料搭建地铁。
3. 能用简单的线条和色彩大体画出或搭出地铁的配件。

图 1-25 地铁四号线（一）

图 1-26 地铁四号线（二）

图 1-27 地铁四号线（三）

图 1-28 地铁四号线（四）

活动八　地铁游戏总动员

活动背景

幼儿用椅子、积木、玩具等搭成的"四号线"开通了，他们非常喜欢这个游戏。本活动中，教师提供了废旧材料、大炮积塑、积木、纸砖等，和幼儿商量讨论，用建构的方法表现出更多的地铁设施，来丰富地铁游戏。

材料准备

地铁安检台和刷卡机的图片，各种废旧材料、大炮积塑、积木、纸砖等。

活动描述

1. 回忆乘坐地铁的经历，丰富游戏内容。

教师与幼儿回忆自己乘坐地铁的经历，并说一说地铁游戏还需要丰富的内容。幼儿根据自己的经验提出增设安检台、刷卡机等。

2. 了解增设的物品特征，讨论建构的方法。

教师：安检台怎么搭建呢？幼儿自由说一说，并在班级中挑选出可以搭建安检台的材料。

教师：刷卡机怎么搭建？幼儿继续寻找合适的材料展示给大家看。

教师出示安检台和刷卡机的图片，幼儿观察特征，并在纸上画出简单的搭建计划图。

3. 搭建安检台和刷卡机。

多多将纸盒平铺围合成一个长条，作为安检台。小彻在安检台的下方加上了四倍块作为斜坡，这是传送台。

可可用大炮积塑垒了一个高台，在高台上加了一个纸盒，刷卡机完成。

哈哈用圆柱积木垒了一个柱子，在柱子上面加了一个基本块，又一个刷卡机完成。

4. 尝试游戏。

将幼儿设计、制作的安检台和刷卡机投放在游戏中使用，让幼儿感受自己搭建成功带来的快乐。

活动延伸

区域游戏：在美工区提供彩纸、胶棒等材料，幼儿装饰刷卡机，让刷卡机更形象；在角色区利用幼儿的建构作品进行游戏，不断进行更新。

关键经验

1. 能用多种感官去探索地铁的设施，并尝试用多种适宜的材料自主搭建。

2. 初步了解和体会地铁与人们生活的关系。

3. 喜欢涂涂画画、粘粘贴贴，为自己的游戏丰富道具。

图 1-29　刷卡机

图 1-30　安检台（一）

图 1-31　安检台（二）

图 1-32　安检台（三）

活动九　地铁安全小知识

活动背景

幼儿在乘坐地铁的过程中,逐渐了解了关于乘坐地铁的安全小知识。本活动中,幼儿通过收集和分享调查表,进一步了解和熟悉乘坐地铁的规则。

材料准备

调查表,地铁安全知识漫画。

活动描述

1. 教师出示调查表,幼儿回忆地铁安全知识。

教师:我们在乘坐地铁的时候怎么保护自身安全呢?幼儿自由说一说,教师根据幼儿的回答进行总结:坐地铁的时候不能到处乱跑,要坐在座椅上,还不能吃东西。进去的时候要安检,等地铁的时候要站在黄线外面,要做文明的乘客。

2. 出示地铁安全知识漫画,拓展幼儿经验。

教师出示地铁安全知识漫画图（一）,提问:这幅图告诉我们哪些安全知识呢?

小明:不能在地铁上乱跑,还要站在黄线的后面。

教师出示地铁安全知识漫画图（二）,提问:这幅漫画又在讲什么呢?

晨晨：不能带宠物上地铁，也不能坐在地上。

教师出示地铁安全知识漫画图（三），提问：这幅漫画上有什么呢？

悠南：这幅图上有老人和孕妇，我们要帮助他们，主动给他们让座。

教师出示地铁安全知识漫画图（四），提问：这幅图告诉我们什么道理呢？

楠楠：遇到火灾的时候要赶快离开，要不然就非常危险。

教师根据漫画内容及时进行小结，帮助幼儿提升经验。

3. 讨论地铁游戏中的工作人员。

教师：地铁站需要安全员吗？安全员要做哪些事情？怎样知道他是安全员呢？

4. 进行地铁游戏。

教师观察幼儿在游戏中的安全、规则意识及安全员的工作情况。

活动延伸

区域游戏：语言区里提供关于地铁的绘本，幼儿阅读绘本，加深对地铁乘坐规则的理解；在角色区继续开展地铁游戏，幼儿扮演乘客、司机或其他工作人员。

关键经验

1. 通过观看漫画，在相互交流的基础上，知道安全乘坐地铁的方法，并能遵守公共场所的规则。

2. 想要参与地铁游戏的时候，能友好地提出请求。

3. 在交流的过程中愿意发言，说出乘坐地铁的规则。

图 1-33　地铁安全知识漫画图（一）

图 1-34　地铁安全知识漫画图（二）

图 1-35　地铁安全知识漫画图（三）

图 1-36　地铁安全知识漫画图（四）

幼儿园建构项目活动（中班）

附：调查表

表 1-1　安全乘坐地铁大调查

如何安全乘坐地铁？ （运用符号记录自己的经验）	我的调查 （通过调查，我了解到的地铁乘坐规则，以绘画的方式记录在表格中）

四、关键经验

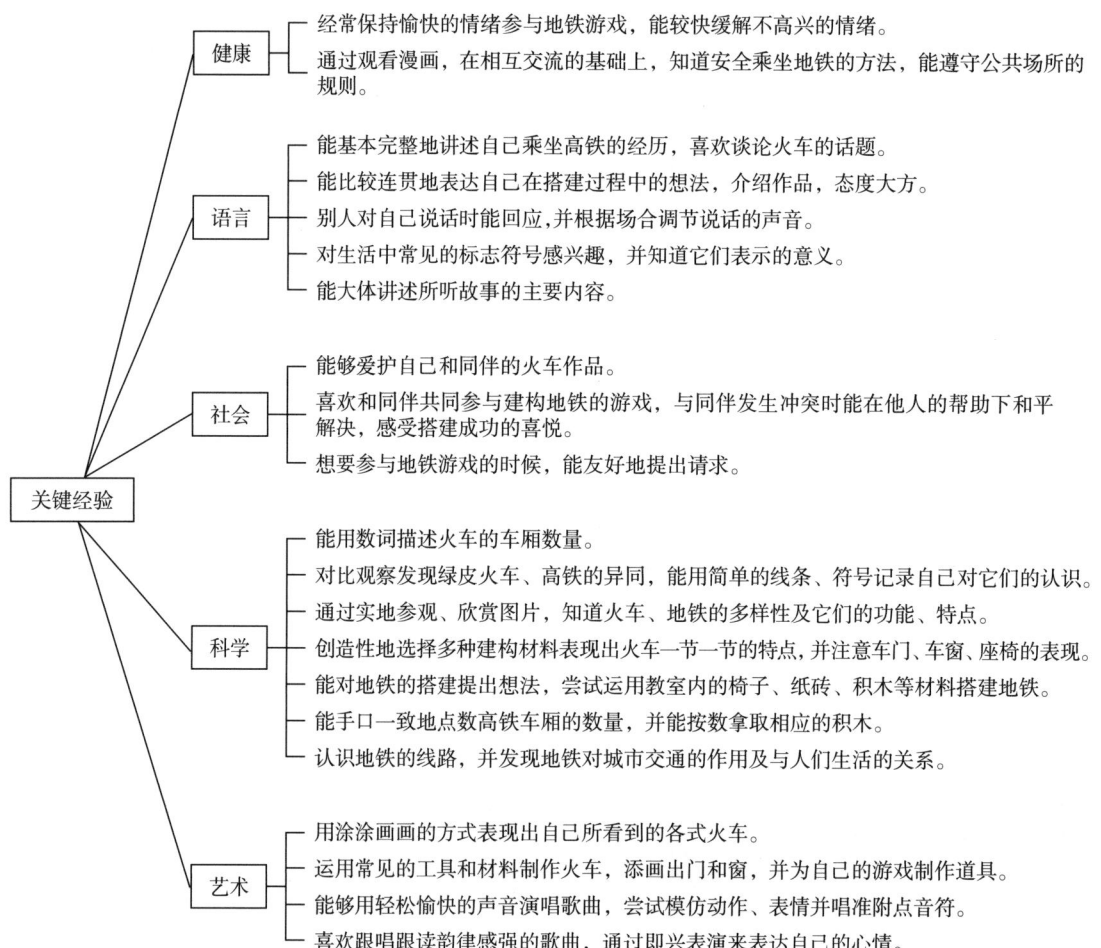

关键经验

- 健康
  - 经常保持愉快的情绪参与地铁游戏，能较快缓解不高兴的情绪。
  - 通过观看漫画，在相互交流的基础上，知道安全乘坐地铁的方法，能遵守公共场所的规则。

- 语言
  - 能基本完整地讲述自己乘坐高铁的经历，喜欢谈论火车的话题。
  - 能比较连贯地表达自己在搭建过程中的想法，介绍作品，态度大方。
  - 别人对自己说话时能回应，并根据场合调节说话的声音。
  - 对生活中常见的标志符号感兴趣，并知道它们表示的意义。
  - 能大体讲述所听故事的主要内容。

- 社会
  - 能够爱护自己和同伴的火车作品。
  - 喜欢和同伴共同参与建构地铁的游戏，与同伴发生冲突时能在他人的帮助下和平解决，感受搭建成功的喜悦。
  - 想要参与地铁游戏的时候，能友好地提出请求。

- 科学
  - 能用数词描述火车的车厢数量。
  - 对比观察发现绿皮火车、高铁的异同，能用简单的线条、符号记录自己对它们的认识。
  - 通过实地参观、欣赏图片，知道火车、地铁的多样性及它们的功能、特点。
  - 创造性地选择多种建构材料表现出火车一节一节的特点，并注意车门、车窗、座椅的表现。
  - 能对地铁的搭建提出想法，尝试运用教室内的椅子、纸砖、积木等材料搭建地铁。
  - 能手口一致地点数高铁车厢的数量，并能按数拿取相应的积木。
  - 认识地铁的线路，并发现地铁对城市交通的作用及与人们生活的关系。

- 艺术
  - 用涂涂画画的方式表现出自己所看到的各式火车。
  - 运用常见的工具和材料制作火车，添画出门和窗，并为自己的游戏制作道具。
  - 能够用轻松愉快的声音演唱歌曲，尝试模仿动作、表情并唱准附点音符。
  - 喜欢跟唱跟读韵律感强的歌曲，通过即兴表演来表达自己的心情。

项目二
飞机起飞啦

一、项目缘起

每当孩子们在户外游戏时，只要发现天空中有飞机飞过，他们都会仰起头看，一边看一边喊着："飞机！飞机！"直到它消失不见。对他们来说，坐飞机是一件令人兴奋的事情，于是一场关于飞机的讨论开始了。

通过调查，班级大多数孩子都有乘坐飞机外出的经验，他们还知道飞机的很多种类和用途。通过调查、谈话、唱歌、搭建等方式，他们不断加深对于飞机的认知，表征出可以乘坐的客机、形态各异的战斗机，并不断调整建构材料，搭建出的飞机也更加整齐美观、结实牢固。在游戏的过程中，他们还梳理了乘坐飞机时需要注意的事项，学做文明的小乘客。

二、发展线索

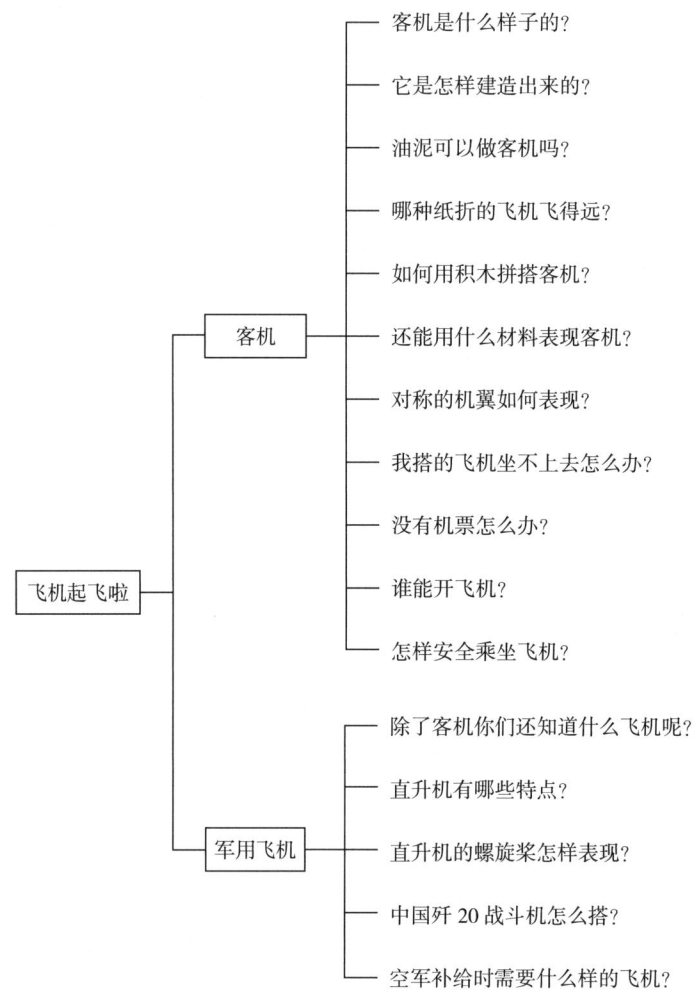

三、具体活动

线索描述

线索一　客机

在本线索中，幼儿主要围绕客机的结构、功能、起飞方式展开实践探究，通过观察比较发现客机机翼左右对称的特点，了解机翼和平衡尾翼的秘密，发现客机与其他交通工具不一样的地方，在一次次的尝试中表现出能够真正游戏的飞机；在玩乘坐飞机的游戏中了解乘坐飞机时需要注意的问题，学做文明小乘客。

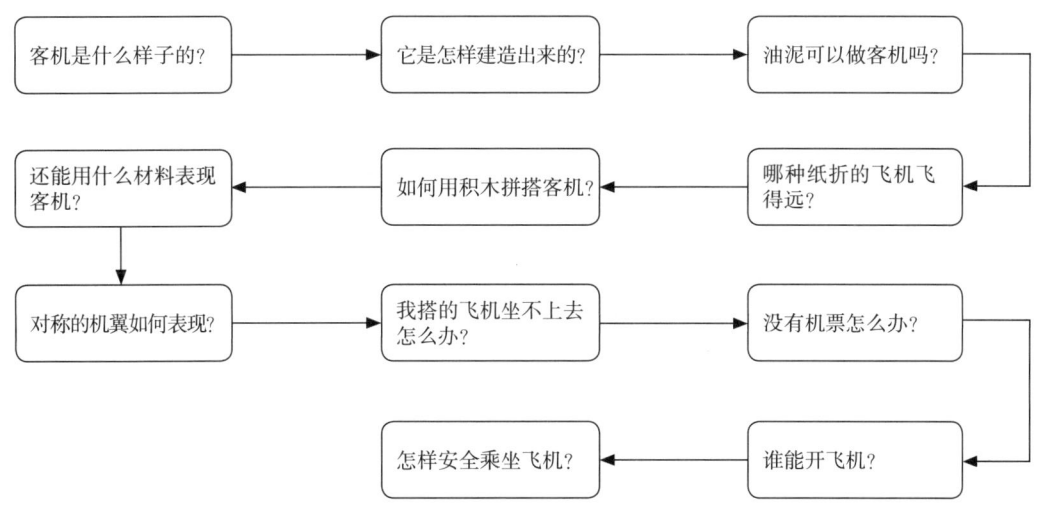

活动一 我知道的客机

活动背景

通过调查,班级大多数幼儿都有乘坐飞机外出的经验,客机作为一种常见交通工具,已经逐渐走进他们的生活。本活动中,幼儿通过展示自己乘坐飞机的照片,在集体中进行交流与分享,整合对客机的已有经验;此外,通过分享调查表和观察图片,了解客机外部和内部的主要结构。

材料准备

客机外部、内部的图片,鸟的外形特征图片,幼儿在机场的照片,幼儿完成的客机调查表。

活动描述

1. 分享自己乘坐客机的照片。

教师:要去很远的地方又想要很快到达时,我们会乘坐什么交通工具?为什么?坐飞机的时候有什么感觉?幼儿观察照片并在集体中表达自己的想法。

2. 交流自己认识的客机。

幼儿分享自己的调查表,说一说自己知道的客机的主要外形特征,了解客机与其他交通工具不同的地方:客机可以很快地送我们到很远的地方;客机速度很快,起飞后能飞到很高的位置;坐在客机上可以看电视、喝饮料、吃好吃的点心等。

3. 了解客机的组成部分。

幼儿观看客机图片,与鸟的外形特征进行对比观察,讨论客机的主要组成部分及作用。教师和幼儿共同用简笔画的方式记录幼儿的经验:飞机是模仿鸟类的特征而发明的;我们日常出行坐的飞机就是客机,客机由机身、机翼、尾翼等组成;客机上有起落架、发动机、驾驶室、机舱;机翼上有推进器,可以让飞机轻松地往前飞,机身下方有起落架,还有轮子可以帮助飞机在起飞、降落的时候滑行。

4. 了解客机内部结构。

幼儿观察客机内部的图片，说一说自己发现客机里面有什么：机身里有驾驶室，是飞行员坐的，驾驶室里有一个操作台，上面有很多按钮；有给客人坐的客舱，客舱里有椅子和洗手间，椅子上方有放行李的柜子，有的小电视在椅子的背面，有的小电视是从行李柜下面伸出来的。

活动延伸

1. 区域游戏：益智区提供飞机拼图，可以提供完整的图片供幼儿观察，再鼓励幼儿独立完成拼图；美工区提供飞机图片和模型，幼儿观察后进行绘画。

2. 家园共育：收集日常生活中常见飞机的图片、图书，供幼儿观察、认识，丰富其有关飞机的认知经验。

关键经验

1. 能用简单的语句讲述自己对飞机的了解与发现，分享乘坐飞机的感受。
2. 能对飞机的外形特征与鸟的外形特征进行观察比较，发现其相同之处。

附：调查表

表 2-1　我知道的客机

客机的外形特征	
客机的组成部分	
客机的作用	

活动二　造飞机

活动背景

飞机起飞和降落的时候，能带给幼儿特别的体验。他们在游戏中常常会手持一个玩具，模拟飞机起飞、飞行、降落的样子。本活动中，幼儿能跟着音乐节奏，运用肢体动作表现飞机飞行的样子；在自然演唱《造飞机》歌曲的过程中，根据歌词产生相应的联想和情绪反应，形成初步的艺术表现和创造能力。

材料准备

飞机模型，音乐《造飞机》。

活动描述

1. 猜谜语。

教师说谜面，幼儿猜谜底：天上飞，不是鸟，前边翅膀大，后边翅膀小，喝饱汽油飞得高。

2. 用身体动作表现飞机的形态。

幼儿用自己的身体"造"飞机，尝试表现飞机的各个部位：头部表示飞机的机头，小手可以做飞机的机翼,推进器可以用腿部来表示。

教师可以引导幼儿模仿同伴好的创意动作,和同伴一起用自己的身体造出机身、机翼、推进器等。

3. 做飞行动作。

幼儿听音乐做飞行动作:飞到天空,飞向海面,再飞到天空,飞过白云。随着音乐,幼儿和教师一起做开飞机的各种动作。

4. 学唱歌曲《造飞机》,理解歌曲中重复的现象。

幼儿倾听教师演唱歌曲,熟悉歌词,跟着歌词做相应的动作,理解"推进器""造得奇"的意思。这首歌曲中每句歌词的开头是重复的:"造飞机""蹲下来""蹲下去""弯着腰""飞上去",都是重复说两次。幼儿跟着念歌词,熟悉歌词。

5. 合作游戏,练习唱歌。

幼儿从一个人玩造飞机的游戏变成两个人造一架飞机,自由讨论合作表演的方式,自行分配角色(如男生做机翼,女生做推进器),交换角色再次进行表演。还可以增加游戏情节,教师和幼儿合作造一架大飞机(教师做飞机的头部,幼儿做机身;班级另外两位教师分别做飞机的两个机翼,其他幼儿做推进器,一个跟着一个)。

6. 户外游戏。

幼儿到户外玩造飞机的游戏。

活动延伸

1. 区域游戏:美工区提供《造飞机》音乐、纸和笔,幼儿通过欣赏歌曲,绘画出飞机的飞行状态;提供折纸飞机的步骤图,幼儿学习折纸飞机的方法。

2. 家园共育:家长可以和孩子一起看关于飞机的绘本和动画片,让幼儿了解飞机的不同种类及作用。

关键经验

1. 能用自然的、音量适中的声音,基本准确地演唱歌曲《造飞机》。

2. 在学习歌曲时会根据歌词产生相应的联想和情绪反应,跟着音乐节奏运用肢体动作表现飞机飞行的样子。

附:歌曲

造飞机

$1=F \ \frac{2}{4}$

| 5 3 4 | 5 3 4 | 5 5 6 6 | 5. 0 3 2 1 |

造 飞 机, 造 飞 机, 飞 到 青 草 地。 蹲 下 来,

```
3 2 1 | 6̣ 6̣ 1 1 | 5· 0 | 6̣ 1 1 | 5̣· 5̣ 1 |
蹲 下来， 我做推进器。      蹲  下去，蹲 下去，
2 2 1 2 | 3·  0 | 5 3 4 | 5 3 4 | 5 5 6 6 |
你做飞机 翼。   弯 着 腰，弯 着 腰，飞机造得
5·  0 | 6 6 5 | 3 2 1 | 2 2 5 5 | 1· 0 ||
奇。   飞 上去，飞 上去，飞到白云 里。
```

活动三 神奇的客机

活动背景

为什么飞机能飞到天上？对于中班上学期的幼儿来说，他们对新鲜事物有浓厚的兴趣，经常提出这样具有科学探究性的问题。虽然飞机飞上天空的原理较为复杂，但是他们通过调查、收集信息，能形成初步的探究能力。本活动所要解决的核心问题是运用美工手段表现客机的基本形状。幼儿在说一说、做一做的过程中，了解客机的主要组成部分，知道客机能起飞的原因。

材料准备

客机的图片及起飞的视频，彩泥。

活动描述

1. 观察客机图片。

幼儿结合图片讨论，表达自己的想法：客机这么大，这么重，为什么能飞到天空中？

2. 讨论客机的起飞方式。

观看客机起飞的视频，小组交流飞机起飞的方式。幼儿自由回答，教师小结：①飞机有固定的机翼，像鸟的翅膀一样，可以提供升力；②有发动机，产生推力，在跑道上滑跑，加速后呈起飞状态。

3. 用油泥表现客机。

幼儿在美工区找一找可以表现客机的材料，说一说选用油泥表现客机的理由：客机的身体大大的，油泥可以表现出大大的身体；油泥的颜色多，可以表现出好看的客机；油泥有一定的重量，客机也是很重的。

幼儿观察客机图片，讨论表现客机的方法：长长的机身，可以取很大一团油泥在桌上搓一搓，搓长就是机身；两边的机翼要将油泥先搓长再压扁，因为客机的机翼是平展打开的；先表现机身再表现机翼和机尾，幼儿自选喜欢的颜色进行制作。

4. 展示、欣赏。

幼儿将自己的作品展示在自留地中，和好朋友说一说自己的客机上有哪些主要部位：我们

制作的客机又大又重，机翼是扁扁的，固定在机身两侧。机身上有不同的颜色，表示不同的航空公司。

活动延伸

1. 区域游戏：在美工区提供彩纸，供幼儿折纸飞机。
2. 家园共育：请家长给幼儿讲一讲飞行英雄的故事，激发幼儿对飞行英雄的崇拜。

关键经验

1. 在观察图片和视频的基础上，了解客机的起飞原因。
2. 能运用搓长、团圆、压扁等方法表现出客机的基本形态。

活动四　比一比谁飞得远

活动背景

纸是一种常见的材料，广泛运用于日常生活中。幼儿最常接触的纸有白纸、彩纸、卡纸、蜡光纸、卫生纸等。纸的种类不同，其特性也各不相同。幼儿在日常游戏中折叠过纸飞机，发现它们飞行的情况并不相同。本活动中，幼儿感知和发现不同材质的纸，通过探索、实验，尝试让飞机飞得更远，并进行记录。

材料准备

已经用不同纸折好的纸飞机若干，纸飞机记录单、软尺、积木、起始线、剪刀、纸、回形针、吸管等工具和材料。

活动描述

1. 玩各种纸飞机。

幼儿自选不同纸折好的纸飞机，将纸飞机掷出，在游戏中发现有的飞机飞得远，有的飞机飞不远。

2. 纸飞机飞行测试。

幼儿使用起始线、软尺、积木等工具开始做试飞测试，观察哪种纸飞机飞得远，给测试的纸飞机做好标号，布置试飞场地。站在起始线后开始试飞，用软尺或积木量出距离，并在记录单上做好记录。

3. 分享测试结果。

幼儿交流观察结果，说出几号飞机飞得远。当幼儿说出的答案不同时，小组讨论影响飞机飞行距离的因素，如投掷的力量、纸的材料等。

4. 再次进行飞行测试。

幼儿分组测试每种纸飞机的飞行距离，分享哪种纸折叠的纸飞机飞得更远，了解不同的纸对飞行距离的影响。

5. 比一比谁飞得远。

小组制作飞机，完成后派一名代表掷出飞机，比一比哪组的飞机飞得远。幼儿发现：投掷时要保持飞机机身的平衡，投掷时要有一定的力量，飞机才可以飞出去；折飞机的纸要有一定的厚度和硬度，折的时候要对齐、折平整。

活动延伸

1. 区域游戏：在科学区提供回形针、吸管等材料，将辅助材料加到纸飞机上再去试一试。幼儿观察并交流在纸飞机上增加材料后，是否让飞机飞得更远。
2. 环境创设：在科学区呈现幼儿用不同材质的纸张所折飞机的飞行情况、幼儿实验记录、活动照片，制作儿童海报，供幼儿学习和分享。

关键经验

1. 能感知和发现一些简单的物理现象，如不同材质的纸折成的飞机飞得远近不同。
2. 愿意接受同伴提出的让飞机飞得更远的建议，如增加小物件，并进行探索尝试。

活动五　我是客机建造师

活动背景

几次活动后，幼儿想要用班级的积木材料表现客机，因为积木的体积大，最适合表现飞机大大的样子。在搭建客机之前，他们对客机的外形特征有了初步了解。本活动中，幼儿在观察图片的基础上，组合不同形状的积木，表现出客机的各个组成部分。

材料准备

客机图片，各种形状的清水积木等。

活动描述

1. 经验分享。

幼儿结合自己乘坐客机的经验，说一说客机是什么样子的。讨论并小结客机的四个主要部分。自由观察客机图片，表达自己对飞机外形的感知：机头是尖尖的；机身很长，有窗户；机翼长长的，左右都有机翼；尾翼是竖直起来的，用来掌握方向。

2. 讨论搭建的顺序和方法。

幼儿大胆表达自己关于搭建的想法及理由：如果要搭建一架客机，先搭建客机的机身，再搭建机头部分，两个小朋友可以同时找材料表现两侧的机翼，最后表现尾翼，进行封顶。

同时幼儿还讨论客机的不同部位分别选用什么形状的积木表现比较合适：机身长，可以用四倍块积木；机翼又大又长，也可以用四倍块积木；其他地方可以寻找合适的小积木。

3. 分组进行游戏。

幼儿自主选用合适的积木进行尝试，可以独立表现也可以和同伴合作共同表现：幼儿用两个四倍块积木连接在一起，表现机身，再用两个双倍块积木放在四倍块积木的前端，表现机头，再用两块四倍块积木放在机身的两侧，表现机翼，最后用一块双倍块积木横放在机身的后端，表现尾翼，用小三角形积木在尾翼上进行装饰。

4. 展示与欣赏。

欣赏作品，听同伴分享自己的搭建方法。

师幼共同到户外玩造飞机的游戏（一个小朋友做飞机的头部，其他小朋友做机身；两位教师分别做飞机的两个机翼，其他小朋友做推进器，一个跟着一个）。

活动延伸

1. 区域游戏：在建构区提供客机图片，引导幼儿继续观察客机的外形特点，知道客机是封顶的，能表现出大小适中的客机机翼和水平尾翼。

2. 家园共育：通过家长园地的形式告知家长班级主题内容，请家长收集各种有关飞机的书籍、制作飞机的纸盒等材料。

关键经验

1. 感知和体会客机的基本结构特点，通过观察图片，尝试用组合积木的方法表现客机。
2. 能按自己的想法选择材料，与同伴合作进行搭建飞机的游戏。

图 2-1　客机（一）

图 2-2　客机（二）

图 2-3　客机（三）

活动六　各种各样的客机

活动背景

在幼儿尝试用积木材料表现客机后,在班级的玩具店游戏中,常常出现买飞机玩具的游戏情节,但是积木材料比较大,搭好的飞机无法带走,所以幼儿萌发了用小型桌面拼插材料表现飞机的想法。班级的建构材料那么多,用什么材料表现比较合适呢?本活动所要解决的问题是可以用什么材料表现出可以玩的飞机,在尝试与探究的过程中理解单层与立体的结构关系。

材料准备

客机图片,班级中各种桌面建构材料。

活动描述

1. 分享关于客机的经验。

幼儿观察用积木搭建飞机的照片,并分享搭建经验,说一说客机的组成部分,以及搭建过程中发生的趣事。

2. 迁移经验,寻找材料。

幼儿讲述自己的想法:积木搭建的飞机不能抓在手上玩,如果要想让飞机玩起来,还可以用什么材料表现?幼儿自主寻找可以表现客机的材料。使用相同材料的幼儿为一组,小组交流怎样使用这个材料,讨论用此材料搭建的可行性。

3. 在游戏中探索搭建方法。

使用相同材料的小朋友围坐在一起,边观察图片边搭建,同时注意材料颜色的和谐统一。

4. 探究双层立体的结构。

幼儿观察客机玩具,与自己拼插的飞机进行对比,发现玩具飞机有一定的厚度,是立体的,自己拼插的飞机是单层的,没有机舱。于是幼儿思考:怎样能让自己拼插的飞机也有厚度,变成立体的呢?幼儿讨论后再次进行尝试:将两个一样的飞机进行拼插垒高,或者拼插出框架进行连接,表现出一定厚度,形成机舱。

5. 户外玩飞机。

幼儿手持飞机到户外玩开飞机的游戏,边玩边说:我的飞机就要开,开到哪里去?(说不同的地名)

活动延伸

1. 区域游戏:在益智区提供飞行棋,幼儿与同伴制定游戏规则,合作游戏。

2. 环境创设:在儿童海报中呈现幼儿用多种材料表现飞机的照片和思考,鼓励幼儿对不同材料进行探索。

关键经验

1. 能感知客机的外形和结构特征,通过观察图片、不断尝试,运用多种材料表现出客机造型。

2. 能按自己的想法选择材料，探究双层立体的搭建方法进行建构客机的游戏活动。

图 2-4　客机（四）

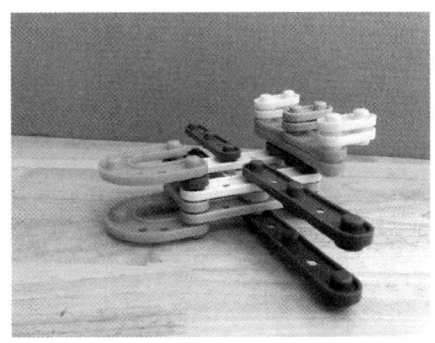

图 2-5　客机（五）

图 2-6　客机（六）

图 2-7　客机（七）

图 2-8　客机（八）

图 2-9　客机（九）

活动七　对称的机翼

活动背景

幼儿用拼插好的飞机进行游戏时，发现有的飞机无法立在桌上，不能保持平衡，这是为什么呢？本活动中，幼儿通过观察对比，发现左右两边机翼对称的特点，并通过点数的方式具体感知"对称"的意义，从而对数字的含义有进一步探究的兴趣。

材料准备

幼儿用不同材料拼插的飞机人手一个，记录表每人一张，勾线笔。

活动描述

1. 分享自己拼插的飞机作品。

幼儿在小组中展示自己拼插的飞机，向同伴介绍自己使用的材料。

2. 观察自己的飞机机翼是否对称。

幼儿通过观察对比发现，飞机在飞行中要保持平衡，左右两侧的机翼要一样大，观察自己的飞机机翼是否对称。

3. 讨论统计的方法。

幼儿与同伴交流了解机翼数量的方法（点数、比较机翼长短），将自己的发现记录下来。幼儿先了解数量再进行记录。同伴之间相互比较记录结果，他们发现大一点的材料数量少、小一点的材料数量多一些；如果拼插时颜色有点乱，统计时容易出错。

4. 调整作品，使机翼对称。

幼儿交流拼插中的好方法：在拼插飞机机翼时可以使用同一种颜色，便于看清楚；在拼搭时运用数学中的间隔排列方法，对齐拼插，使机翼更对称。

5. 再次统计机翼的数量。

幼儿用比较机翼长短再进行点数的方法统计机翼的数量，和旁边的小朋友相互检查，看看机翼是否对称，数量记录得对不对。

活动延伸

1. 区域游戏：在科学区提供飞机飞行路线、磁铁、飞机图等材料，幼儿操作磁铁，让飞机在航线中飞行。

2. 环境创设：在环境中创设"对称"的图片内容，幼儿观察与欣赏，理解对称的意义。

关键经验

1. 对客机的机翼进行观察比较，发现左右两侧机翼对称的特点。

2. 在操作中感知和体会机翼的长度可以用数来描述，对数字的含义有进一步探究的兴趣。

活动八　可以坐的飞机

活动背景

在创造性游戏中，幼儿玩起了坐飞机去旅行的游戏，显然班级中的建构材料已经不能满足他们，这需要到开阔的场地来进行表现。在此次活动之前，他们对客机的外形特征、内部主要设施进行过细致观察，表现过客机的基本结构特点，为此次的搭建积累了认识经验。本活动中，幼儿思考如何使用户外建构材料表现出大型的客机，运用语言和建构的方式解决游戏中的问题。

材料准备

幼儿在创造性游戏中玩坐飞机的照片一张，椅子、轮胎、大型碳化积木、海报筒、梯子等大型建构材料。

活动描述

1. 分享自己用材料拼插客机的经验。

幼儿欣赏建构区中自己拼插的飞机照片和飞机作品，在集体中分享自己用雪花片、积木等材料表现飞机的经验。

2. 观察游戏照片，想办法解决问题。

幼儿表达自己在游戏时出现的问题：游戏时想坐飞机去旅行，可是这些飞机都太小了，不能坐上去，只好坐在椅子上假装坐上飞机。幼儿讨论解决游戏中的问题：用什么样的材料来搭建可以坐上去的客机，让大家能玩起来？

3. 分组探讨搭建的方法。

幼儿分组进行讨论，表达自己的想法：要想表现可以坐在上面的飞机，需要用大一点的材料，飞机上的座椅可以用梯子表现；飞机的身体可以用积木围起来；可以用轮胎表现飞机的轮子；海报筒和碳化积木架高表现机身。大型飞机可以在操场上进行搭建，因为场地大，所以可以表现出更大的客机，可以有更多小朋友来玩坐飞机的游戏。

4. 制订搭建计划，商量合作搭建。

幼儿自由组合，根据飞机的大小，选择多人一组共同制订搭建计划，寻找材料准备搭建。

5. 进行搭建游戏。

幼儿按照小组制订的计划进行搭建活动，在游戏的过程中说一说多人合作搭建可以怎样分工，选择的材料是否适宜：可以商量好一起将需要的材料准备好，大家一起开始搭建，或者一些人负责拿取材料，另一些人负责搭建。

6. 游戏：坐飞机。

幼儿玩坐飞机的游戏，根据飞机要飞往的目的地，幼儿自由乘坐飞机。

活动延伸

1. 区域游戏：在数学区提供飞机图片和点卡，幼儿按照点卡匹配相应数量的飞机。
2. 环境创设：在儿童海报中呈现幼儿用不同材料表现大型客机的探究过程，供幼儿分享与学习。

关键经验

1. 动手动脑探索户外建构材料，表现出大型客机的结构特征。
2. 能运用介绍自己想法的方式加入同伴游戏，与同伴协商、设计、合作搭建飞机。

图 2-10 大型客机（一）

图 2-11 大型客机（二）

活动九 有用的机票

活动背景

幼儿在乘坐飞机的时候，都需要有自己的机票，一张机票对应一个座位，检票后才能登上飞机。本活动中，幼儿迁移已有经验制作机票，在观察机票图片的基础上，发现机票上的秘密，设计班级游戏中需要的机票。

材料准备

机票，长条形彩纸、油画棒、贴画等。

活动描述

1. 分享自己对机票的了解。

教师出示乘坐飞机的机票，幼儿自由观察并表述自己的发现：登机牌上有姓名、始发城市、航班号、座位号、起飞时间、到达城市、航空公司的标志等。

2. 比较机票的不同。

幼儿观察两张不同的机票，发现不同航空公司的机票是不一样的：航空公司的标志不一样，图案不一样。

3. 讨论机票上有什么。

教师鼓励幼儿在集体中大胆表达自己的想法：可以在上面画一些我们喜欢的装饰；可以设计我们幼儿园、班级的标志；可以在上面写上一些数字或点子表示航班号和时间。

4. 幼儿分组设计机票。

幼儿自由选取不同颜色的彩纸，分组设计机票。

5. 游戏：坐飞机去旅行。

结合创造性游戏"坐飞机"，幼儿手持自己设计的机票，自主进行游戏。

活动延伸

1. 区域游戏：在数学区提供找座位的游戏，幼儿根据娃娃身上的座位号帮助娃娃找到飞机上的座位。

2. 环境创设：在项目活动进行的过程中，幼儿从搭建积木飞机到建构大型的可以真正坐进去的飞机，开展了"坐飞机去旅行"的创造性游戏，用儿童海报的形式记录下幼儿游戏的进程和发展。

关键经验

1. 知道坐飞机需要机票，在观察图片的基础上，了解机票的特点。
2. 能用剪、贴、画等方式设计机票。
3. 在教师的指导下，感知和体会机票上数字的含义，有进一步探究的兴趣。

活动十　我是小小飞行员

活动背景

操纵飞机起飞和降落的是飞行员，对幼儿来说，穿着制服的飞行员高大又神秘。在游戏中，他们常常会为谁当飞行员争抢，做一名优秀的飞行员到底应该是什么样子？本活动中，幼儿在自然演唱歌曲的过程中，了解飞行员的特点，尝试创编相关的歌词，展示初步的艺术表现和创造能力。

材料准备

幼儿乘坐飞机的照片，钢琴，记录白板。

活动描述

1. 幼儿分享坐飞机的经验。

幼儿观察乘坐飞机的照片，说一说自己坐飞机到什么地方去的，讨论谁开飞机送我们去目的地，了解飞行员的工作职责。

2. 倾听歌曲，理解歌词。

幼儿倾听歌曲，说一说自己在歌曲中找到的一名合格飞行员的特点（飞行员飞机开得稳，要把我们送到目的地），在教师的帮助下用简单的图标记录歌词。看图标进行学唱，在熟悉歌词的基础上逐渐去掉图标并增加速度。

3. 改编歌词。

幼儿根据自己对飞行员的了解，说一说飞行员其他的特点：不怕苦，不怕晒，不怕雷，不怕雨，并尝试将飞行员的这些特点编入歌里唱出来。

4. 到户外玩开飞机的游戏。

幼儿来到户外，跟着音乐在户外玩开飞机的游戏。几人乘坐一架飞机，分组分角色进行游戏：一个人当飞行员，其他幼儿当乘客进行开飞机的游戏。

活动延伸

1. 区域游戏：在生活区提供一些生活用品，幼儿能按图片提示将旅行所需要的行李放入行李箱中。
2. 家园共育：家长和幼儿共同收集不同种类的物品和材料，为玩"坐飞机旅行"创造性游戏做准备。

关键经验

1. 能用正常的声音唱出歌曲旋律，根据歌曲节奏演唱，并尝试创编有关飞行员特点的歌词。
2. 能运用介绍自己想法的方式加入同伴游戏，与同伴协商轮流当飞行员。
3. 能整理乘坐飞机旅行时必要的物品，具有基本的生活自理能力。

我是小小飞行员

1=D 2/4 柴本尧 作曲

(5. 55 | 5. 55 | 555 56 | 5 5) | 1.3 25 | 1 3 |
                                 我 是 飞 行 员，

5.5 56 | 5 — | 3.3 6 | 5.5 3 | 2.2 23 | 2 — |
架 着 大 飞 机。 不 分 白 天 黑 夜，依 然 在 飞 行，

1.3 25 | 1 3 | 5.5 45 | 6 — | 5.5 56 | 55 3 |
飞 机 飞 得 稳， 路 线 走 得 准。 你 想 要 到 哪 里 去，

X X | X 0 | 6.6 65 | 2 3 | 1 0 ‖
我 就 带 你 去 哪 里。

活动十一 空哥空姐带你安全坐飞机

活动背景

幼儿在日常生活中有乘坐飞机的生活经验，在班级游戏中也有做空哥空姐为乘客服务的游戏经验。不过他们现在的经验只停留在游戏表面，在实际乘坐飞机时需要注意哪些事项呢？本活动中，幼儿在特定的情境中，通过实践模拟的方式了解并遵守乘坐飞机时的简单安全规则，做文明的小乘客，学会保护自己及他人的安全。

材料准备

安全乘坐飞机的相关图片和视频等。

活动描述

1. 幼儿分享自己过安检的经历。

幼儿在集体中交流自己的经验：上飞机前需要进行安全检查，安检时身上和包里不能有饮料、水、打火机、刀等物品，有时候安检还要脱鞋子检查。

2. 游戏：我会过安检。

幼儿分组观察图片，找到可以过安检的物品图片，将这些图片放进小包里；集体检查，看看这些物品是否能通过安检。

3. 幼儿分享安全乘坐飞机的经验。

幼儿在集体中交流自己的经验：上飞机后要根据自己机票的座位号坐在相应位置上，飞机起飞前要把手机关机，系好安全带，飞机刚开始起飞的时候不能离开座位，遇到气流的时候也不能离开座位。幼儿还发现很多安全标志。

4. 幼儿了解安全乘坐飞机的注意事项。

在观看《儿童空乘讲解》视频时，幼儿跟着小空乘学说乘坐飞机注意事项的简单语言。

5. 扮演游戏：我是小空哥、小空姐。

幼儿自主分角色扮演空哥空姐，给乘客讲解坐飞机时需要注意的安全小知识，大家一起遵守安全乘坐规则。

活动延伸

1. 区域游戏：在语言区提供安全乘坐飞机的图片，幼儿根据图片上的提示进行安全知识讲解；在生活区提供小丝巾，幼儿学习像空姐一样系丝巾。

2. 家园共育：在生活中对幼儿进行安全教育，提高幼儿的自我保护意识。

关键经验

1. 认识机场中常见安全标志，能遵守乘坐飞机时的简单安全规则。

2. 愿意与他人交谈，喜欢谈论坐飞机守规则的话题，能完整讲述自己坐飞机时经历的事情。

3. 会自己戴上空姐小丝巾，整理好游戏中需要的物品。

线索描述

线索二　军用飞机

在本线索中，幼儿主要围绕军用飞机的种类、结构、功能展开实践探究，通过观察比较发现军用飞机与客机的不同之处，了解战斗机特有的功能、直升机特别的造型，在调查与分享、创造与表现中丰富对军用飞机的认知经验。

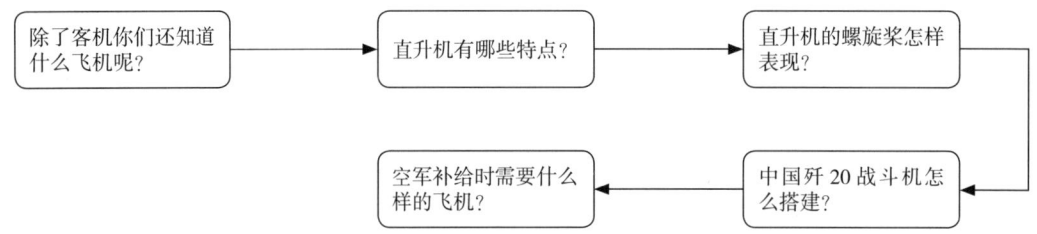

活动一　飞机本领大

活动背景

在深入了解客机的外形特征后，幼儿对其他类型的飞机也产生了探究的欲望。本活动中，幼儿通过调查与分享，了解不同飞机的特征与作用，感受飞机与人们生活的关系。

材料准备

各种不同类型的飞机图片（客机、战斗机、运输机、直升机等），飞机玩具模型。

活动描述

1. 分享对不同类型飞机的认识。

幼儿听飞机飞的声音，猜一猜是什么声音、是什么飞机。观察图片，说一说自己了解的不同类型的飞机：我知道运输机，它是用来运送货物的；我知道战斗机，它可以发射炮弹、投掷炮弹；我知道直升机，它也是战斗机的一种，现在有的地方可以坐直升机看风景。

2. 了解不同类型飞机的名称及用途。

幼儿观察飞机玩具模型，比较不同飞机的不同外形特征。飞机分为两种：一种是军用飞机，一种是民用飞机，功能不同，外形也不同，民用飞机主要可以运送人和货物，所以它的体型比较大；军用飞机既是交通工具，又是重要的空中武器，体型小一点，更加灵活。飞机给我们的生活带来了很多方便。

3. 户外游戏：小飞机。

幼儿来到户外，将自己变成一架小飞机，边说儿歌边在户外场地上游戏：小飞机，真神气，一飞飞到天上去，飞机飞得高，飞机飞得低，飞机停到机场里。

活动延伸

1. 区域游戏：在数学区提供不同颜色的纸砖，开展修飞机跑道游戏，让幼儿发现排列规律，尝试自己设计新的排列模式。

2. 家园共育：幼儿自由分组，形成研究小组，在家长的帮助下对自己感兴趣的飞机进行深入研究。

关键经验

1. 对不同种类的飞机进行观察和比较，发现其相同与不同之处。

2. 愿意与他人交谈，喜欢谈论自己了解的各种飞机，对飞机外形和作用的讲述比较连贯。
3. 感知飞机和人们生活的关系。

活动二　有用的直升机

活动背景

日常生活中，幼儿发现空中会有直升机飞过，直升机在飞行时和地面的距离比较近，发出的声音也很特别。直升机在生活中有哪些作用呢？本活动中，幼儿对直升机的外形特征和作用进行了解，运用语言和绘画的方式表现自己对直升机的认识，感受直升机的独特造型。

材料准备

直升机的图片，直升机玩具等。

活动描述

1. 游戏：好玩的直升机。

幼儿玩直升机玩具，游戏后观察直升机的外形特征，大胆表述自己对直升机的观察和认识：直升机由机头、机身、螺旋桨、起落架还有机尾组成。

2. 交流直升机的作用。

幼儿观察直升机的图片，并结合自己的经验说一说直升机的特点和用途：直升机可以低空、低速飞行，可在面积小的场地垂直起降，因此可以运用在军事、旅游、救护等方面，使用范围很广泛。

3. 绘画直升机。

幼儿自由讨论，先说一说喜欢什么样子的直升机，然后用绘画的方式表现自己最喜欢的直升机外形。

4. 展示与欣赏绘画作品。

幼儿相互欣赏绘画作品，讲述自己画的是什么直升机，有什么特别的本领：我画的是观光旅游直升机，它可以带旅客欣赏美景。

活动延伸

1. 区域游戏：在美工区提供直升机图片和玩具模型，引导幼儿观察直升机的外形特点，尝试用多种美工手段表现直升机的外形特征。

2. 环境创设：布置有关直升机的环境，呈现幼儿对直升机的调查与了解。

关键经验

1. 感知和体会直升机的基本结构特点。

2. 能用多种美工手段表现自己对直升机外形特征的了解。

活动三　拼插直升机

活动背景

在之前的活动中，幼儿通过对直升机图片进行细致观察，了解了直升机的结构特点，为后续搭建积累了经验。本活动中，幼儿探索利用不同的积塑材料，表现直升机的主要外形特征，感受直升机的独特魅力。

材料准备

直升机玩具模型和图片，积木，万能工匠，桌面拼插材料：雪花片、子弹玩具等。

活动描述

1. 寻找拼插直升机的材料。

幼儿在班级中自主寻找，将自己觉得可以表现直升机的材料都拿出来，在集体中讨论：这么多建构材料，哪些材料适合表现直升机，为什么？

有的幼儿觉得雪花片可以来表现直升机，因为螺旋桨可以用两种不同颜色的雪花片来表现；有的幼儿觉得大宝高玩具中的栏杆可以当作直升机的螺旋桨，而且宝高玩具比较厚，可以表现厚厚的机身。

2. 初次尝试。

幼儿根据刚才的讨论再次选择自己需要的材料进行表现，可以一个人独立完成也可以和同伴合作共同完成。

3. 表现螺旋桨。

幼儿在拼插后分享自己对螺旋桨的表现方法：螺旋桨要一样长；在连接到飞机头部时要找到中心点连接，要连接牢固；颜色选择最好要统一。根据同伴的经验，幼儿再次进行尝试，调整与完善自己的作品。

4. 展示与欣赏。

幼儿将自己的作品放在自留地进行展示，相互欣赏作品，学习同伴的材料选择和表现手法。

活动延伸

1. 区域游戏：在益智区提供直升机拼图，引导幼儿观察直升机的外形特点，尝试进行立体拼图游戏。

2. 环境创设：在建构区布置有关幼儿拼插直升机的环境，呈现幼儿在表现直升机过程中材料的选择和解决问题的方法。

关键经验

1. 感知直升机的基本结构特点，自主选择合适的建构材料表现出直升机的主要外形特征。

2. 愿意并主动参与拼插直升机的游戏活动，乐于向同伴学习。

图 2-12 直升机(一)

图 2-13 直升机(二)

图 2-14 直升机(三)

图 2-15 直升机(四)

图 2-16 直升机(五)

图 2-17 直升机(六)

活动四 厉害的歼 20

活动背景

幼儿对军用飞机中的歼 20 战斗机产生了浓厚的兴趣,特别是班级中的男孩子。本活动中,幼儿探索用万能工匠材料表现歼 20 战斗机的外形特征,在观察材料的基础上,将不同形状的材料元件与战斗机各部位外形联系起来。

材料准备

万能工匠(黄轮,关节,大一字接头,各色长、短软管,各色长管,各种底板),歼 20 战斗机空中演习的视频，天空的背景展示台，战斗机图片。

活动描述

1. 分享自己对歼20战斗机的认识。

幼儿观看中国歼20战斗机空中演习的视频，交流对战斗机的了解。歼20战斗机上安装了航电设备，可以躲避雷达，是一架隐身战斗机。

2. 讨论歼20战斗机的结构特点。

幼儿观察图片，讨论歼20战斗机和普通客机的不同之处：战斗机的机头是尖尖的，驾驶舱里只能坐一个飞行员；机翼上有大炮，有一个炮筒的，有多个炮筒的；机身比客机稍短些，呈三角形，机翼有单层的，也有双层的。

3. 探索建构歼20战斗机的基本方法。

幼儿观察万能工匠材料，讲述不同材料可以表现战斗机的什么部位，幼儿自主尝试建构战斗机：黄轮、大一字接头等材料做战斗机的机头；运用接插的方法插出三角形的机身；对称的机翼可以用关节、软管材料表现。

4. 欣赏作品。

幼儿将拼插好的歼20战斗机放到停机坪上，相互欣赏各自的作品，向同伴介绍自己是用什么材料来表现战斗机的。

活动延伸

1. 环境创设：在环境中呈现各个研究小组对所研究飞机的调查与了解。
2. 家园共育：家长与幼儿共同调查与了解我国战斗机发展状况，激发幼儿的兴趣。

关键经验

1. 细致观察歼20战斗机的特征，提出问题，通过简单调查收集信息。
2. 共同探索歼20战斗机的搭建方法，尝试表现出基本特点。
3. 乐意与同伴共同玩拼插游戏，体验共同游戏的快乐。

图 2-18　歼20战斗机（一）

图 2-19　歼20战斗机（二）

项目二　飞机起飞啦

图 2-20　歼 20 战斗机（三）

图 2-21　歼 20 战斗机（四）

图 2-22　歼 20 战斗机（五）

图 2-23　歼 20 战斗机（六）

活动五　战略运输机

活动背景

在游戏中，幼儿用自己拼插的战斗机进行游戏，有个幼儿突然说到飞机上的炮弹发射完了，需要补充弹药的情节。他们就根据这个问题展开讨论：空军在补给时需要什么样的飞机？通过调查，他们了解到战略运输机的作用。本活动中，幼儿迁移已有的搭建经验，运用清水积木表现对战略运输机的认识，感受中国空军的强大。

材料准备

战略运输机的图片，清水积木。

活动描述

1. 分享自己对战略运输机的认识。

幼儿观察战略运输机的图片，交流对战略运输机的了解：承担远距离运输；可以运送兵员和大型武器装备；能在复杂的气候条件下飞行；可以在比较简易的机场上起降。

2. 讨论战略运输机的结构特点。

幼儿观察图片，讨论战略运输机和其他战斗机的不同之处：战略运输机机身长、体积大，重量很重，内部空间大。

3. 探索建构战略运输机的基本方法。

幼儿迁移自己建构客机的搭建经验，自主尝试建构战略运输机。

4. 欣赏作品。

幼儿相互欣赏搭建好的战略运输机，向同伴介绍自己搭建的战略运输机是用来运输什么东西的。

活动延伸

1. 区域游戏：开设运动区，提供简单小型器械，幼儿锻炼身体技能，进行"小小飞行员"的游戏。

2. 家园共育：家长与幼儿共同调查与了解我国战略运输机的主要机型。

关键经验

1. 迁移已有经验，对比观察，表现出战略运输机的特征。
2. 愿意接受同伴搭建战略运输机的建议，与同伴友好游戏。
3. 在"小小飞行员"的游戏中具有一定的力量和耐力。

图 2-24　战略运输机（一）

图 2-25　战略运输机（二）

图 2-26　战略运输机（三）

图 2-27　战略运输机（四）

图 2-28　战略运输机（五）

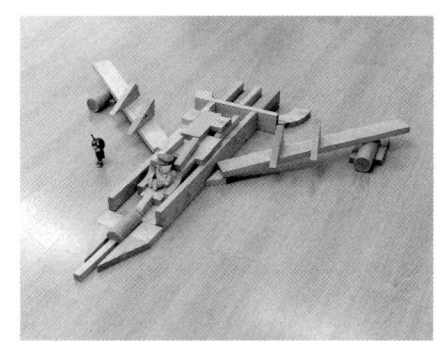
图 2-29　战略运输机（六）

四、关键经验

- **健康**
  - 在"小小飞行员"的游戏中具有一定的力量和耐力。
  - 学戴空姐小丝巾，整理好游戏中需要的物品。

- **语言**
  - 愿意与他人交谈，喜欢谈论自己了解的各种飞机，在讲述飞机的外形和作用时比较连贯。
  - 能完整讲述自己坐飞机时经历的事情，分享乘坐飞机的感受。

- **社会**
  - 会运用多种方式加入同伴的拼插游戏中，与同伴协商合作拼插飞机，玩轮流当飞行员的游戏。
  - 能按自己的想法选择材料，并愿意接受同伴的建议，进行搭建飞机的游戏活动。
  - 认识机场中常见安全标志，能遵守乘坐飞机时的安全规则。

- **科学**
  - 能结合飞机的外形特征与鸟的外形特征进行观察比较，发现其相同与不同之处，感知飞机与人们生活的关系。
  - 动手动脑探索万能工匠材料、户外建构材料、桌面建构材料，表现出各种各样的飞机。
  - 知道坐飞机需要机票，在观察图片的基础上，了解机票的特点。
  - 对飞机的机翼、直升机的螺旋桨进行观察比较，发现左右两边机翼、螺旋桨对称的特点，感知和体会飞机的基本结构特点。
  - 在操作中感知和体会机翼的长度可以用数来描述，对数字的含义有进一步探究的兴趣。
  - 了解飞机的起飞方式，在探究中发现让飞机飞得远的简单的物理现象，如不同材质的纸。

- **艺术**
  - 能用自然的、音量适中的声音基本准确地演唱歌曲《造飞机》，并根据歌曲尝试创编表现飞行员特点的歌词。
  - 在学习歌曲时会根据歌词产生相应的联想和情绪反应，能跟着音乐节奏运用肢体动作表现飞机飞行的样子。
  - 运用搓长、团圆、压扁等方法表现出飞机的基本形态。
  - 能用剪、贴、画等方式设计机票。

项目三
船的世界

一、项目缘起

　　船是一种重要的水上交通工具，在石器时代就出现了最早的船——独木舟，而当今社会赋予了船更多的休闲功能。在一次谈话交流中，笑笑提起最开心的事就是和家人去公园划可爱的鸭子船，这引起了幼儿的兴趣，有的说在宝船公园看过大船，有的说在夫子庙坐过游船，还有的说在外出旅游的时候坐过大邮轮……

　　于是，我们从所了解的身边的船入手，讨论关于船的话题，开始进入有关船的世界。幼儿通过观察船或各种船的图片，以及阅读与船有关的书籍，了解船的特征，发现船原来有那么多不同的种类、特征和功能。从普通的游船到军舰，他们尝试使用多种结构材料进行表现，并开始关注停靠船的港口，还玩起了开船的游戏，幼儿要建造一艘真正能坐进去的船，就在这样不断反复的搭建、探索中丰富了对船的认识。

项目三　船的世界

二、发展线索

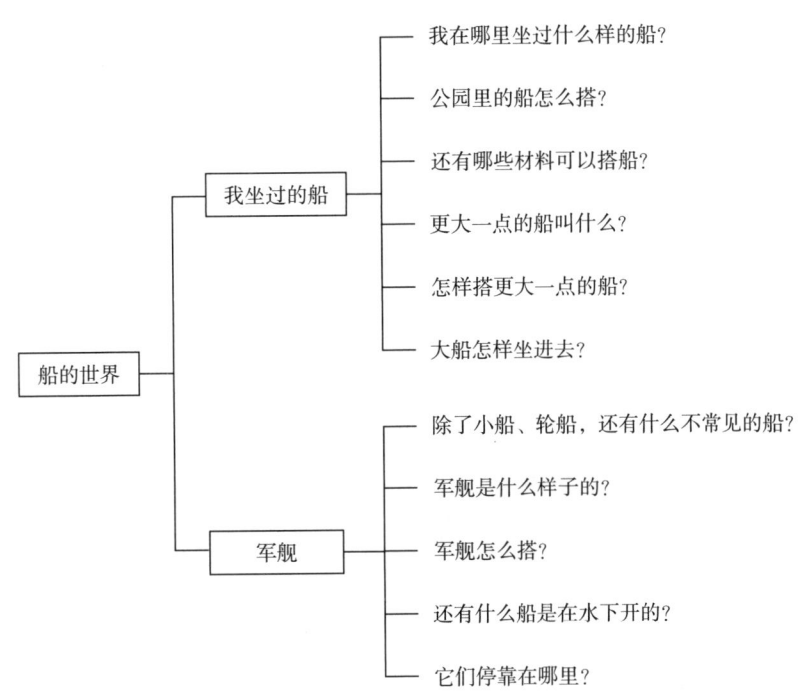

三、具体活动

线索描述

线索一　我坐过的船

在本线索中，幼儿基于外出游玩时划船、坐船的体验，开始了解船的种类、不同的外形特征，运用清水积木、碳化积木、纸砖、轮胎、万能工匠等多种材料多次尝试，并与建构作品产生互动，玩起了有趣的乘船游戏，并不断完善更新作品。

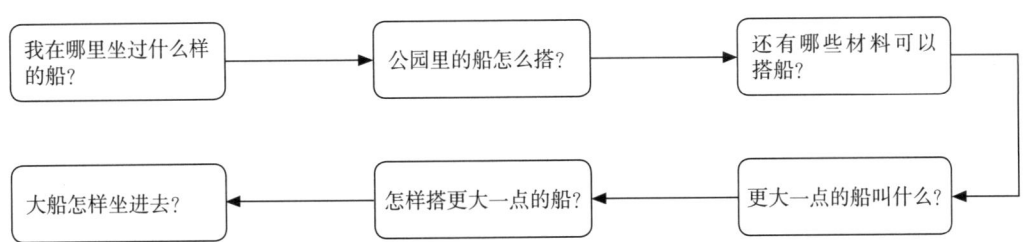

活动一　我身边的船

活动背景

在体验过划船后，幼儿对公园里的小船充满了探究的兴趣，他们收集了很多公园里小船的图片进行细致观察，了解常见船的基本结构特点。本活动中，幼儿对我们身边的船是什么样子的进行了解，运用语言和绘画的方式表现对常见船的认识。

材料准备

调查问卷《我身边的船》，油画棒、勾线笔，《划小船》背景音乐。

活动描述

1. 谈话讨论公园游玩见闻。

教师：去玄武湖公园玩的时候，你最喜欢玩什么？玄武湖公园水面上有哪些好玩的活动？

幼儿讲述自己在玄武湖公园喜欢的活动，很多幼儿提到了公园里的游船，有的是脚踩的，有的是电动的，有的是划桨的，还有帆船。

2. 分享调查表内容，了解"我身边的船"的多样性及与船有关的小故事。

幼儿拿出《我身边的船》调查表，介绍自己的发现。

西西：我看到了小鸭子船，它的尾巴是像鸭子的尾巴一样翘起来的。

乐乐：我坐过邮轮，比鸭子船大多了，像楼房一样有很多层。

小美：我调查的船是在图书中看到的，它是海军叔叔工作时使用的船。

幼儿主要分享了他们在公园里见到的船、自己坐过的船、图书中看过的船，还有一些玩具船，发现船有不同的种类和功能，有的用于小朋友的游戏，有的用于休闲娱乐，有的用于工作或战斗，还有专门捕鱼的船。

3. 认识、了解船的外形特征。

教师：你们刚才说的这些船都有什么共同的特征呢？又有哪些特别的地方呢？

幼儿按照一定的顺序进行细致的对比观察，发现船都是由船头、船身和船尾组成的，有的船两头尖尖的；有的船船头是尖的，船尾是平的；有的船两头都是平的。

4. 画小船。

教师：你们最喜欢什么造型的船？它是什么样子的？我们一起来画一画吧！

教师播放《划小船》的音乐为背景，幼儿结合自己的调查和在活动中所获得的理解和认识，自主在纸上设计自己喜欢的小船。有的孩子画出了小船尖尖的船头；有的表现出很多的楼层，是一艘大船；还有的孩子画的是可爱的小丑鱼造型的小船。

5. 分享船的绘画作品。

教师：谁愿意介绍一下你设计的最喜欢的船是什么样子的？

乐乐：我画的是一艘游船，里面有好多座位，可以坐很多很多的人。

西西：我最喜欢动物造型的船，鸭子船最好画，鸭子的头就是船头，身体就是船身，尾巴就是船尾，人是坐在里面的。

小米：这是一艘渔船，上面有渔网的钩子。

教师根据幼儿的绘画作品，鼓励幼儿和同伴互相介绍，指出船头、船身、船尾部分和特别的地方。

活动延伸

1. 区域游戏：在美工区提供正方形纸，供幼儿折纸船。
2. 日常活动：在餐前欣赏、学唱歌曲《划小船》，进一步感受划小船的乐趣。
3. 晨间谈话：幼儿交流与家人去公园游玩的经历。

关键经验

1. 了解常见船的外形特征，并尝试用绘画、唱歌的方式表现船。
2. 通过调查问卷的分享，敢于在集体面前大胆讲述，并用连贯的语言描述关于船的信息。
3. 体验通过分享获得新本领的快乐。

附：调查表

表 3-1 我身边的船

姓名： 日期：

我在哪里看到船的？	
它们是什么样子的？	
这些船有哪些功能？	

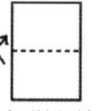
长方形纸对折

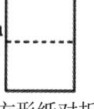
下边的两个角往中间折

上边露出的纸分别往前、后两方向折

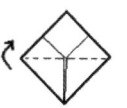
把三角形从中间撑开，变成正方形

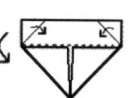
旋转180°如图，向上折成三角形，背面相同

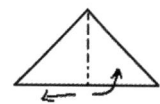
把三角形撑开变成正方形

捏着正方形上方的两个角用力往两边拉

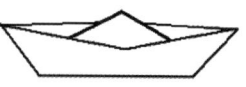

图 3-1 纸船　　　　　　　图 3-2 折纸船步骤图

活动二　游船

活动背景

幼儿通过观察公园里的游船，以及观察不同船的图片，对船产生了进一步探索的兴趣，初步了解到船由船头、船身、船尾组成。本活动中，幼儿在了解船的基本结构的基础上，尝试与同伴合作用建构的方式表现船的基本结构特征，为后面不同类型船的搭建打下基础。

材料准备

各种各样游船的图片，各种各样的清水积木。

活动描述

1. 幼儿回忆见过的船。

教师：在晨谈活动中，有小朋友说他和家人到公园坐的游船很有意思。你们在公园里都坐过游船吗？游船是什么样子的？

乐乐：我坐过可以用脚踩的游船，它有船头、船尾，我们就坐在船的身体里面。

2. 讨论交流游船的基本特征。

幼儿欣赏游船的图片，了解船的基本结构和主要特征。

教师：这些船和你坐过的船一样吗？这些船是什么样子的？有哪些地方是相同的？哪些地方是不同的？

幼儿自由比较、交流自己的观察和发现。

幼儿通过观察发现游船的造型不同，但都由船头、船身、船尾组成，船头的造型有的是像亭子一样有飞檐的，有的船有点长，两头有点翘起来，中间很宽。

幼儿观察船体各个部分的外形特征。

教师：船头是什么样子的？（船头是尖尖的，像月亮一样翘起来的）

教师：船身是什么样子的？（船身很大，有的上面有一个顶，两边有栏杆）

教师：船尾是什么样子的？（船尾有的是尖尖的，有的是平平的）

3. 讨论搭建船体的方法。

教师：如果请你来搭建一艘船，你的搭建顺序是什么？会用哪些积木来进行表现？

西西：先围成一个大大的长方形，就是一艘船的样子，然后再搭里面的座位。

教师：搭建船时先搭船身，再搭船头和船尾，最后搭顶。

东东：我们可以用四倍块积木围合成一个大大的长方形，就可以当船身。

4. 幼儿两人一组结伴合作搭建船，教师指导。

教师：请你去找自己的好朋友，用积木搭建一艘自己见过的船，搭建时要一起商量，你们想搭建的船是什么样子的，然后再去拿积木。

然然拿起两块双倍块积木围合成尖角，再使用四倍块积木连接成正方形的轮廓，在正方形的四个角落放置四个圆柱,进行架高,然后使用四倍块积木铺平,在上面使用两个小正方形积木组合成座位的样子,然然又去拿了两个半圆形积木拼成圆形,放置在船身的两侧。

月月使用双倍块积木围合成长方形的样子,在一侧使用两块双倍块积木形成尖尖的船头,然后使用圆柱在四边架高,搭建船身,最后用半圆形积木组合成圆形搭建在船身两侧,她的船搭好了。

东东使用双倍块积木围合成中间方形、两头三角形的船身,然后使用圆柱在船身部分架高,形成宽宽的船身,再用四倍块积木间隔排列在顶部,船身主体搭建好了。他继续使用小三角形积木围合在船身底边,然后站起来看了看,自言自语道:我的小船搭好了。

5. 欣赏与表现。

教师:请你们说一说,自己搭建的游船是什么样子的?你想邀请谁乘船外出玩?

平平:我们搭建的是一艘小游船,可以坐在上面划的,我想和妹妹一起坐船出去玩。我们用双倍块积木和四倍块积木围合船身,两头尖尖的,然后用圆柱在船身中间架高成两层,在船的两侧使用半圆形积木拼成圆形的游泳圈造型。

活动延伸

1. 区域游戏:在语言区提供绘本《小船的旅行》,让幼儿了解船的出行、它能到达哪里等。
2. 日常活动:餐前活动学念儿歌《小小的船》。
3. 晨间谈话:观看视频《船的历史》。

关键经验

1. 通过观察公园里的船和船的图片,了解船由船头、船身、船尾组成。
2. 在搭建过程中,组合运用多种积木表现出游船的特点。
3. 愿意合作建构,建构船时知道与同伴商量和讨论,体验与同伴合作的快乐。

图 3-3 游船(一)

图 3-4 游船(二)

幼儿园建构项目活动（中班）

图 3-5　游船（三）

图 3-6　游船（四）

附：儿歌

小小的船

弯弯的月儿小小的船，
小小的船儿两头尖，
我在小小的船里坐，
只看见闪闪的星星蓝蓝的天。

活动三　各种各样的游船

活动背景

通过使用积木搭建船之后，幼儿进一步了解船的样子，并且在美工区用折纸、绘画以及在建构区用积木搭建等方式表现过船的特征，他们还想用多种积塑材料再来插一插。本活动中，幼儿选择合适的积塑材料，运用双面拼插的方法表现船的主要特征，感受拼插、创作的乐趣。

材料准备

各种各样游船的图片，各种积塑玩具。

活动描述

1. 教师出示船的模型，请幼儿回忆游船的结构特点。

幼儿发现船都有船头、船身和船尾，每艘船的一些细节部分不同，有的船两头尖尖的，有的船两头是直的。

2. 师幼讨论用拼插玩具建构游船的材料。

教师：我们的教室里有很多桌面拼插玩具，请你们动动脑筋想一想，这些玩具能不能表现出游船？你会选择哪种玩具？

明泽：我想用雪花片拼插。

教师：你们选择的这种玩具要能表现出游船的船头、船身和船尾。现在请你们选择合适的材料去试一试吧。

3. 探索拼插的方法。

教师：这是芯尔小朋友用雪花片表现的小船。

芯尔：我用的是雪花片，下面我用了白色，上面的篷子我用了黄色，船头和船尾都是往上翘的。

伯言：这是我用雪花片拼插的小船，它是一艘乌篷船，上面的篷子是半圆形的，我用了橘黄色雪花片，下面我用了黄颜色雪花片，最后用黑色雪花片在上面拼插了一个翘角。

教师：刚刚两位小朋友的游船就和我们的模型一样能站起来，它们是立体的，使用了双面拼插的方法，并且里面可以坐玩具小人，你们再去试一试吧。

4. 自由选择材料拼插船。

乐乐先用黄色雪花片拼插出一个椭圆的船身，然后使用橘黄色雪花片在两头竖立拼插船头和船尾，最后用绿色雪花片将两头连接起来，一艘两头直直的船拼插好了。

平平用黑色雪花片拼插成一个长方形的样子，又拿起黄色雪花片在一侧进行连接，拼插成船中间的帆，最后用白色雪花片拼插成三角形的样子，他开心地说："我的帆船拼好啦。"

5. 评价与分享。

教师：拼插好的小朋友可以把你的船放到自留地，再去欣赏一下其他小朋友的作品吧。

教师：谁愿意来说一说你最喜欢谁拼插的游船，为什么？

筱沫：我最喜欢达达搭的游船，因为他用那种半圆形的玩具，搭了一艘彩色的小船，而且上面还有红旗。

思佳：我最喜欢耀杰搭的游船，他的船头是往上翘的，还有半圆形的顶篷，我觉得很漂亮。耀杰是用雪花片拼插的游船，船身是弯弯的，两头翘起，船身是按照颜色间隔的方法表现的。

活动延伸

1. 体育游戏：幼儿分成两队玩"划小船"的游戏，全部蹲下，双手抱住前面同伴的腰部，听口令，同时向前蹲着走。

2. 家园共育：运用家里的材料，亲子共同探索更多拼插的方法。

关键经验

1. 通过观察船的模型，初步理解并尝试用多种方法表现出船的特征，运用双面拼插的方法使船体稳固。

2. 能自主选择合适的桌面拼插玩具基本表现出船的船头、船身、船尾。

3. 喜欢自己拼插的船并能欣赏别人的作品，愿意和别人分享，交流自己喜爱的艺术作品和美感体验。

图 3-7 游船（五）

图 3-8 游船（六）

图 3-9 游船（七）

图 3-10 游船（八）

活动四　超级大邮轮

活动背景

通过前期的认知经验和拼搭经验，幼儿对轮船有了更具体的了解，是不是还有更大一点的船呢？他们对大邮轮十分感兴趣，想进一步了解更多不同外形特征的邮轮。本活动中，幼儿在认识单一邮轮特征的基础上，尝试自己设计更多造型的邮轮，关注邮轮的细节，为后面积木建构做好准备。

材料准备

邮轮图片，A4纸、勾线笔、油画棒。

活动描述

1. 观看图片，引起兴趣。

幼儿观察邮轮图片，了解到邮轮很大，一般是外出旅游时坐的。

2. 了解邮轮的外形特征和结构。

教师：这种邮轮和我们之前了解的秦淮河上的船有什么区别吗？

希瑶：这艘船有好几层。

教师：这艘船有很多层，上面还有很多窗户，我们一起来数一数，它有八层。层数很多，窗户也很多。还有什么区别？

明泽：上面有救生圈。

教师：对，邮轮上面有救生圈。邮轮的船头是什么样子的？窗户是什么形状的？顶上有什么？

伯言：船头尖尖的，窗户是长方形的，顶上有雷达。

教师和幼儿共同总结：邮轮是航行在海面上的，所以又高又大，因为它要运载很多的人和很多的货物。邮轮的上面有很多层，周围有很多的窗户，每一层越往上越窄。在邮轮的周围还有栏杆、救生圈和雷达。

3. 幼儿绘画邮轮。

教师：我们已经了解了邮轮的外形特征，你们想把喜欢的邮轮画下来吗？桌子上有A4纸，这么大的纸，你们可以把喜欢的邮轮画得大大的，然后用油画棒涂上颜色。

幼儿分组绘画邮轮，教师巡回指导幼儿画出邮轮的各个部分，比例协调。

4. 展示分享。

教师：你们画了这么多漂亮的邮轮，想不想告诉大家你画的邮轮里有什么呢？

懿峰：这是我画的大邮轮，它的第一层是游乐场，第二层是游泳池，第三层是餐厅，第四层上面是露台，人可以到上面看风景。然后这边是甲板，后面是货舱。它能开到很远的地方。

活动延伸

1. 环境创设：将幼儿的绘画作品进行展示，供幼儿欣赏和交流。

2. 家园共育：请家长和幼儿一起查找更多轮船，帮助幼儿拓展对轮船的认识。

关键经验

1. 通过观察图片了解大邮轮的外形特点和各个组成部分。

2. 能够用线条画出邮轮的外形特征，比例基本协调，探索用较丰富的颜色作画，大胆尝试画出主体色和背景色。

3. 能用比较完整的语言与同伴分享自己画的邮轮。

活动五　建构大邮轮

活动背景

幼儿在之前的活动中用多种材料表现过公园里的船，对船的基本结构特征和外形有一定的了解。在了解邮轮的特征后，他们也想通过建构的方法将它表现出来。本活动中，幼儿运用清水积木与同伴合作表现各种造型和功能的邮轮。

材料准备

邮轮的图片，各种积木。

活动描述

1. 回顾邮轮图片，幼儿进一步了解邮轮的特点。

教师：这种大轮船叫什么？它的主要作用是什么呢？

幼儿发现邮轮主要是运载游客的，它可以带着游客到好多地方去游玩，游客在船上需要透气看风景，所以船的上面有好几层周围都是窗户。它翘起来的船头保证船能在海面上航行，周围的围栏也能保证游客的安全。邮轮上面有很多娱乐休闲的场所，如游泳池、棋牌室、酒吧等，饿了还可以去餐厅吃饭。

2. 商讨搭建计划。

幼儿大胆构思，分享自己的搭建计划，与小组成员共同商讨确定小组合作搭建计划。

教师：如果你们是设计师，想设计一艘什么样的邮轮？它会有什么特别的地方呢？

小宇：我们组想要搭一艘大大的邮轮，它的船身特别大，上面还有防御敌人的装置，有好几层看台可以看风景。

3. 幼儿分组建构邮轮。

教师鼓励他们大胆运用多种积木表现邮轮上的细节部分。

东东拿起四倍块积木，将它们一个接一个对齐连接，组合拼成一个大长方形，头尾各使用两块四倍块积木拼成三角形的船头和船尾，在船身中间使用圆柱架高成三层，每一层的四周使用小正方形积木和小半圆积木间隔拼成栏杆的样子，最后在两头的甲板处使用小积木表现座椅、泳池、餐厅等设施。

4. 欣赏与交流。

请幼儿介绍自己设计的邮轮有哪些特别的地方。

思佳：我和天佑一起合作搭的，我们搭的邮轮有船头、船尾和船身，它的船尾是平的，不是尖的，船头是尖的，可以坐好多游客，这是它的围栏，还有救生圈。

活动延伸

区域游戏：在角色区提供玩具小人，供幼儿进行摆放，创设游客乘坐邮轮的情境；在建构区完成户外搭建的计划图。

关键经验

1. 观察图片，了解邮轮的结构及特点。
2. 能大胆组合多种积木元件，与同伴合作表现各种造型和功能的邮轮。
3. 体验与同伴共同建构邮轮的快乐。

图 3-11　邮轮（一）

图 3-12　邮轮（二）

项目三 船的世界

图 3-13 邮轮（三）

图 3-14 邮轮（四）

活动六　邮轮要开了

活动背景

幼儿在角色游戏中已经开始了"开船"的游戏，他们发现搭建的船只能看、不能玩，于是决定搭建一艘能开的船。他们迁移前期建构火车、飞机的经验，与同伴共同计划，使用户外建构材料创设邮轮情境，可以真正坐进船玩游戏。

材料准备

幼儿制订的计划图、大泡沫垫、小泡沫垫、纸板、桌子、椅子、万能工匠、碳化积木、轮胎、海报筒等。

活动描述

1. 经验回顾，教师出示幼儿的计划图。

教师：这些是你们上次活动中的计划图，谁愿意来介绍一下你们组设计的邮轮是什么样子的，用了什么材料？

钦云：这是我们设计的邮轮，它的船头是尖的，这里是一个驾驶舱，里面有船舵、座椅还有电脑。从这边出来有两排座位，从这边的楼梯可以上楼看风景。这边是一个电影院，这边是卫生间，那里是吃饭的地方，里面有两张桌子，还有椅子。我们需要用到泡沫垫，桌子、椅子用积木来搭。

懿峰：这是我们的邮轮，它是一艘大邮轮，这边是它的驾驶舱，有船舵、电脑还有椅子。从这个门出来这边有一个游乐场，这边是吃饭的地方和洗手间。这边是货舱，就是装行李的地方，很大。我们想用泡沫垫把它围起来，还需要教室里的桌子和椅子。

2. 师幼讨论建构的计划和材料。

教师：刚刚几个组的小朋友都介绍了自己设计的邮轮和船舱的内部结构，和你的小伙伴讨论一下你们的计划还有什么需要改动的地方。

教师：这里有大小不同的泡沫垫、纸板，还有碳化积木，教室里还有桌子、椅子等，你们可以自己选择需要的材料来搭建邮轮。

3. 幼儿分组建构邮轮。

教师：先分工布置船舱里的样子，最后一起来围合出邮轮的外部造型。

4. 分享作品,游戏。

教师:你们的邮轮布置好了吗?我们想参观,请你们介绍一下!

想想:你看我们的邮轮,里面有两排座椅可以坐人,他们可以看外面的风景,这边是上船的地方,这边是下船的地方,是我们用万能工匠拼的门,这边是船长的座位,船长有一个船舵,也是用万能工匠拼的。上船的时候需要买票。

梓熙:这是我们的邮轮,这边客人可以坐在旁边吃饭,用了一张长桌子,上面拼了两个泡沫垫当桌布。这里是驾驶舱,有电脑座椅和船舵。我们从这边上船从这边下船。这是我们用泡沫拼的门。

教师:现在我们一起去坐邮轮吧。

幼儿使用碳化积木和轮胎组合搭建成邮轮的轮廓,使用长方形碳化积木拼搭成座位,使用万能工匠材料拼搭船舵,用海报筒拼摆在邮轮的两侧。

活动延伸

日常活动:餐前幼儿分享搭建过程中的问题和解决办法。

关键经验

1. 根据同伴对计划的介绍,明确自己和同伴共同布置的邮轮的造型。
2. 能够和同伴分工合作,大胆选择需要的材料按照计划图建构邮轮。
3. 愿意把想法告诉同伴,感受共同游戏、搭建的乐趣。

图 3-15 邮轮(五)

图 3-16 邮轮(六)

图 3-17 邮轮(七)

线索描述

线索二　军舰

在本线索中,幼儿主要围绕搭建军舰这个核心,展开了一次次的实践和探索。他们运用清水积木、碳化积木、纸砖、轮胎、万能工匠等多种材料多次尝试,并与建构作品产生互动,玩起了有趣的舰队游戏,在一次次的游戏过程中不断完善作品,让水上军舰和水下军舰更形象。

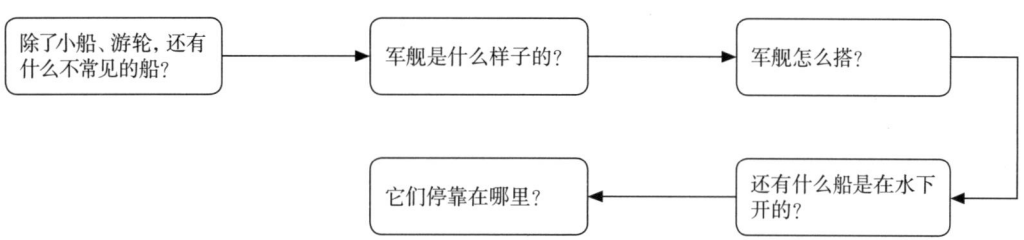

活动一　船舶

活动背景

公园里的小船,旅游时的大轮船……幼儿对身边的船有了丰富的认识,除了这些常见的船,还有哪些船呢?他们展开了讨论和交流,在新闻、绘本里,在和爸爸妈妈的交流中,了解到更多不常见的船。本活动中,教师主要根据幼儿的认知需求,与他们一起了解更多类型的船。

材料准备

玩具船,各种船的图片。

活动描述

1. 儿歌导入活动。

教师带领幼儿一起念儿歌《划小船》,出示玩具船,幼儿自由玩一玩。

教师:这是什么船,它是什么样子的?你们坐过船吗?你们还知道哪些船?它们是什么样子的?

2. 认识各种船的名称、动力。

教师:它是什么船?它是如何在水面上行走的呢?

独木舟——靠人力划桨前行。

帆船——靠风力吹动前行。

快艇——靠马达推进器前行。

幼儿看图做动作。

教师：这三种船谁最快？谁最慢？你是怎么知道的？靠马达前进的船最快，靠人力前进的船最慢，靠风力前进的船也比较快。

教师小结：不同的船靠不同的动力在水上航行。目前，世界上使用的船除少数利用人力和风力外，其他大部分用于水上交通的船都使用马达，它们方便、快捷，给我们的生活带来了许多便利。

3. 进一步了解船的功能。

教师：你还认识哪些船？它有什么用途呢？

教师出示相关图片。

渔船——有大量渔网和工具，可以出海捕鱼。

货轮——有大大的夹板，可以摆放、运送许多货物。

军舰——有大炮，可以巡航作业，保卫国家的海域领土。

打捞船——有大型吊机，可以打捞沉船。

竹筏、小木船——可以坐人、运货。

龙舟、手摇船——可以玩竞渡游戏，给人们带来快乐。

教师小结：各种各样的船，是我们水上运载、工作的好帮手。还有许多各种各样的船，等着小朋友去探索它们的奥秘。你们要好好学本领，长大造出更多更好的船！

活动延伸

1. 区域游戏：在语言区提供绘本《各种各样的船》，供幼儿阅读；在美工区提供水彩笔和纸，供幼儿绘画《我认识的船》。

2. 环境创设：将幼儿见过、坐过或收集到的各种船的图片进行展示。

关键经验

1. 了解各种船的名称、外形特征、主要功能及用途。

2. 对船产生探究兴趣，敢于提出问题并大胆猜测。

3. 喜欢阅读，能根据画面大致说出有关船的绘本故事内容。

活动二　多样的船

活动背景

幼儿在上一次活动中了解了各种各样的船，初步了解了这些船的外形特征和功能，并且在之前的建构活动里熟悉了各种材料，知道双面拼插的建构方法。本次活动主要是帮助幼儿在了解各种船的外形特征和功能的基础上，自主选择合适的建构材料表现自己喜欢的船，注意比例和色彩，提高审美能力。

材料准备

玩具柜里的各种玩具,如雪花片、万能工匠和积木等。

活动描述

1. 回顾交流。

教师:我们一起了解了各种各样的船,那你们最喜欢哪一艘船?

钦云:我喜欢带红旗的船。

教师:是军舰吗?你记得军舰是什么样子的?

钦云:是的,军舰上面有大炮,前面和后面都有武器。

宏铭:我喜欢大邮轮。它很大很大,两边翘起来,它的上面有好几层,一层比一层小。里面有很多好玩的,可以吃饭、看电影。

2. 幼儿制订建构计划。

教师:你们都有自己喜欢的船,这里有各种各样的拼插玩具,还有什么材料可以搭出你自己喜欢的船?

小奕:我想要用雪花片搭航空母舰,但是上面的飞机我不会搭。而且我需要很多很多的雪花片,这样航空母舰就会很大。

陆熙:我想用万能工匠搭邮轮。

很多幼儿说到用万能工匠和雪花片材料,教师提醒幼儿各种建构材料都可以去试一试,如果使用时觉得不合适,可以更换材料。

3. 幼儿自选材料表现不同功能的船。

幼儿开始选材料表现喜欢的船。

然然和同伴搭建货轮,他们使用四倍块积木和圆柱组合架高形成长方形的船身,在两头拼搭成三角形的船头和船尾,继续使用架高的方法搭建第二层船身,并使用基本块积木拼搭成正方形,表现货轮上的集装箱部分。

4. 展示分享。

教师:谁愿意向大家展示一下你建构的船,说一说这是什么船,用了什么材料?

想想:这是我用橘黄色和红色的雪花片拼插的大邮轮,它的船头和船尾都是尖尖的,往上翘,然后它的上面有三层高,大邮轮上面这边可以放很多集装箱,游客可以出来看风景。

允熙:这是我用积木搭的集装箱船,船上有一个吊车,它能吊起很多很多的集装箱,然后把集装箱放好,这个是吊车上面的钩子。

活动延伸

1. 区域游戏:在建构区尝试使用更多的建构材料,如纸牌、牙签等生活中常见的材料,表现各种各样的船。

2. 日常活动:师幼在餐前共同欣赏船的建构作品。

关键经验

1. 进一步了解各种船的外形特征和功能。
2. 能够自主选择合适的材料建构自己喜欢的船,比例和色彩协调,突出船的特征。
3. 愿意分享自己的建构过程和想法,尝试接受一定难度的任务。

图 3-18　多样的船(一)

图 3-19　多样的船(二)

图 3-20　多样的船(三)

图 3-21　多样的船(四)

活动三　厉害的军舰

活动背景

幼儿通过了解各种类型的船,知道除了常见的游船、轮船、渔船,还有不常见的船,如军舰、航空母舰、潜水艇等。在上一次活动中,有的幼儿表现的是军舰,他们开始对军舰产生兴趣,那么军舰有什么特别的作用呢?本活动中,教师主要根据幼儿的疑惑,运用图片和视频帮助他们认识军舰,初步了解它的作用。

材料准备

军舰图片、军舰视频,纸、笔等。

活动描述

1. 迁移经验,激发幼儿好奇心。

教师:上次有小朋友拼插的是军舰,你们知道军舰是什么样子的吗?

东东：它是很大的，在海上航行，平时我们见不到的。

2. 了解军舰的造型和用途。

教师播放视频，提问：视频中的军舰在干什么？

幼儿自由分享观看视频的感受。教师引导幼儿说出军舰的作用。（陆地上，是陆军保卫我们的祖国，那在大海上，是谁保卫我们的祖国呢？）幼儿感知军舰的用途：军舰是用于军事的船，与一般民用船不一样。

教师出示军舰图片，提问：你们还记得这些军舰吗？它们都是什么样子的？我们一边看图一边说一说。

希瑶：它是长长的，很大很大。

明明：它就像一座大山一样，在大海上开。

3. 幼儿自由绘画表现军舰。

乐乐拿起画笔在纸上先画了一个大大的椭圆形轮廓，然后在中间画了一个长方形，上面画了一架飞机，边画边说：这里可以停一架飞机……打仗的时候就能快速起飞了。

活动延伸

1. 户外游戏：尝试使用碳化积木搭建军舰。
2. 日常活动：在餐前分享交流自己画的军舰，说一说它们的细节部分。
3. 家园共育：与爸爸妈妈一起查找资料对军舰作进一步的了解，收集有关的绘本或图书。

关键经验

1. 通过图片和视频，了解军舰的作用。
2. 探索用线条和形状表现出军舰的主要特征。
3. 喜欢接触新事物，乐于问一些与军舰有关的问题并收集答案。

活动四　建构军舰

活动背景

通过前期活动，幼儿对军舰的种类和作用有了初步的认识和了解，并且尝试画军舰，他们还想了解军舰上的一些细节部分，想知道军舰有什么其它的作用等。在本活动中，幼儿进一步探索军舰的细节特征，并尝试使用多种建构材料表现军舰，为主题游戏和户外建构游戏做好准备。

材料准备

军舰的图片和视频，各种建构材料。

活动描述

1. 了解军舰的细节特征。

教师播放视频，引发幼儿回忆，通过观察视频中的军舰，了解军舰的细节特征。

教师：军舰和船一样吗？除了大小，还有哪里不一样呢？

小军：不一样，军舰很大的，军舰上面有枪，可以打敌人。

幼儿发现军舰上有武器，军舰的外立面一般漆上蓝灰色油漆，舰尾悬挂海军旗或国旗；桅杆上装有各种用于作战的雷达天线和电子设备，这也是军舰有别于民用船的一个标志。

2. 讨论军舰的建构材料。

教师：我们用各种材料表现过小船、轮船，那么，军舰怎么表现？用什么材料合适？

小韩：可以用积木搭，也可以用雪花片拼插。

教师：这里有各种拼插材料，建构区还有积木，你们先去试一试，看看哪种材料能表现军舰的特征。

3. 自由选择材料进行尝试。

东东将雪花片一个接一个拼插成长条状，然后按照此方法拼插了六个，将它们连接成一个椭圆形，放在桌子上，再使用其他颜色的雪花片在中间拼接成方形，并使用双面拼插的方法拼成一个圆柱形，将它与中间的方形连接在一起……

4. 分享欣赏作品。

幼儿在前期的建构经验基础上，用雪花片和积木表现出各种各样的军舰，并注意到细节的表现。

活动延伸

区域游戏：在语言区提供绘本《军舰》，供幼儿阅读。

关键经验

1. 能综合运用各种建构方法表现军舰的外形特征和细节部分。

2. 克服一定的困难，积极探索军舰的表现方法。

3. 乐于阅读相关绘本，并讲给别人听。

图 3-22　军舰（一）

图 3-23　军舰（二）

项目三　船的世界

图 3-24　军舰（三）

图 3-25　军舰（四）

图 3-26　军舰（五）

活动五　认识潜水艇

活动背景

通过前期活动，幼儿在对军舰了解的基础上，知道军舰有不同的种类，它们的作用也不同，并对能在水下工作的潜水艇产生了兴趣。本活动中，幼儿对潜水艇进行具体的了解。

材料准备

潜水艇的图片和视频，纸、笔。

活动描述

1. 谈话导入，了解军舰的种类。

教师：军舰的种类很多，你们知道常见的军舰有哪些吗？

君君：航空母舰、巡洋舰。

教师：军舰又称海军舰艇，可分为战斗舰艇和辅助战斗舰艇。战斗舰艇按其航行状态不同，分为水面战斗舰艇和水下战斗舰艇。你们说的航空母舰、巡洋舰，还有战列舰、驱逐舰就属于水面战斗舰艇。

教师：水下战斗舰艇有哪些呢？

成成：潜水艇。

71

教师：潜水艇是一种重要的水下军事舰艇，按其装备武器不同，可以分为火炮潜艇、鱼水雷潜艇和导弹潜艇。

教师：潜水艇是什么样子的？我们一起来看看图片和视频。

乐乐：潜水艇真厉害，它在大海下面也能开得那么快呀！

小明：潜水艇是椭圆形的，像条大鱼。

教师：潜水艇可用于攻击敌人的军舰或潜艇，有攻击、侦查和掩饰特种部队行动等军事用途。潜水艇也可用于非军事用途，如海洋科学研究、勘探开采、海底电缆维修、水下旅游观光等。

2. 幼儿尝试绘画潜水艇。

幼儿先勾画出一个长长的椭圆形作为潜水艇的主体部分，再逐步画出潜水艇的其他部件和一些细节，表现出它的主要特征。

3. 相互欣赏各自的绘画作品。

幼儿互相说说自己所表现出的潜水艇的一些功能和细节。

活动延伸

区域游戏：在美工区尝试绘画潜水艇；在语言区提供绘本《小北极熊和潜水艇》，供幼儿阅读。

关键经验

1. 能运用清楚、连贯的语言表述自己对潜水艇的认识。
2. 知道潜水艇的不同用途。
3. 尝试用绘画的方式表现潜水艇的外形和细节特征。

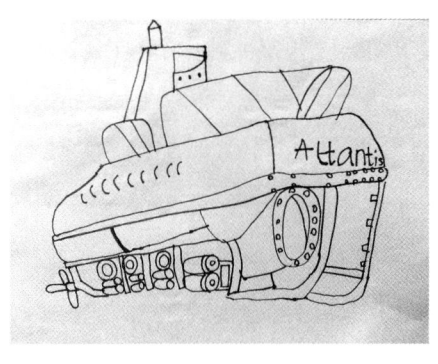
图 3-27 潜水艇（一）

图 3-28 潜水艇（二）

活动六　小小潜水艇

活动背景

幼儿在之前的活动中了解了潜水艇的基本特征，也特别喜欢进行与水有关的科学实验活动。

潜水艇为什么可以潜入海底呢？本活动中，幼儿初步探索水位与空气压力的关系，并记录下每次的实验结果与大家分享。

材料准备

透明大瓶子，小瓶子若干，水盆，每组一份实验记录单，一份大的实验记录单，擦手巾、抹布若干。

活动描述

1. 经验交流，引起幼儿兴趣。

教师：你们看过魔术吗？老师给大家带来了一个魔术，你们一定要睁大眼睛仔细看哦！

2. 观察实验工具和实验过程。

教师左手拿起装满水的透明大瓶子（大瓶子里有一个小瓶子），说"小小潜水艇你下去吧"，右手做往下的手势（只见大瓶子里的小瓶子沉了下去），再说"小小潜水艇你上来吧"，右手做往上的手势（只见大瓶子里的小瓶子浮了上来）。

教师：你们看仔细了吗？我是怎么让潜水艇下去的？（左手轻捏大瓶子）

教师：请你们观察一下，这个魔术都用了哪些道具？大瓶子里面装着什么？装了多少水？那小瓶子呢？它的上面有什么？（中线）再看看，小瓶子是怎么放在大瓶里的？（小瓶是倒着放的）

3. 提出疑问，了解实验的记录方法。

教师：大瓶子是满满的水，每个小瓶子的水也要满满的吗？有什么不一样的地方呢？那么小瓶子里的水量不同，实验结果也会不同吗？你们想不想试一试？

每个小瓶子上面都标识着不同的水位线，每个小朋友选择水位线标识不同的小瓶子进行尝试并记录下实验结果。

教师出示实验记录单：你们能看懂是什么意思吗？该怎么记录呢？

4. 幼儿操作实验，教师指导。

教师观察幼儿实验和记录的情况。

5. 分享实验情况和结果。

教师：谁来演示一下自己的实验情况？个别幼儿上来做实验，大家再次观察实验过程和结果。

教师：哪个水量的小瓶子能够在大瓶子里沉浮起来？

6. 幼儿再次进行实验，初步感知实验的科学原理。

乐乐：我的手捏紧大瓶子的时候小瓶子就沉下去了，手一松，小瓶子里的水就流出来了。

教师总结：当我们的手捏紧大瓶子的时候，小瓶子就会受到压力的影响，压力把水压到小瓶子里，小瓶子变重了就会沉下去，手一松，压力没有了，小瓶子里的水就流出来，小瓶子轻了，就又浮起来了。一般我们把这种用于演示沉浮的仪器叫作浮沉子。

7. 进一步了解仿生学在生活中的运用。

教师：在生活中你还见过哪些动物，它既可以漂起来又可以沉下去？

平平：鱼就是可以在水里沉下去浮起来的。

教师：鱼可以沉浮的原因之一是在鱼的肚子里有一个白色的泡泡叫作"鳔"。其实，潜水艇就是科学家们根据鱼的这一特点发明制作出来的。

活动延伸

1. 户外游戏：捕鱼游戏（一半幼儿手拉圆圈围成一个大圆形，教师带领另一半幼儿在大圆圈外绕圆走，当教师说"捕鱼啦"，幼儿快速钻进圆圈内逃离）。

2. 家园共育：和爸爸妈妈一起寻找根据某种动物的特性而发明制作的事物。

关键经验

1. 对实验活动感兴趣，乐意尝试多次实验操作并做记录。
2. 初步了解潜水艇实验中水位与空气之间的关系。
3. 通过观察、比较与分析，发现并描述潜水艇实验前后的变化。

活动七　制订港口建构计划

活动背景

幼儿在户外游戏中正在进行"船要开了"的游戏，他们使用多种建构材料表现轮船的外形，知道下船的地方叫港口，提出需要建设港口的想法。本活动中，幼儿拓展各种船停靠的认知经验，了解港口的主要设施，制订港口建构计划。

材料准备

港口图片和视频，画纸，勾线笔。

活动描述

1. 观看相关图片和视频。

教师：你们知道港口吗？它有什么作用？由哪些设施组成？

达达：港口是让船停泊的，港口由水域和陆域组成，它可以摆放货物，也可以停车停船。

通过图片和视频，幼儿发现一个港口由很多个部分组成，这些部分不管是缺少了哪一个，港口的功能都不完善。港口有自己的客运站、售票厅、候船室，还有仓库，集装箱可以暂时存放在仓库里；港口还有一个重要的设施就是航道，船来了之后要按照相应的航道进入到相应的码头里面去停靠。

2. 讨论制订计划的方法。

教师：港口里面能容纳这么多的区域，如果要把这么多的区域布置在游戏中，你们会怎么设计？请你和小伙伴共同商量一下，共同制订一份计划。

教师：在计划时需要考虑哪些问题呢？

师幼小结：先和小组成员一起商量，再由一位成员执笔做计划记录。需要确定港口的整体形状,是长方形的港口,还是圆形的港口,然后在里面的空白处设计需要的区域,最后用箭头表示该区域需要的材料。

3. 幼儿和同伴共同商量并且制订港口建构计划。

4. 分享交流。

教师:谁来说说你们的港口建构计划?

晨汐:这是我们设计的港口,它的两头都是平整的,在它的一侧是运货车,里面有方向盘、椅子和电脑,这边是运货车通往仓库的门,在候船室里有两排座椅,这边是走道,这边还有一个门可以去卫生间,在港口的尾部是货舱,两边都是窗户。

活动延伸

1. 区域游戏:在建构区提供各种建构材料,供幼儿搭建港口场景。

2. 户外游戏:根据场地,合理布局港口,安排相关工作人员。

关键经验

1. 了解港口的功能和主要设施。

2. 能够和同伴共同商量,制订港口建构计划,表现出各设施的位置及所需材料。

3. 积极参与港口计划的制订,大胆发表自己的想法。

图 3-29 港口(一)

图 3-30 港口(二)

活动八　建构港口

活动背景

幼儿在之前的活动中,了解了港口的基本设施,知道它们的功能和外形特征且制订了计划。本活动中,幼儿主要围绕计划,与同伴共同合作,充分运用各种建构材料,表现出港口的主要设施。

材料准备

港口图片,蓝色泡沫垫,纸盒子,幼儿拼插的轮船,清水积木。

幼儿园建构项目活动（中班）

活动描述

1. 回忆港口。

教师：我们通过视频和图片了解了港口是什么样子，你还记得里面有哪些工作的设备？工作人员做些什么？

君君：港口里有岸桥、轨道吊、自动导引运输车，工作人员操控这些设备。

教师：在我们的港口有轮船和轮船停靠的岸桥，有轨道吊和运送集装箱的自动导引运输车，还有工作人员的办公楼。

2. 回顾港口计划图，讨论建构的方法和分工。

教师：这是你们设计的计划图，你们准备怎样表现？怎样分工？用什么材料？

幼儿按照计划分组进行建构。他们分组讨论轮船、岸桥、轨道吊、自动导引运输车和办公楼各由谁来完成。

3. 搭建港口。

教师将蓝色泡沫垫拼成一个长排当作海洋，出示纸盒，当作集装箱：在海洋的两岸都可以建造港口，来运送这些集装箱，你们愿意来做一做港口的工程师吗？

一组幼儿使用泡沫垫拼成大大的长方形作为集装箱；一组幼儿使用积木在两侧搭建轮船；一组幼儿使用积木搭建岸桥和轨道。

幼儿搭建好后，在蓝色泡沫垫的海域上放上自己拼插好的小轮船。

4. 参观港口。

教师：大海两岸的港口都建造好了，我们一起来参观吧！

沐然：我们的港口有两艘停靠的轮船，这个是岸桥，是用四倍块积木组合架高起来的。这边是轨道吊，用圆柱和四倍块积木搭建的，底下使用蓝色泡沫垫铺平。这些都是自动导引运输车，用积木搭建的，然后在这里是工作人员办公的地方，用圆柱和双倍块积木搭建成房子的样子，里面有很多仪器。

活动延伸

区域游戏：在建构区拼插轮船，可用于搭建场景布置。

关键经验

1. 深入了解港口的货轮、岸桥、轨道吊和自动导引运输车的位置及功能。

2. 根据计划，协商合作分工搭建港口的各组成部分。

3. 感受港口运作的整体性，体验港口游戏的乐趣。

项目三 船的世界

图 3-31 港口（三）

图 3-32 港口（四）

图 3-33 港口（五）

图 3-34 港口（六）

四、关键经验

- 关键经验
  - 健康
    - 了解乘船的基本安全常识。
    - 掌握开船的动作要领，具有一定的平衡能力。
    - 认识常见的安全标志，遵守安全规则。
  - 语言
    - 能用连贯的语言描述船的主要功能、外形特征。
    - 愿意与他人交谈，喜欢谈论关于船、潜水艇的话题，在集体中大胆地表述自己的想法。
    - 愿意用图画和符号表达自己的想法。
  - 社会
    - 感受规则的意义，能根据制订的搭建计划进行游戏并遵守基本规则。
    - 能按自己的想法大胆选择需要的材料进行建构游戏。
    - 在活动中愿意接受同伴的意见和建议，合作完成船的建构作品。
    - 敢于尝试一定难度的建构游戏活动和任务。
  - 科学
    - 喜欢在进行关于船的小实验中动手动脑探索物体和材料，初步了解水位与空气之间的关系并用图画或其他符号进行记录。
    - 感知物体的形体结构特征，尝试用各种建构材料表现出游船、军舰、渔船等的造型。
  - 艺术
    - 能专心欣赏他人的作品，产生相应的联想并交流感受。
    - 能用绘画、捏泥、手工等多种方式表现自己对邮轮、港口的认识，线条大胆，注意色彩搭配、画面丰富。
    - 能用自然的、音量适中的声音基本准确地唱有关"船"的歌曲。

项目四
海底世界

一、项目缘起

漂亮的热带鱼、五彩的水母、可爱的海豚、聪明的虎鲸……它们是海洋中的精灵,也是海底世界的珍贵宝藏。有一天,土豆谈到了自己去南京海底世界游玩的经历,激起了幼儿的好奇。

海底世界到底有哪些海洋生物,这些海洋生物有什么本领?幼儿通过参观游览、自主调查,了解了各种各样的海洋生物及其习性,还运用积木、积塑玩具等建构材料表现了各式各样的海洋生物,在动手实践的过程中增进了对它们的了解。接着他们把班级也变成美丽的海洋馆,布置美人鱼馆,搭建海底世界礼品店,在拼拼搭搭的游戏过程中进一步体验到海洋的神秘和趣味。

同时,他们还关注海洋污染的环境问题,并探索保护海洋的方法和措施,感受到人与自然的密切关系。

二、发展线索

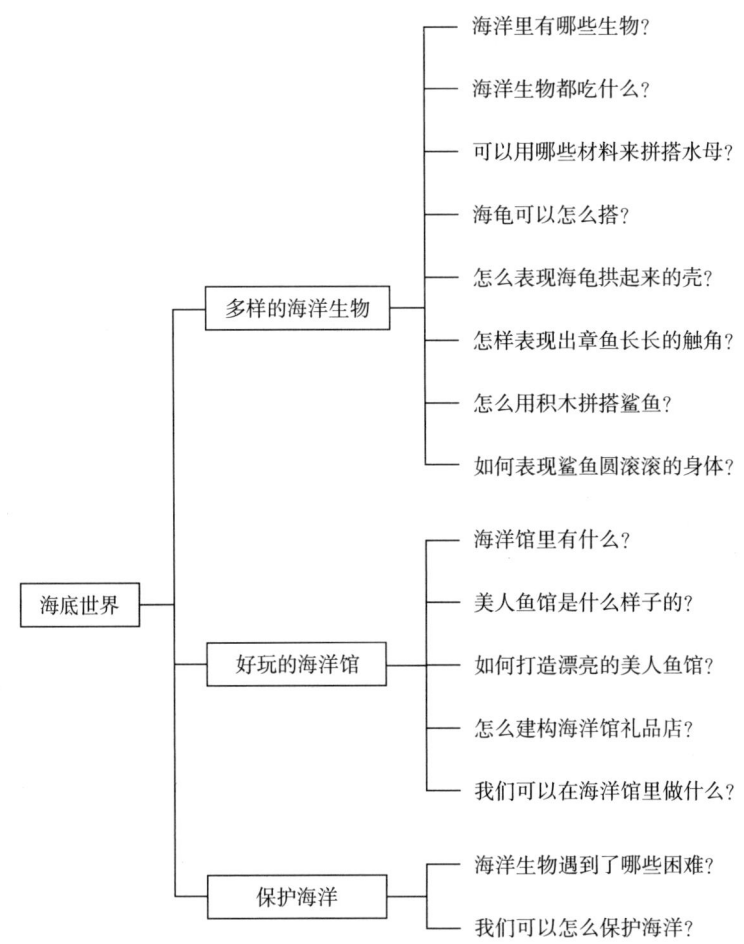

三、具体活动

线索描述

线索一　多样的海洋生物

在本线索中，幼儿主要围绕各种各样的海洋生物展开研究。神秘的海底世界有哪些海洋生物呢？如何用建构的方式表现这些海洋生物的不同特点？这些问题都是幼儿想要探究的。他们通过自主调查、动手拼搭，积极动手动脑寻找问题的答案。

项目四　海底世界

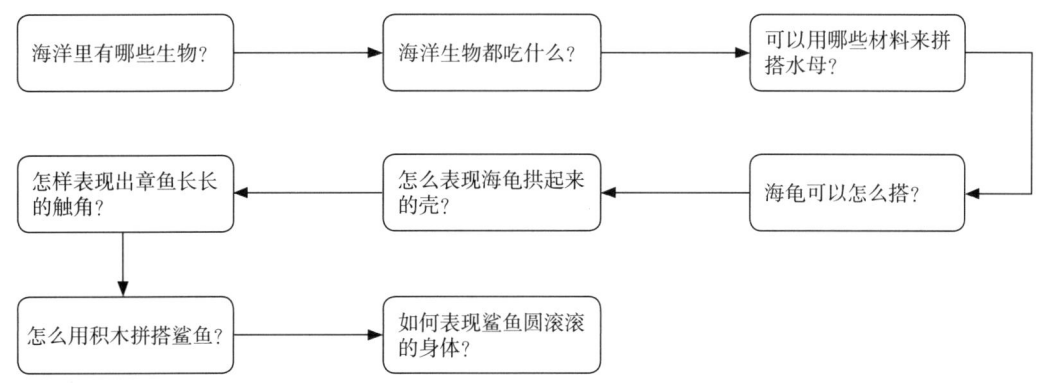

活动一　各种各样的海洋生物

活动背景

幼儿对海洋里的海底生物产生了探究的兴趣。海洋里到底有哪些海洋生物？这些生物都有什么特点？本活动中，幼儿展开自主调查和讨论，并运用绘画的方式表达对各种各样海洋生物的认识。

材料准备

各种各样海洋生物图片（水母、海龟、海马、鲨鱼、海豚、章鱼、鲸鱼），勾线笔、油画棒、纸等。

活动描述

1. 谈话讨论自己喜欢的海洋生物。

教师和幼儿一起讨论自己喜欢的海洋生物，幼儿结合自己在海底世界参观的经历提到了水母、海龟、海豚、鲨鱼、虎鲸等海洋生物。

2. 欣赏各种各样的海洋生物图片。

教师用白板出示各种海洋生物的图片。

提问：你喜欢哪个海洋生物？它是什么样子的？有什么特殊的本领吗？

幼儿结合自己的喜好进行介绍和讲述。

水母的身体软软的，身体像一个半圆形，有长长的触角。

海龟有硬硬的壳，四肢像船桨。

章鱼有圆圆的脑袋和长长的触角，会喷墨汁。

鲨鱼有锋利的牙齿，背上有鳍，头两侧有腮裂。

3. 自主绘画海洋生物。

幼儿绘画自己喜欢的海洋生物。

有的幼儿绘画了单个海洋生物，如：虎鲸、蓝鲸、鲨鱼等，有的幼儿绘画了海洋世界里各种各样的海洋生物。

活动延伸

1. 区域游戏：鼓励幼儿在美工区继续绘画或者制作自己喜欢的海洋生物，尝试运用油泥、超轻黏土制作各种各样的海洋生物。

2. 日常活动：在餐前欣赏各种各样海洋生物的视频和照片。

3. 环境创设：将幼儿绘画的海洋生物布置在作品展示栏中。

关键经验

1. 愿意与同伴交谈自己感兴趣的关于海洋生物的话题。

2. 能够用绘画、捏泥等方式表现各种各样的海洋生物。

图 4-1　海洋生物（一）

图 4-2　海洋生物（二）

图 4-3　海洋生物（三）

图 4-4　海洋生物（四）

图 4-5　海洋生物（五）

图 4-6　海洋生物（六）　　　　　图 4-7　海洋生物（七）

活动二　海洋生物食物链

活动背景

幼儿认识了水母、海龟、鲨鱼、章鱼、鲸鱼等各种各样的海洋生物，他们还想了解这些海洋生物喜欢吃什么。本活动中，幼儿通过观看视频、集体讨论，了解海洋生物的饮食习惯，而后感知海洋生物的食物链。

材料准备

海洋生物捕食视频，白纸、勾线笔等。

活动描述

1. 谈话讨论，猜测海洋生物饮食习惯。

教师和幼儿围绕海洋生物喜欢吃什么展开讨论。

教师：你们知道海龟喜欢吃什么吗？大鲨鱼呢？海豚喜欢吃什么？

幼儿：海龟喜欢吃小鱼小虾，鲨鱼喜欢吃鱼、海豹、海狮，海豚喜欢吃海里面的鱼，水母喜欢吃小鱼小虾。

2. 观看视频，进一步了解海洋生物的饮食习惯。

教师出示海龟吃水母的科普视频。通过观看视频，幼儿了解到海龟最喜欢吃水母。

教师出示虎鲸捕食企鹅和海狮的视频。提问：虎鲸是怎么捕食的？它们聪明吗？

兮兮：好几只虎鲸一直追企鹅，把它力气耗光，游不动就被吃掉了。

土豆：海狮躺在冰块上，虎鲸把海水变成浪把海狮冲下来，它们很聪明。

接着，幼儿继续欣赏了鲨鱼、水母等海洋生物进食的科普视频，了解到水母除了吃小鱼小虾，大的水母还会吃小的水母。

教师：海洋里的生物多种多样，它们的饮食习惯构成了一条海洋生物食物链。虎鲸吃海豹、海狮，海狮会吃更小的鱼，当虎鲸去世后，又会被很多小鱼小虾吃掉。

3. 绘制海洋生物食物链。

三妹画了一只海龟、一只大鱼、两只小鱼。海龟和大鱼之间有一个箭头，表示海龟会吃掉大鱼；大鱼和两只小鱼之间有个箭头，表示大鱼吃小鱼；小鱼和海龟之间有箭头，表示海龟死后，会被小鱼吃掉。

花卷画了一只虎鲸、一只海龟、一只水母、一条大鱼和一条小鱼，中间标注了箭头并形成一个环形。虎鲸吃海龟，海龟吃水母，水母吃大鱼，大鱼吃小鱼，等虎鲸死后，小鱼再吃虎鲸，由此形成一条食物链。

4. 介绍作品。

幼儿介绍自己的作品，分享自己绘制的海洋生物食物链。

活动延伸

1. 区域游戏：在科学区投入相关游戏材料，引导幼儿通过摆图或自主绘画的方式，进一步了解更多海洋生物的饮食习惯，丰富对海洋生物食物链的认识。

2. 晨间谈话：围绕海洋生物食物链展开更多的讨论，了解活动中未提及的其他海洋生物的饮食习惯。

关键经验

1. 感知和发现海洋生物的饮食习惯，初步了解海洋生物食物链。
2. 能较完整、连贯地讲述自己绘制的海洋生物食物链。

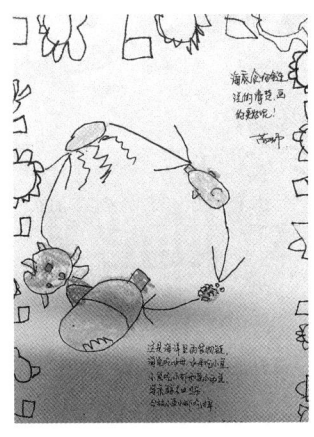 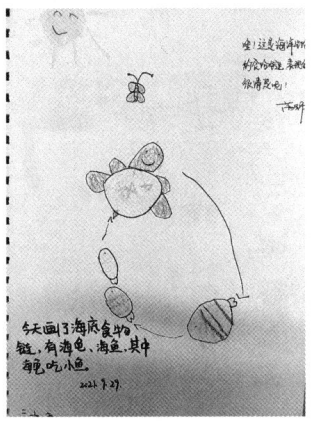

图 4-8　海洋生物食物链（一）　　图 4-9　海洋生物食物链（二）

活动三　漂亮的水母

活动背景

在了解了各种各样的海洋生物后，幼儿对每一种海洋生物进行了精密观察和细致了解。本活动中，幼儿对水母的结构特点进行研究，并尝试用各种建构材料拼搭漂亮的水母。

材料准备

各种各样的水母图片，积木、雪花片等。

活动描述

1. 观察水母图片。

教师出示各种各样的水母图片，提问：水母是什么样子的？像什么？

三妹：水母的身体是椭圆形的。

可一：水母有长长的丝。

教师小结：水母的身体像一把伞，伞状体边缘长有一些须状的触手。

2. 讨论搭建水母的方法。

教师和幼儿围绕搭建水母的方法和材料展开讨论。

教师：可以用哪些材料拼搭水母呢？

幼儿提到可以用积木、雪花片等材料。

教师：用积木怎么搭？用雪花片呢？

平平：可以用半圆形当作水母的身体，下面用小弯曲积木。

花卷：先用雪花片拼一个半圆形，下面再连接长长的触手。

3. 自主拼搭。

奇奇在地板上放了一个大弯曲积木，又将一个大半圆放在中间，变成一个半圆形。接着，他将两个小弯曲积木连接在下方，共有 3 条，用来表示水母的触手。

慧慧先用白色的雪花片连接了一个近似半圆形的形状，用来表示水母的身体，接着，用黄色的雪花片连接在下方，表示水母的触手。

4. 介绍作品。

奇奇：我用积木搭了一个水母，用了大弯曲积木和大半圆，还用小弯曲表现水母的触手。

慧慧：我是用雪花片拼的，先用白色的拼了水母的身体，再用黄色的表现水母的触手。

活动延伸

1. 区域游戏：鼓励幼儿在建构区寻找不同的材料表现水母，或运用不同的搭建方法表现各式各样的水母；在科学区投放各种不同类型的水母图片，丰富幼儿关于水母的认知经验。

2. 晨间谈话：围绕水母展开更加深入的讨论，如：水母的种类、水母的生活习性等，激发幼儿主动探索水母的愿望。

关键经验

1. 通过观察图片，了解到水母是多种多样的，水母的身体像一把伞，边缘有一些须状的触手。

2. 能用清水积木、雪花片等建构材料拼出半圆形，迁移数学领域中的图形经验进行建构。

3. 能够用较完整的语言介绍自己建构水母的过程。

图 4-10 水母（一）

图 4-11 水母（二）

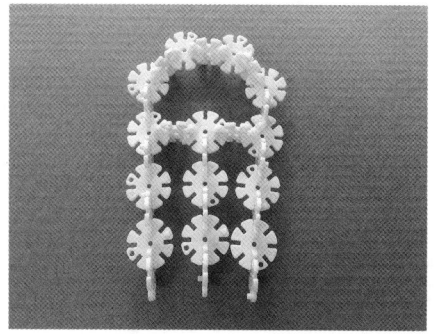

图 4-12 水母（三）

图 4-13 水母（四）

活动四 可爱的海龟（一）

活动背景

在上节活动中，幼儿主动探究了水母的拼搭方法。他们还想深入了解海龟。本活动重点需要解决的问题是海龟可以怎么搭，活动中，幼儿尝试运用各种建构材料表现出海龟的特征。

材料准备

各种各样的海龟图片，积木、圈圈拼插积木等。

活动描述

1. 欣赏各种各样的海龟图片。

教师和幼儿一起观察海龟的图片，围绕海龟的外形特点展开讨论。

教师：海龟是什么样子的？有什么特点？

土豆：海龟的头大大的，有重重的壳。

然然：海龟有四条腿，大大的，像船桨。

教师：海龟和我们平时见的乌龟有什么区别？

康康：海龟更大，而且海龟的头也大，四肢也大。

三妹：海龟的爪子像船桨，乌龟有四只脚。

2. 讨论拼搭海龟的材料和方法。

教师：可以用哪些建构材料表现海龟呢？

幼儿结合日常游戏经验，提到可以用积木、雪花片、圈圈拼插积木等拼搭海龟。

教师：怎么用积木拼搭海龟？

兮兮：可以先搭一个圆形的身体，再用小积木表现海龟的腿、头还有尾巴。

3. 幼儿自主建构。

兮兮将两个大弯曲积木拼在一起，中间放上两个大半圆，构成一个圆形当作海龟的身体。接着，用一个大半圆当作海龟的头，小半圆当作海龟的尾巴。前肢用一个小曲面和小长方积木组成，后肢用基本块表示。最后，他将两个小半圆形拼成一个圆，表示海龟的背甲。

三妹拿了一些黄色的圈圈拼插积木，将它们连接成一个椭圆形，随后将两个蓝色拼在一起，当作海龟的四肢，再用两个深蓝色分别表示海龟的头和尾巴。

4. 介绍与讨论。

两位幼儿分别介绍了自己拼搭海龟的方法。

教师提出一个问题：海龟的壳是拱起来的，怎么才能表现出立体的身体呢？

活动延伸

1. 区域游戏：在建构区鼓励幼儿继续探索拼搭海龟的不同方法，或用不同的建构材料拼搭海龟。

2. 晨间锻炼：引导幼儿模仿海龟在垫子上爬，尝试探索匍匐、膝盖悬空等多种方式的钻爬。

3. 环境创设：将海龟作品布置在建构区，展示出儿童在拼搭海龟时遇到的问题，以及儿童解决问题的方法。

关键经验

1. 感知和发现海龟的基本结构特征，知道海龟主要由背甲、四肢、头和尾等几部分组成。

2. 能够运用对称的方法拼搭海龟，知道海龟的身体大致是左右对称的。

3. 在实际操作的过程中感知两个大弯曲和两个大半圆拼在一起可以变成一个更大的圆形。

4. 能探索、初步掌握匍匐爬和正面钻的基本动作。

图 4-14　海龟（一）

图 4-15　海龟（二）

活动五　可爱的海龟（二）

活动背景

在上节活动中，幼儿初次拼搭了海龟，但是作品比较平，未能体现出海龟龟壳拱起来的身体结构特点。本活动中，幼儿在原有经验基础上，尝试运用不同的建构方法和建构材料表现出较立体的海龟。

材料准备

之前搭建的海龟作品图片，积木、雪花片、圈圈拼插积木等。

活动描述

1. 回顾上次活动作品。

教师出示了幼儿在上次搭建海龟活动时的照片，和幼儿一起讨论。

教师：这是小朋友们上次搭建的海龟，好看吗？你们是怎么搭的？

幼儿介绍了自己在上次活动中的搭建方法和使用的材料。

教师：这些海龟和真实的海龟有什么区别？

兮兮：真实的海龟龟壳是拱起来的。

2. 师幼讨论让龟壳拱起来的方法。

教师：怎么让拼搭的龟壳拱起来呢？

兮兮：可以把小弯曲积木竖起来放在龟壳上。

教师：除了用积木，用其他材料怎么表现呢？

3. 幼儿自主建构。

兮兮选择了一些小弯曲积木，他将这些小弯曲积木竖起来，摆放在龟壳上面，表现出拱起来的龟壳。随后，他用四个基本块表现海龟的四肢，又在每一个基本块上竖着放了一些小半圆形积木，让海龟的四肢也立体起来。

木木先用绿色的雪花片拼成一个半圆形，再从两侧斜着向上拼插出拱起来的龟壳，接着拼插出海龟的四肢、头和尾巴，用两个黑色雪花片表现海龟的眼睛。

三妹在之前作品的基础上，用黄色的圈圈拼插积木继续在龟壳上垒高，形成拱起来的龟壳，并又在四肢上延长了一个玩具的长度。

4. 展示与欣赏。

教师：你们是怎么让海龟的背拱起来的？

幼儿结合自己使用的材料，讲述了自己解决问题的方法。

活动延伸

1. 区域游戏：鼓励幼儿继续在建构区探索用其他材料拼搭海龟的方法。
2. 环境创设：制作搭建海龟的儿童海报，重点呈现儿童是如何表现海龟拱起来的龟壳，展示出儿童解决问题的方法。

3. 家园共育：请家长和幼儿在家寻找一些废旧纸盒、牙膏盒，运用不同的材料制作海龟。

关键经验

1. 感知清水积木、雪花片、圈圈拼插积木等不同材料的特质，充分利用它们的特性探索出海龟壳拱起来的建构方法。

2. 在集体讨论环节能够认真倾听教师的问题，并基本完整地讲述自己对于问题的想法。

3. 熟悉多种材料工具的用法，能积极探索材料工具的综合使用，对利用废旧材料制作海龟感兴趣。

图 4-16 海龟（三）

图 4-17 海龟（四）

图 4-18 海龟（五）

活动六 聪明的章鱼

活动背景

在之前的活动中，幼儿搭建了水母和海龟，了解了水母和海龟的搭建方法。除此之外，他们讨论到章鱼在遇到危险时会喷墨汁的本领，也想探索拼搭章鱼的方法。本活动中，幼儿尝试运用各种建构材料拼搭各种各样的章鱼。

材料准备

各种各样的章鱼图片，各种清水积木、万能工匠等。

幼儿园建构项目活动（中班）

活动描述

1. 猜谜语。

教师讲了一个谜语，请幼儿猜一猜是哪种海洋生物。

谜面：脑袋圆圆像鸡蛋，八条长腿像小辫，浑身柔软模样怪，藏在海底很难见。

土豆：章鱼。

2. 师幼讨论章鱼的外形特点。

教师出示了一张章鱼的图片并提问：章鱼是什么样子的？

可一：章鱼有圆圆的脑袋，还有长长的爪子。

然然：章鱼软软的，有八只长长的触角。

师幼小结：章鱼有圆圆的脑袋，还有八只长长的触角。

3. 师幼讨论拼搭章鱼的材料和方法。

教师：你们觉得可以用哪些材料拼搭章鱼呢？怎么搭？

堂堂：可以用万能工匠，用黄轮当章鱼的头，用红软管当章鱼的触角。

哈哈：也可以用积木，搭一个圆圆的头，再用小弯曲表现触角。

4. 幼儿自主建构。

乐乐将一个大弯曲和一个大半圆积木拼在一起，当作章鱼的脑袋。再用两个小半圆当作章鱼的眼睛，小半圆上摆了两个黑色的雪花片。接着，他将小弯曲积木连接在一起，当作章鱼的触角。

然然在一个万能球的周围连接了八个红软管，在红软管的底端分别连接了八个小黄轮。接着，他在万能球的上方继续连接了一个万能球，并用两个小一字连接黑色中一字接头当作章鱼的眼睛。

5. 展示与欣赏。

幼儿搭建完成后，教师鼓励幼儿介绍自己的作品以及搭建方法。

乐乐：我是用积木搭的，先搭了章鱼的头，然后再搭它的触角。

然然：我用万能工匠搭的，用红软管当作章鱼的触角，再用黄轮表示章鱼的头。

随后，幼儿将自己的作品放在自留地上展示。

活动延伸

1. 区域游戏：鼓励幼儿继续在建构区探索用其他材料拼搭章鱼的方法。

2. 日常活动：在餐前观看章鱼的视频，进一步了解章鱼的生活习性。

3. 环境创设：制作搭建章鱼的儿童海报，展示儿童建构的章鱼作品，呈现出建构材料的多样性。

关键经验

1. 知道章鱼有一个圆圆的脑袋，八只长长的触角，了解章鱼在遇到危险时会用喷墨汁的方法保护自己。

2. 能够仔细观察章鱼，尝试运用积木、万能工匠等建构材料拼搭章鱼。

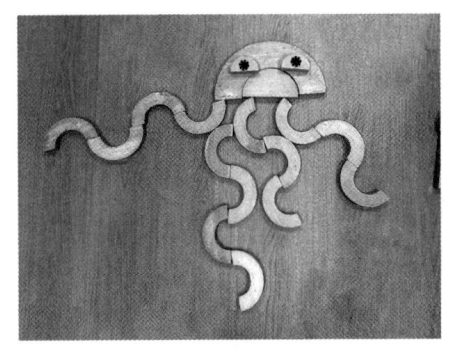

图 4-19 章鱼（一）

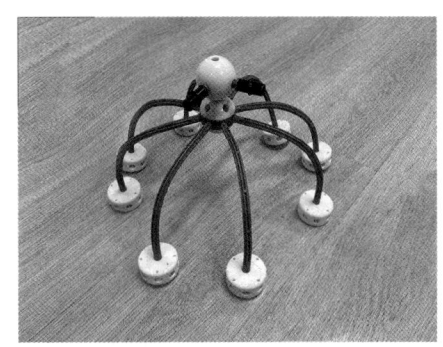

图 4-20 章鱼（二）

活动七　凶猛的鲨鱼（一）

活动背景

在之前的活动中，幼儿搭建了水母、海龟和章鱼，了解了这些海洋生物的基本外形特征以及生活习性。此外，他们对凶猛的大鲨鱼产生了探究兴趣。本活动中，幼儿通过观察图片、集体讨论等方式，尝试用多种建构材料拼搭凶猛的鲨鱼。

材料准备

各种各样的鲨鱼图片，各种清水积木，《小鱼和大鲨鱼》音乐等。

活动描述

1. 玩音乐游戏"小鱼和大鲨鱼"。

教师和幼儿一起玩"小鱼和大鲨鱼"的游戏。教师扮演大鲨鱼，幼儿扮演小鱼，小鱼随着缓慢的音乐节奏欢乐地在水里游泳，当音乐节奏突然变快时，大鲨鱼出现，小鱼们寻找地方躲藏起来。

2. 欣赏鲨鱼图片。

教师出示一张大白鲨的图片并提问：这是什么？它是什么样子的？

然然：这是大鲨鱼，它有尖尖的牙齿。

教师：大鲨鱼的身体是什么样的？

土豆：圆圆的，身体的上面还有鳍。

兮兮：鲨鱼的两侧也有鳍。

教师小结：鲨鱼主要由头、身体、鱼鳍、尾巴四个部分组成。

3. 讨论搭建方法。

教师和幼儿一起探讨搭建鲨鱼的方法。

教师：鲨鱼可以怎么表现呢？可以用什么材料？

堂堂：可以用积木搭，先用长板（四倍块）搭鲨鱼的身体，再用小三角当鲨鱼的牙齿。

哈哈：可以用小半圆当作鲨鱼的眼睛。

4. 幼儿自主建构。

堂堂将六块四倍块竖着摆放在地板上，表现出鲨鱼的身体部分，并用一个双倍块、两个三角块和一个小三角组合表现了鲨鱼的背鳍。接着，他将小三角依次摆放在鲨鱼的嘴巴里，当作鲨鱼的牙齿，用一个大半圆当作鲨鱼的眼睛。最后，他用两块双倍块、一块基本块和两个小三角组合表现了鲨鱼的尾巴。

其他幼儿也用自己的方式搭建了各种各样的鲨鱼。

5. 讨论与反思。

教师：你们搭建的鲨鱼和真实的鲨鱼在外形上有什么区别？

兮兮：我们用积木搭的鲨鱼是平面的，真实的鲨鱼身体是圆滚滚的。

堂堂：而且鲨鱼身体上面有一个背鳍，身体的两边还有侧鳍。

活动延伸

1. 区域游戏：在建构区尝试运用不同的建构材料拼搭鲨鱼；在美工区尝试使用薯片罐、酸奶瓶等废旧材料制作各种各样的鲨鱼。

2. 体育游戏：结合鲨鱼抓小鱼的情境与同伴合作玩躲闪跑的游戏。

3. 日常活动：在餐前观看鲨鱼的视频，进一步了解鲨鱼的生活习性。

4. 晨间谈话：围绕鲨鱼的种类、鲨鱼的生活习性等内容进行谈话。

5. 环境创设：在建构区展示儿童搭建的各式各样的鲨鱼图片；鼓励幼儿使用拼插玩具搭建各种鲨鱼并放在自留地展示。

关键经验

1. 知道鲨鱼主要由头、身体、鱼鳍、尾巴四个部分组成，鲨鱼是各种各样的。

2. 能够仔细观察鲨鱼，尝试运用积木搭建鲨鱼。

3. 在体育活动时，学习并会玩鲨鱼抓小鱼的躲闪跑游戏，提高反应能力。

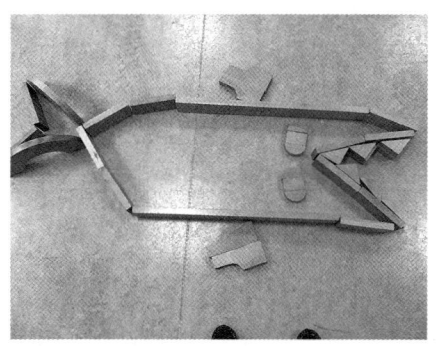

图 4-21　鲨鱼（一）

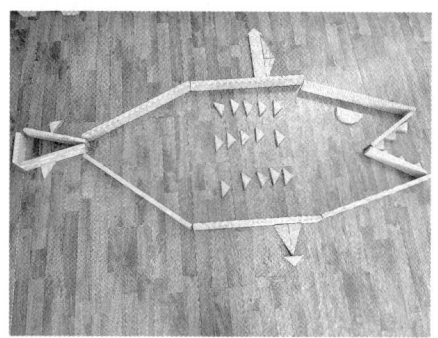

图 4-22　鲨鱼（二）

活动八 凶猛的鲨鱼(二)

活动背景

在之前的活动中,幼儿尝试用积木搭建了鲨鱼,但他们发现积木搭建的鲨鱼比较平,显示不出鲨鱼圆滚滚的身体以及背鳍、侧鳍等细节。本活动中,幼儿尝试运用不同种类的建构材料表现立体的鲨鱼以及部分细节。

材料准备

之前搭建的鲨鱼的图片,各种各样的鲨鱼图片,LAQ积木、雪花片等。

活动描述

1. 回顾上次活动过程。

教师出示小朋友们在上次活动中搭建的鲨鱼的图片,提问:这是小朋友们上次搭建的鲨鱼,你觉得怎样改进才能表现出鲨鱼圆滚滚的身体?

兮兮:我们要把鲨鱼的身体弄得立体。

教师:怎么立体?

兮兮:就是前面粗后面细。

2. 观察鲨鱼图片。

教师出示了大白鲨和锤头鲨的图片。

提问:你们认识这些鲨鱼么?

土豆:这个是大白鲨,大白鲨最凶猛,体型也很大。

多多:我知道这个是锤头鲨,它的头扁扁的。

3. 集体讨论。

教师和幼儿围绕怎么可以让鲨鱼变立体展开了讨论。

教师:除了积木,还有哪些建构材料可以帮助我们解决这个问题?

土豆:我们可以用雪花片。

兮兮:就是先拼一个圆,然后后面越来越细就行了。

教师:除了雪花片,还可以用什么材料?

花卷:还可以用LAQ积木,跟雪花片一样,先拼一个圆,然后尾巴的地方拼到一起。

4. 幼儿自主建构。

兮兮先将蓝色的雪花片拼成一个圆,再用蓝色的雪花片从侧方延长五个长条,在尾部用一个雪花片将这些长条固定住,形成前粗后细的鲨鱼身体。接着,他用黄色雪花片在身体下方连接,表现鲨鱼的肚子。然后,兮兮使用两个黑色雪花片当作鲨鱼的眼睛,白色雪花片当作鲨鱼的牙齿。最后,他用蓝色雪花片在身体上方和侧方表现出鲨鱼的背鳍和侧鳍。

花卷使用LAQ积木,将深蓝色的正方形和翘角组合拼插成一个圆形,从侧方继续连接至尾部并固定，形成前粗后细的身体特征。接着，她用浅蓝色正方形和翘角在鲨鱼的下方连接，当作鲨鱼的肚子，在头部使用三角和方形组合，呈现出锤头鲨的头部特征，再用黑色连接件表现鲨鱼的眼睛，白色连接件当作鲨鱼的牙齿。最后，花卷在鲨鱼的身体上继续连接，表现出鲨鱼的背鳍、尾鳍以及侧鳍。

5. 展示与欣赏。

拼搭完成后，幼儿分别将自己的作品放在展示台上展示并介绍了自己的拼搭过程。

活动延伸

1. 区域游戏：在建构区继续探索使用积塑玩具拼插鲨鱼的方法；在美工区绘画或者制作各种不同种类的鲨鱼。

2. 环境创设：在建构区展示儿童搭建的各式各样的鲨鱼图片，鼓励儿童用自己的建构作品布置自留地。也可以和幼儿一起讨论运用建构作品把班级教室打造成海底世界。

关键经验

1. 在动手拼插的过程中感受平面与立体的关系。
2. 进一步认识鲨鱼，知道鲨鱼身上有背鳍、尾鳍、侧鳍，并且鲨鱼的种类是多种多样的。

图 4-23　大白鲨

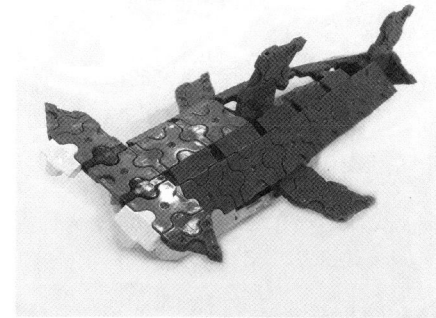

图 4-24　锤头鲨

线索描述

线索二　好玩的海洋馆

在本线索中，幼儿结合自己参观海洋馆的经历，尝试运用自己的方式把班级打造成海洋馆。他们自主调查、动手拼搭，运用多种材料表现了海洋馆里的美人鱼馆、礼品店，并在其中快乐地游戏。

项目四 海底世界

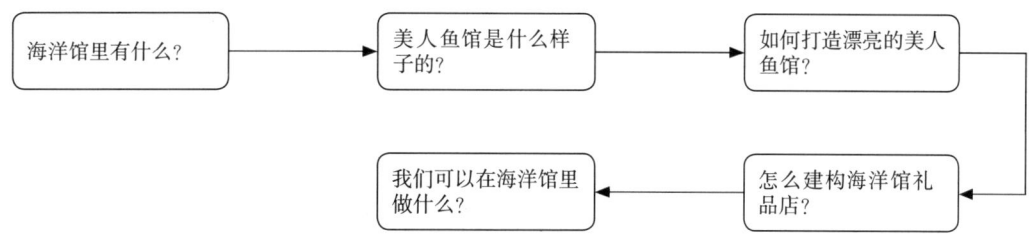

活动一 探秘海洋馆

活动背景

认识了各种各样的海洋生物以后,幼儿想去海底世界一探究竟。周末教师组织了一次亲子活动,大家一起来到海洋馆,通过实地参观、亲身体验,了解海洋馆里的秘密。

材料准备

幼儿参观海洋馆的照片和视频。

活动描述

1. 观看参观海洋馆的视频和照片。

教师和幼儿一起看了参观海洋馆的视频以及一些照片。

2. 集体讨论。

教师:小朋友们,你们在海洋馆看到了什么?

土豆:我看到了海豚。

三妹:我看了美人鱼表演。

然然:还有海豹。

乐乐:水母。

3. 小组分享。

幼儿自由组成小组,分享自己在海洋馆里看到的事物,教师引导幼儿大胆地和同伴进行沟通与交流。

随后,各组选一名代表在集体面前和大家分享刚才的讨论内容。

土豆:我看到了海豚,海豚在水里游来游去,还能跳出水面,也能够顶着驯养员在水面上飞。

三妹:海洋馆里有美人鱼,美人鱼在水里游来游去地表演。

乐乐:海洋馆里有各种各样的水母,很漂亮。

活动延伸

1. 日常活动:在餐前继续和幼儿一起讨论参观海洋馆的话题。

2. 环境创设:在班级主题墙上布置幼儿参观海洋馆的照片,以及他们发现的海洋馆里的海洋生物照片。

关键经验

1. 能够在集体中大胆地介绍自己参观海洋馆的经历，愿意把自己的参观过程和同伴一起分享。
2. 能够较清楚地讲述自己在海洋馆里观察到的事物。

活动二　漂亮的美人鱼

活动背景

参观过海洋馆之后，幼儿被漂亮的美人鱼所吸引，他们也想变成漂亮的美人鱼。本活动中，幼儿在参观的基础上，绘画出自己心中的美人鱼并均匀涂色。

材料准备

美人鱼表演的视频和图片，勾线笔、油画棒、白纸等。

活动描述

1. 幼儿欣赏美人鱼表演的视频和图片。

教师出示幼儿在参观海洋馆过程中所观看的美人鱼表演视频，提问：这是什么？美人鱼是什么样子的？

慧慧：美人鱼很漂亮，有长长的尾巴。

三妹：美人鱼上面是人，下面是鱼的尾巴。

教师：美人鱼在水里是怎么表演的呢？

花卷：美人鱼是游来游去的。

2. 幼儿绘画创作。

幼儿自主绘画自己喜欢的美人鱼。

3. 幼儿介绍作品。

三妹：我画的美人鱼有长长的尾巴。

土豆：我画了三条美人鱼，她们都在水里游来游去。

活动延伸

1. 区域游戏：在美工区使用刮画、水粉颜料等进行绘画创作。
2. 晨间谈话：引导幼儿围绕美人鱼的话题进行谈话，尝试运用自己的身体动作表现出美人鱼在水中摇曳的身体姿势。
3. 环境创设：将幼儿绘画的美人鱼布置在美工区。

关键经验

1. 能用刮画、水粉画等多种方式绘画各种形态的美人鱼，发展手部精细动作。
2. 尝试运用身体动作表现美人鱼在水中摇曳的情景。

图 4-25　美人鱼（一）

图 4-26　美人鱼（二）

活动三　美人鱼馆

活动背景

在探索了美人鱼的秘密后，幼儿也想变成漂亮的美人鱼，他们想开设一个美人鱼馆。怎么布置美人鱼馆成为幼儿需要进一步探究的问题。本活动中，幼儿使用多种建构材料，尝试拼搭一些珊瑚和水草，用来装扮美人鱼馆。

材料准备

万能工匠、碳化积木，游戏背景板，丝巾，欢乐的音乐等。

活动描述

1. 集体讨论。

幼儿希望开设一个美人鱼馆，教师和幼儿一起围绕美人鱼馆的核心话题展开讨论。

教师：美人鱼馆里需要有什么？

可一：需要我们演美人鱼，还要有音乐。

三妹：我们需要美人鱼的尾巴。

教师：怎么变成美人鱼的尾巴？

薇薇：我们可以用丝巾把腿包起来。

教师：怎么让我们的美人鱼馆变得更好看呢？

哈哈：我们可以拼搭一些漂亮的珊瑚和水草放在里面。

2. 讨论拼搭珊瑚和水草的方法。

教师：珊瑚和水草是什么样子的？可以用什么材料表现？

花卷：珊瑚是软软的，有些珊瑚是彩色的。我们可以用万能工匠来拼搭珊瑚。

土豆：万能工匠里的软管就可以制作水草。

3. 幼儿自主搭建。

花卷将黄轮和黄管连接，在黄轮的孔洞处连接了一些紫软管，随后，她在紫软管上拼插了一些绿叶和红花。拼搭完成后，花卷尝试将她的作品直立地放在地面上，可总是倒塌。于是她又找了八个黄管，在这八个黄管的外侧分别拼了一个黄轮，这样她的作品终于可以稳定地放置在地面上。

4. 布置美人鱼馆。

幼儿拼插完成后，将自己拼搭的水草和珊瑚摆放在美人鱼馆的地面上，并用碳化积木围合了一个方形的舞台。他们在欢快的音乐声中快乐地舞蹈，模仿着美人鱼时而双手在头顶交叉，时而扭动身体。

活动延伸

1. 区域游戏：除了使用万能工匠拼搭水草，还可以引导幼儿在美工区寻找一些卡纸、涤纶纸，运用剪贴的方式制作珊瑚和水草。

2. 户外游戏：引导幼儿在户外游戏中自己布置场景，尝试运用碳化积木、纸砖、纸盒等低结构材料继续美化美人鱼馆。

3. 日常活动：在餐前和幼儿一起欣赏美人鱼表演的视频，引导幼儿模仿美人鱼在水里的动作，尝试根据音乐简单创编部分动作。

关键经验

1. 感知物体结构与稳定性之间的关系，知道用八个黄管和黄轮支撑可以让作品更加稳固。
2. 能够用自己的身体动作模仿美人鱼的动作。

 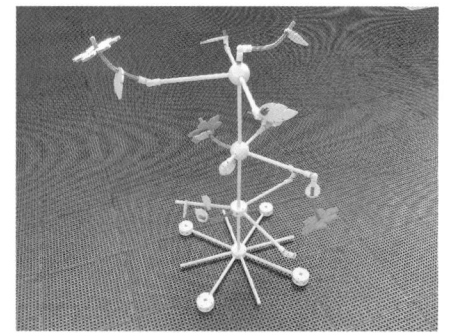

图 4-27　珊瑚和水草（一）　　　　图 4-28　珊瑚和水草（二）

活动四　海洋馆礼品店

活动背景

在参观海洋馆的活动中，幼儿了解到海洋馆里有售卖纪念品的地方。于是，幼儿也想在班级游戏中增加海洋馆礼品店。本活动中，幼儿综合运用多种建构方法搭建海洋馆礼品店。

材料准备

各种各样的碳化积木、梯子、油泥、彩纸、勾线笔、油画棒、纸盘等。

活动描述

1. 师幼讨论海洋馆礼品店。

教师和幼儿一起围绕海洋馆礼品店的话题展开讨论。

教师：海洋馆礼品店是什么样子的？

土豆：里面有很多纪念品，有虎鲸、海豚、海豹的帽子和图画。

然然：我还看到里面有用玩具拼的海豚。

2. 师幼讨论搭建海洋馆礼品店的方法。

教师：如果在班上开一个海洋馆礼品店，你们需要什么呢？

牛牛：我们需要一张桌子。

兮兮：我们可以把自己搭建的海洋生物放在里面卖。

花卷：我们还可以用油泥做一点礼品。

教师：我们在户外开展游戏时，可以怎么解决没有桌椅的问题？

哈哈：可以用积木搭。

3. 幼儿自主建构海洋馆礼品店的场景。

牛牛和土豆将晨间游戏中的梯子组合摆放好，他们发现梯子中有镂空的地方。于是牛牛和土豆一起商量又找来了长条形碳化积木，将它们一侧对齐平铺在梯子上，接着，牛牛又将短一些的长方形积木平铺在梯子上。

花卷找了一些长方形积木，将这些积木垒高。她一边垒高，一边坐在上面感受座椅的高度并不断调整。

4. 幼儿自主游戏。

搭建完成后，可一、土豆、牛牛等小朋友坐在小椅子上，在搭建好的桌子上用捏油泥、绘画等方式制作海底世界的作品。

活动延伸

1. 区域游戏：在美工区制作一些海洋生物作品，摆放在礼品店售卖。

2. 户外游戏：师幼一起讨论礼品店还可以做什么，比如可以将之前拼搭的海洋生物作品放在礼品店售卖，也可以提供制作区域和多种美工材料让顾客自由创作。

3. 环境创设：将幼儿在游戏中的照片布置在班级主题墙，重点突出幼儿运用建构的方式解决游戏中的问题。

关键经验

1. 尝试运用碳化积木、梯子等材料自主建构海洋馆礼品店场景。

2. 认识长方形等图形，知道长方形和长方形进行拼接也可以变成长方形或者其他图形。

3. 能用捏泥、线描画、粘贴等方式制作海洋馆的礼品。

图 4-29 海洋馆礼品店（一）

图 4-30 海洋馆礼品店（二）

活动五　欢乐海洋馆

活动背景

在之前的活动中，幼儿自主布置了美人鱼馆，尝试拼搭了海洋馆礼品店的场景。海洋馆里还能做什么有趣的事情呢？本活动中，幼儿通过集体讨论、动手拼搭，尝试布置海洋馆的观赏区、美人鱼馆、礼品店等场景并游戏。

材料准备

各种各样的碳化积木、梯子、海报筒、万能工匠、雪花片、轮胎、油泥、彩纸、勾线笔、油画棒、纸盘、丝巾，参观海洋馆的视频，音乐等。

活动描述

1. 观看参观海洋馆的视频。

教师和幼儿一起回顾了参观海洋馆时的视频，并引导幼儿说一说自己在海洋馆的见闻。

驰驰：我看到了章鱼，还有海豚表演。

土豆：我看到了很多水母。

花卷：还有美人鱼表演。

2. 讨论海洋馆游戏内容。

教师：要玩海洋馆的游戏的话，我们可以布置哪些场馆呢？

随后幼儿进行了小组和集体的讨论，场馆主要分为：水母馆、章鱼堡、美人鱼馆以及海洋馆礼品店。

3. 幼儿自主建构。

平平和多多使用碳化积木围合了一个长方形，用半圆和三个长条积木组合表现了两个水母，接着，他们用雪花片拼插了一些水母放在长方形之中，表现出了海洋馆里的水母馆。

然然和土豆也用碳化积木围合了一个长方形，运用大曲面和长条积木组合表现了章鱼，还把用万能工匠拼插好的章鱼放在其中，表现出了章鱼堡。

三妹和花卷将梯子和碳化积木组合,搭建了一张桌子和一些座椅。她们将纸盘、油泥、彩纸、勾线笔放在桌子上,表现了海洋馆的礼品店。

薇薇和乐乐用万能工匠拼插了一些珊瑚和水草,并用碳化积木中最长的长板积木围合了一个长方形的舞台,并将之前制作好的背景板靠着墙摆放,表现出美人鱼馆的场景。

4. 幼儿自主游戏。

随后,幼儿根据自己的兴趣选择喜欢的游戏,有的表演,有的制作,有的售卖,有的搭建,开心地玩起了海洋馆的游戏。

活动延伸

1. 户外游戏:引导幼儿根据参观时的经历,继续丰富海洋馆的游戏内容,如搭建海豚馆、鲨鱼馆、虎鲸馆等,在游戏中发展幼儿的建构表征水平。

2. 家园共育:请家长和幼儿一起准备幼儿在美人鱼馆表演的服装、道具,支持幼儿的自主表达和游戏。

关键经验

1. 尝试分类、分工表现出水母馆、章鱼堡、美人鱼馆以及海洋馆礼品店等场馆。
2. 在搭建桌椅的过程中感受桌椅的高度、长度、宽度和它们的适用性。
3. 能模仿美人鱼的动作,大方地在美人鱼馆表演。
4. 能用捏泥、线描画、涂色等方式表现各种海洋生物。

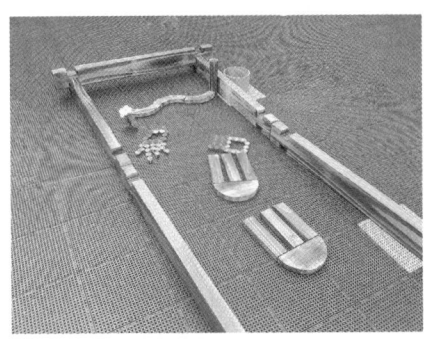

图 4-31 海洋馆(一)

图 4-32 海洋馆(二)

图 4-33 海洋馆(三)

图 4-34 海洋馆(四)

> **线索描述**
>
> ## 线索三　保护海洋
>
> 在认识了各种各样的海洋生物、参观过海洋馆之后，幼儿也意识到海洋生物面临的问题，萌发了保护海洋生物的意识。在本线索中，幼儿自主设计、集体讨论，一起探索保护海洋的方法。

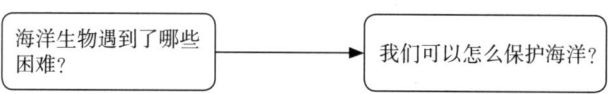

活动一　困境重重的海洋生物

活动背景

在参观海洋馆的过程中，幼儿看到了一些海洋污染、海洋生物受困的图片。本活动中，幼儿通过观察图片、欣赏视频，了解海洋生物目前所面临的困境，萌发保护海洋生物的情感。

材料准备

海龟被渔网缠住的图片、海鸥吃塑料瓶的图片、保护海洋生物的宣传视频等。

活动描述

1. 观看保护海洋生物的宣传视频。

教师播放关于保护海洋生物的宣传视频，片中重点介绍了石油污染、塑料制品等海洋垃圾以及温室效应对海洋生物的生存造成的危害。

教师：你看到了什么？

土豆：我看到一只大鲸鱼的肚子里都是塑料袋，这些塑料袋没办法消化。

薇薇：我还看到一只北极熊站在一块冰上面，它找不到吃的，很饿，很瘦。

2. 观察海洋生物受困图片。

教师出示了一张海龟被渔网缠住的图片和一张海鸥吃塑料瓶的图片。

提问：你在图片中看到了什么？有什么感觉？

平平：我看到一只海龟被渔网缠住了，它的龟壳被挤得变形了，好可怜。

分分：我看到一只海鸥把塑料瓶当作小鱼在吃，吃进肚子里面就会很危险。

教师小结：塑料制品、渔网等海洋垃圾对海洋生物有非常大的危害。

3. 讨论保护海洋生物的方法。

教师：我们可以怎么保护海洋生物呢？

幼儿开展小组和集体讨论,提出不能往海洋里面扔渔网、塑料制品等垃圾,在平时的生活中尽量用纸质的吸管,不用塑料吸管,进行垃圾分类等。

活动延伸

1. 环境创设:鼓励幼儿设计一些保护海洋的宣传标语,布置在班级环境中。

2. 家园共育:鼓励家长利用周末带幼儿一起参加保护海洋的相关公益活动,让幼儿进一步感受保护海洋的重要性。

关键经验

1. 初步感受人们的生活与海洋的关系,了解海洋生物目前面临的困境,能够想到一些方法保护海洋。

2. 能够较清楚地讲述自己观察到的内容,如:海龟被渔网缠住、海鸥吃塑料瓶、鲸鱼肚子里都是塑料袋等。

活动二 保护海洋小卫士

活动背景

上节活动中,幼儿了解了海洋生物面临的一些困境。本活动中,幼儿通过绘制宣传画、设计海报等方式,探索保护海洋的方法和措施。

材料准备

白纸、油画棒、贴纸、彩纸、双面胶等。

活动描述

1. 讨论海洋生物面临的困境。

教师和幼儿一起回顾了上节活动中观察到的海洋生物的困境。

教师:小朋友们,你们知道海洋生物现在主要面临哪些困境么?

幼儿提到了塑料制品、石油、渔网等都会对海洋生物造成伤害。

2. 探讨保护海洋的方法。

师幼讨论保护海洋的方法,从幼儿的角度出发探索可以为海洋保护做哪些力所能及的事情。

三妹:我们可以告诉别人减少使用塑料吸管和塑料瓶等。

可可:我们可以设计一些海报告诉别人不能乱扔垃圾。

3. 幼儿自主设计。

三妹画了一只绿色的海龟,在海龟的嘴巴前画了一张渔网,旁边打"×";在海龟的下方画了一条粉红色的鱼,鱼的嘴巴前有一个塑料袋,旁边打"×";海龟的右侧有一艘小船,小船上站着一个小女孩,船的下方有一条鱼,小女孩正在往海里扔垃圾,旁边打"×"。

可可在画面中央画了一只海龟并涂上绿色,海龟的尾部有一条粉色的小鱼。画面中散落着一些吸管、笔、塑料瓶、塑料袋,画面的右侧打"×"。

4. 展示与欣赏。

绘画完成后,幼儿将自己设计的宣传画粘贴在保护海洋的主题墙上,互相欣赏。

活动延伸

1. 区域游戏:在美工区运用粘贴、裁剪、涂色等多种方式继续制作保护海洋的宣传海报。

2. 晨会活动:将幼儿制作好的宣传海报利用幼儿园晨会活动这个平台分享给全园的小朋友,鼓励幼儿大胆介绍自己的设计想法。

关键经验

1. 能够用绘画的方式表达自己关于保护海洋生物的想法,能够均匀地涂颜色。

2. 在晨会活动中敢于在全园小朋友面前大胆地介绍自己设计的保护海洋宣传画。

3. 热爱海洋生物,感受人与海洋之间的关系,愿意想办法保护海洋生物。

图 4-35 保护海洋(一)

图 4-36 保护海洋(二)

四、关键经验

- 关键经验
  - 健康
    - 体育游戏活动中初步了解匍匐爬、手脚爬的动作要领。
    - 鲨鱼抓小鱼的游戏中逐渐掌握躲闪跑的动作要领。
    - 在参观海洋馆的活动中知道不远离成人视线单独活动。
  - 语言
    - 愿意与同伴交谈自己参观海洋馆的经历且讲述基本完整。
    - 在集体活动中能较完整、连贯地回答关于海洋生物的问题。
    - 能够自主阅读关于海洋的绘本，大致说出自己看到的内容和情节。
  - 社会
    - 在搭建海洋馆游戏时能够接受同伴的意见和建议。
    - 能够按照自己的想法布置美人鱼馆、礼品店。
    - 愿意并主动参加参观海洋馆的亲子活动。
    - 参观海洋馆时能遵守海洋馆的规则，不大喊大叫或是乱跑。
    - 能感受到海洋生物面临的困境并有关心、体贴的表现，愿意主动保护海洋生物。
  - 科学
    - 认识各种海洋生物并了解其外形特点和生活习性。
    - 能将海龟和乌龟进行观察比较，发现其相同和不同。
    - 能够用图画和箭头符号绘制海洋生物食物链。
    - 感知清水积木、碳化积木、雪花片、万能工匠等建构材料的不同特性，尝试布置和建构美人鱼馆、礼品店等游戏场景。
    - 感受人们的生活方式和海洋生物之间的关系，知道保护海洋环境的重要。
    - 拼搭珊瑚时能用四散拼插的方式让作品稳固，感受结构与稳定性的关系。
    - 认识长方形、半圆形、椭圆形等图形，尝试用建构玩具组合拼搭表征图形特征。
    - 在拼搭礼品店桌椅时感受物体长、宽、高等方面的特征。
    - 在建构海龟、鲨鱼的过程中感知平面和立体的不同。
  - 艺术
    - 认真欣赏美人鱼的表演，愿意模仿美人鱼的动作。
    - 能够用绘画、捏泥、剪贴等方式制作礼品店中的礼品、设计保护海洋宣传画。

项目五
智能时代

一、项目缘起

新学期，幼儿园给每个班级配了一台"小度"智能音箱。一天早晨，贝贝激动地对小朋友说："我妈妈在网上给我买了一个'小爱同学'，它会唱歌，还会给我讲故事，可神奇了！"听了贝贝的话，大家聊了起来，天天说："我家要喊它'天猫精灵'"，可乐说："我家有一个扫地机器人，它会自己充电和吸灰尘"，大聪说："我家有阿尔法蛋机器人，它会教我学习。"……"小度""小爱同学""天猫精灵"，还有扫地机等，让幼儿不仅看到了科技的力量，更感受到生活的乐趣。

这些智能机器人引起了幼儿的兴趣，他们想要知道：机器人是怎么设计出来的？为什么要发明这些机器人？为什么机器人什么都知道？这些"为什么"对他们产生了强烈的冲击，激发着他们去探究关于机器人的秘密。幼儿通过参观科技馆、做调查、绘画的方式走近和认识机器人，感受了科学技术的魅力；他们在动手操作中大胆创新，搭建出各种各样的机器人并尝试让机器人动起来。他们在体验成功喜悦的同时，在心中也埋下科学的种子，感受着智能时代的魅力。

二、发展线索

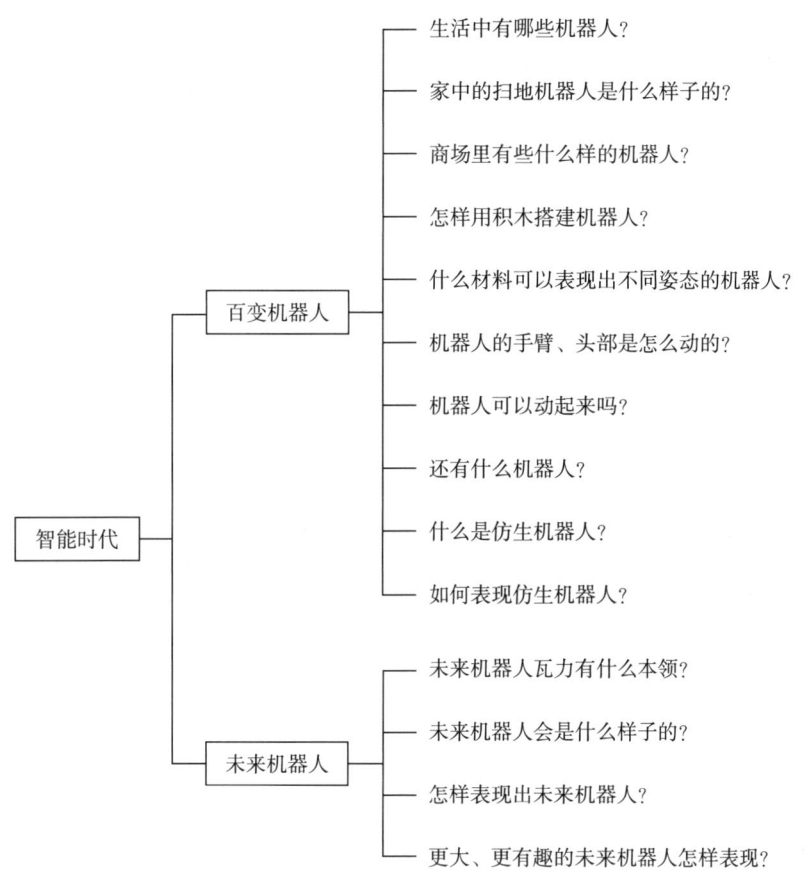

三、具体活动

线索描述

线索一 百变机器人

在本线索中,以生活中的阿尔法蛋机器人为切入点,幼儿在了解机器人结构特点的基础上,围绕如何表现机器人展开了研究和探索。他们运用积木、万能工匠、碳化积木、乐高、LAQ 玩具等材料,在一次次的尝试搭建、拼插中,逐步表现出丰富多样的机器人。

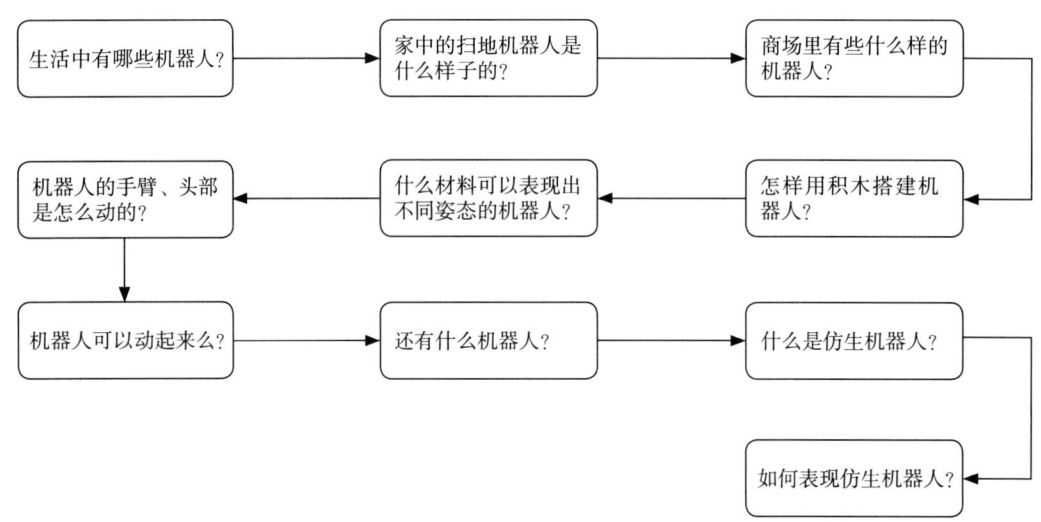

活动一 生活中的智能机器人

活动背景

在交流过阿尔法蛋机器人后，幼儿对身边的智能机器人有了关注。本活动中，幼儿结合自己的调查，通过分享，积累生活中常见智能机器人的相关知识经验。

材料准备

调查表，相关智能机器人的图片。

活动描述

1. 谜语导入，幼儿进行猜测。

教师念机器人谜语：小小身体本领大，行行业业都有它，做起工作快又好，现代生活少不了！（智能机器人）

2. 了解智能机器人的功能。

教师出示学习机，幼儿进行观察讨论，回答出学习机的作用。

天天：它能回答小朋友提出来的问题。

乐乐：学习机会教我识字。

小熊：我家的学习机会说好多英语故事给我听。

3. 根据调查表，初步了解生活中的其他智能机器人。

幼儿结合生活经验说出生活中见过的智能机器人。

沐沐：我在商场里见过机器人，我要去游乐场的时候它告诉我游乐场在三楼。

可可：我在马路上见过打扫卫生的机器人，它会自己边往前开边打扫卫生。

教师引导幼儿在表述的过程中慢慢讲述，做到表述清晰。

幼儿每六个人一组，相互之间看看、说说自己找到的不同的智能机器人有哪些，它们相互之间有哪些一样的地方，又有哪些不一样的地方。

幼儿拿着自己完成的调查表，在小组、集体中分享自己的发现：介绍自己了解的智能机器人的名字、外观、本领以及在哪里见到过它。

师幼总结调查结果，为后续的活动开展整理信息。

4. 幼儿观看视频，进一步感受智能机器人在人们生活中的作用。

教师播放视频，幼儿共同观看，了解智能机器人在人们生活中的应用。

5. 游戏：我是机器人。

幼儿集体模仿机器人说话和走路的样子。

活动延伸

1. 区域游戏：将调查表装订成册，投放在语言区，供幼儿自由翻看、阅读，同时提供有关机器人的绘本。

2. 日常活动：在餐前播放各种智能机器人的视频让幼儿欣赏。

关键经验

1. 会用清楚、连贯、响亮的语言介绍自己调查的智能机器人的特征和功能。

2. 感受智能机器人给人们生活带来的方便。

附：调查表

表 5-1　智能机器人

智能机器人的名称	智能机器人的外观	智能机器人的本领

活动二　有趣的扫地机器人

活动背景

在前一次的活动中，大部分幼儿对家庭中的扫地机器人有了较多的观察经验。本活动中，幼儿通过观察、实践操作，探索扫地机器人的结构特点和清理垃圾的方法，并记录下自己的发现。

材料准备

扫地机器人三个，记录单、勾线笔等。

活动描述

1. 情境导入，激发幼儿的活动兴趣。

活动室的地面放置一些垃圾，幼儿说一说自己打扫垃圾的方法。

教师操作扫地机器人清扫垃圾。

2. 幼儿分组观察并记录扫地机器人的外形特点及组成。

幼儿分成三组,围绕扫地机器人进行观察和记录:观察扫地机器人是什么样的,它由哪些部分组成,并用简单的图示将观察到的结果记录下来。

3. 教师出示大记录表,归纳幼儿的观察记录结果。

幼儿拿着自己的记录单介绍自己观察到的扫地机器人:扫地机器人是由机器和充电座两部分组成的,在扫地机器人的上面有电源开关、启动按键,打开盖子,里面有集尘盒,在机器的底部有清扫刷、边刷和驱动轮,盖子里面装着电池。

幼儿进行介绍时,教师在大记录表上用笔记录、汇总。

4. 幼儿尝试操作扫地机器人,了解其清扫方式和行动轨迹。

幼儿尝试操作扫地机器人,发现按动电源后,扫地机器人开始启动,然后扫地机器人按照一定的路径进行清扫,底部的清扫刷和边刷将垃圾清扫干净,清扫结束后,扫地机器人还会自己返回充电座进行充电。

幼儿探索扫地机器人清理垃圾的方法,并讲述自己的发现。

每组选一位幼儿代表将扫地机器人的集尘盒取出来,将垃圾倾倒干净。

活动延伸

1. 区域游戏:在美工区绘画出扫地机器人清扫垃圾的工作步骤。
2. 晨间谈话:针对自己感兴趣的问题如"为什么扫地机器人都是圆的"展开讨论。

关键经验

1. 了解扫地机器人的外形特点和组成部分,知道它的运行方式和垃圾清理方式。
2. 尝试操作扫地机器人,并用图示记录下扫地机器人的主体构成。
3. 喜欢参加科学活动,发现扫地机器人给生活带来的便利。
4. 用线条和图形表现出扫地机器人的工作步骤。

附:调查表

表 5-2 扫地机器人

扫地机器人的结构	面板上的按键	清扫垃圾的方法

活动三 建构智能机器人

活动背景

幼儿有了搭建智能机器人的兴趣,想要用积木搭建出机器人。在搭建前,幼儿结合图片观察了各种造型的智能机器人,了解了不同造型的机器人。围绕"如何用积木搭建智能机器人?"

这个问题，幼儿用清水积木进行了尝试。

材料准备

智能机器人的图片，搭建计划图，清水积木。

活动描述

1. 幼儿边观察图片边回忆，说说自己所知道的智能机器人。

幼儿说出自己所知道的智能机器人的特征和作用。

天天：扫地机器人可以帮助我们做家务。

乐乐：我家的机器狗会陪我玩游戏。

2. 观看视频，了解多种智能机器人的造型。

幼儿观看南京夫子庙景区巡逻警察机器人"大眼萌"和扫地机器人的视频，观察其外形。

幼儿用自己的语言表述出"大眼萌"是什么样子的，扫地机器人又是什么样子的。

小辉："大眼萌"的身体像一辆警车，它有大大的眼睛。

乐乐：扫地机器人也像一辆车，它会说话，它的身体上有按键。

3. 幼儿分组制订搭建计划。

幼儿分组进行讨论并设计、绘画出喜欢的智能机器人。

幼儿介绍自己准备搭建的智能机器人名称，并说出自己准备用什么形状的积木材料来搭建。

4. 幼儿参与建构游戏，教师进行观察指导。

幼儿根据自己的搭建计划图进行搭建游戏，教师指导幼儿用多种形状的积木表现智能机器人的各部位。

5. 评价与欣赏。

召开"智能机器人发布会"，幼儿向大家介绍自己设计搭建的智能机器人的名称和作用。

活动延伸

1. 户外游戏：用碳化积木和圆纸筒组合搭建机器人。

2. 环境创设：将幼儿绘画的智能机器人设计图和搭建的作品照片进行作品展示。

关键经验

1. 观察了解智能机器人的外形特征和结构特点。

2. 能制订搭建机器人的计划，运用排列、组合、连接的方法表现出机器人的造型。

3. 乐意在同伴面前介绍自己的机器人作品，体验成功的喜悦。

图5-1 机器人（一）

图5-2 机器人（二）

图5-3 机器人（三）

活动四　商场里的机器人

活动背景

幼儿除了关注到家中的智能机器人，还在商场里发现了服务机器人。商场里为什么要有机器人？这些机器人是干吗的？本活动中，幼儿围绕服务机器人在实际应用场所中的作用展开讨论，感受商场机器人给人们带来的购物新体验。

材料准备

商场机器人与顾客对话的视频。

活动描述

1. 教师播放商场机器人与顾客对话的视频，引出话题。

幼儿根据自己的经验简单交流，说出自己在哪里见过这样的机器人，机器人是什么样的。

教师鼓励幼儿用连贯的语言表达。

2. 幼儿围绕商场机器人的本领进行谈话和记录。

幼儿在小组中轮流发言表述自己的经验。

教师逐一参与幼儿的谈话，了解幼儿发言的内容及语言是否连贯，并提醒部分幼儿在同伴发言时注意倾听。

每组幼儿代表在集体面前介绍商场机器人的本领。

可乐：商场机器人会看着你，很有礼貌地和你打招呼。

天天：问它问题的时候，它会回答。

笑笑：它头上的屏幕会显示地图，给人导航。

贝贝：它能感应到人的位置，人站在哪里，它的头就转到哪里。

笑笑：我还看见过商场里有给顾客冲咖啡的机器人。

3. 幼儿绘画出商场机器人的本领。

幼儿用绘画方式记录商场机器人的本领：会自动感应顾客，头会跟着顾客转动，有礼貌，会主动问好，能回答客人问题，会出示地图帮助客人找店铺具体位置。

4. 进行拓展谈话。

幼儿讲述在超市里看到的送货机器人：送货机器人会运送很多货物，遇到客人还会绕行。

幼儿讨论自己感兴趣的问题：机器人和人相比，谁比较厉害？他们发现机器人本领很大，能完成许多人类没有办法完成的事，但是机器人是科学家发明的，所以还是人最厉害。

活动延伸

1. 区域游戏：在语言区提供《丢了屁股的机器人》绘本，供幼儿进行阅读，感受故事中幽默可爱的机器人形象；在美工区提供纸、笔，供幼儿绘画商场里的各种机器人。

2. 日常活动：在餐前开展"我来解说机器人"的介绍活动。

关键经验

1. 围绕"机器人本领大"的话题轮流发言，用连贯的语言积极地表达自己对商场机器人的认识和了解。

2. 喜欢接触新事物，感知科技产品与自己生活的关系，问一些与机器人相关的问题。

3. 能用线条、图形绘画出机器人的本领。

4. 喜欢看关于机器人的绘本故事，能根据连续画面提供的信息，大致说出故事情节。

活动五　人形机器人

活动背景

商场里机器人的可爱模样激发了幼儿探索人形机器人的兴趣。人形机器人的基本特征鲜明，能不能用积木搭建出人形机器人呢？本活动中，幼儿结合讨论制订搭建计划，表现出充满创意的人形机器人，并解决机器人站立和手臂如何表现的问题。

材料准备

人形机器人的图片，清水积木、户外碳化积木，和同伴共同制订的搭建计划。

活动描述

1. 观察人形机器人的图片，了解其外形特点。

幼儿讨论机器人是由哪几个部分组成，机器人是什么样子的。

凯凯：它有圆圆的头。

可乐：它身上有很多按钮，一按按钮就会讲话。

贝贝：机器人也有胳膊和腿。

幼儿发现机器人和人的样子很像，有头、身体和四肢，但是它的模样很夸张，身体连接的部分分成一块一块的，四肢上都有明显的关节。

2. 幼儿讨论建构方法。

幼儿讨论如何用合适的积木表现出人形机器人的各部分：头部、身体、四肢。

幼儿思考人形机器人的搭建顺序：从下往上搭建腿部—身体—头部—手部。

教师：手臂可以怎么表现？幼儿迁移经验说出可以选择做出向上或向下的动作，用比较重的、大的积木压住的方法。

3. 小组合作搭建机器人。

幼儿和同伴一起商量，制订出搭建计划。每组选一位幼儿介绍自己小组的搭建计划。

幼儿以小组为单位，按照制订好的搭建计划进行建构游戏。

教师观察幼儿的建构过程，鼓励幼儿遇到困难时共同讨论解决，努力探索，运用适宜的材料进行搭建。

4. 展示作品，分享交流。

幼儿介绍自己小组在搭建中遇到的困难和解决方法。

教师：搭建机器人的时候你遇到了什么困难？用什么办法解决的？

铭铭：搭机器人的腿的时候，我们一开始用两块圆柱体积木直接垒高，再往上摆放积木时，圆柱体就倒下来了，我们就在中间加一块短板，机器人的腿就稳住了。

笑笑：我们用碳化积木搭建机器人的脖子时，需要用到圆形的积木，但是圆形的碳化积木太小了，我们找了一个粗一点的报纸筒代替。

活动延伸

1. 户外游戏：组织开展机器人迷宫游戏活动，提供扮演道具，幼儿戴着道具模仿机器人走迷宫。

2. 晨间谈话：分享介绍其他场地如医院中相关机器人的知识。

关键经验

1. 了解人形机器人的外部特征和结构以及关节连接的特点。

2. 根据制订好的搭建计划选择合适的积木表现人形机器人的主要特征。

3. 和同伴商量合作，解决搭建机器人手臂等处的困难。

图 5-4　机器人（四）

图 5-5　机器人（五）

图 5-6　机器人（六）　　　图 5-7　机器人（七）

活动六　快乐机器人

活动背景

幼儿在观看了机器人视频后，发现机器人会转动头部，会走路和跳舞。机器人动起来是什么样子的？本活动中，幼儿随着音乐节奏模仿机器人的动作，体验用肢体动作表现机器人带来的乐趣。

材料准备

音乐《机器人》。

活动描述

1. 谈话导入，了解机器人的动作特点。

幼儿讨论机器人做动作和我们人不一样的地方，边说边模仿机器人做动作。

天天：机器人走路是一顿一顿的。（模仿机器人一顿一顿的走路动作）

贝贝：机器人的手臂上有一个关节，它弯曲手臂的时候，手臂都是直上直下，而且也是一顿一顿的，很慢。（模仿机器人做弯曲手臂动作，模仿出关节分离的样子）

2. 教师播放音乐，并讲述故事。

教师：机器人飞船降落在房顶上，看见地球人刷牙、洗脸，机器人按照程序进行模仿；机器人飞船降落到公园里，看见地球人走路、跳舞，机器人进行模仿。模仿地球人做了各种动作后，机器人的能量不够了，它们回到飞船充电。

幼儿模仿机器人做刷牙、洗脸、走路、跳舞的动作并创编机器人充电的动作：头顶插插头、胸口按键。

3. 倾听音乐第一段，根据音乐进行游戏。

教师播放音乐，幼儿倾听并讨论：哪段音乐是机器人在刷牙、洗脸，哪段音乐是机器人在走路、跳舞，哪段音乐是机器人在回飞船充电补充能量。

幼儿听音乐做模仿动作。

4. 播放第二段音乐，幼儿讨论机器人还会去哪里，还会做什么动作。

天天：机器人会学小朋友做骑踏板车的动作。

乐乐：机器人会学小朋友画画。

小可：机器人会学小朋友拍球。

幼儿根据自己的讨论模仿做相应的动作，表现出机器人一顿一顿的特点。

教师播放第二段音乐，幼儿听着音乐做骑踏板车、画画、拍球的动作。

5. 游戏：快乐机器人。

教师播放完整音乐，幼儿根据音乐模仿机器人做动作。教师提醒幼儿根据音乐变化做返回飞船补充能量的动作。

活动延伸

1. 区域游戏：在小舞台角色游戏中提供《机器人》音乐，幼儿模仿做动作、舞蹈。

2. 日常活动：在餐前观看机器人舞蹈视频，进一步了解机器人两个关节同时行动的特点并进行模仿学习。

关键经验

1. 乐于参加音乐游戏，大胆想象，创编出机器人的动作。

2. 跟随音乐节奏表现出机器人动作缓慢和卡顿的特点。

活动七　机器人动起来

活动背景

幼儿有关于秋千、跷跷板的建构经验，他们对于让拼插作品动起来充满了兴趣。如何让机器人也动起来，成为本活动的核心。活动中，幼儿充分利用积塑材料的关键零件，通过讨论、探索将各零件进行组合拼插，表现出会动的机器人，体验探究的乐趣。

材料准备

乐高材料，纸、笔。

活动描述

1. 出示机器狗，引起幼儿兴趣。

教师展示机器狗，幼儿观看并讨论：机器狗为什么会动？

2. 讨论会动的材料元件。

幼儿通过观察发现，因为齿轮带动齿轮，所以机器狗的眼睛能转动起来。

幼儿尝试将机器狗的齿轮和齿轮部分进行连接，手部用力将齿轮连接紧密。

教师：哪些材料可以帮助机器人动起来？

幼儿发现主要是齿轮、轮子和转盘等材料。

3. 参与建构游戏。

幼儿绘画设计，按照自己设计的图纸进行拼插。教师指导幼儿注意拼插顺序和齿轮连接部位，根据机器人的身体结构进行各部分组装。

4. 游戏：动物机器人动起来。

幼儿动手摇动齿轮连接部分，尝试让作品动起来。

幼儿介绍自己的机器人作品动起来的部位和方法。

可乐：我的大力机器人只要转动胸前的按钮，手臂就会抬起来。

贝贝：这个大眼睛机器人，只要用手一推，就会自己往前跑。

活动延伸

1. 区域游戏：将各类电动机器人投放到科学区，幼儿组装并安装电池，让机器人动起来；在美工区绘画设计各种造型的机器人并进行剪贴装饰。

2. 家园共育：请家长和幼儿共同用大纸箱等废旧材料制作机器人。

关键经验

1. 理解齿轮的功用，尝试组织不同大小的齿轮，探索让机器人动起来的建构方法。

2. 进一步感受建构材料的有趣、有用，乐于积极动手探索。

3. 运用绘画、手工制作等方式表现各类机器人。

4. 了解各种型号电池并安装，尝试让机器人动起来。

图 5-8 会动的机器人（一）　　图 5-9 会动的机器人（二）　　图 5-10 会动的机器人（三）

活动八　机器人探秘

活动背景

幼儿对于神奇的机器人有着浓厚的探究兴趣，想要进一步了解机器人的种类。除了家中和商场里见到的智能机器人，还有哪些机器人呢？本活动中，幼儿通过观察、讨论，进一步感知机器人种类的丰富多样。

材料准备

关于机器人的各种图片、报纸、书刊资料、简介，机器人的视频。

活动描述

1. 以谜语形式导入，激发幼儿兴趣。

教师念谜面：叫人不是人，干活样样行，不吃也不喝，能唱又能说。

幼儿根据谜面猜测谜底。

2. 了解机器人的相关知识。

幼儿结合生活经验讨论机器人的本领：照相、跳舞、下棋、扫地、倒水、吹奏乐器等。

幼儿观看视频，了解机器人的其他本领。

幼儿讲述视频内容：机器人为盲人导盲，为高层大楼粉刷外墙，为卧床的病人喂饭，照顾小宝宝，装配汽车等。

幼儿发现机器人种类繁多、用途也很广。它被应用到各个领域：军事、工业、医疗、生活、娱乐……几乎无处不在，是人类不可缺少的好帮手。

3. 感知机器人的优点。

幼儿围绕"人类为什么要发明机器人"展开讨论，探索机器人的优点，发现机器人代替人工作的好处：护士机器人可以为传染病患者护理，防止医护人员感染；高层作业机器人速度快又避免坠楼事故的发生。

4. 讨论交流：机器人探秘。

幼儿讨论机器人是由哪些部分组成，发现机器人的组成和人类十分相似，有头、身体和四肢。当然也有特殊样式的机器人。

幼儿发现机器人能像人类一样进行各种各样的工作的原因是由程序控制，它主要由控制模块、传感模块和执行模块组成。控制模块是机器人的大脑，传感模块是机器人的感官，执行模块是机器人的四肢和嘴。机器人通过控制模块发出指令进行指挥，由传感模块接收有关身体和周围环境的信息，再由执行模块来完成各种任务。

活动延伸

1. 日常活动：在餐前观看机器人发展史视频，了解其发展过程。

2. 家园共育：请家长带领幼儿去科技馆进行参观，了解机器人的发展。

关键经验

1. 感知各种机器人给人们生活带来的便利。

2. 乐于探索机器人的奥秘，能大胆发表自己的意见。

3. 产生关注、了解和学习机器人知识的兴趣。

活动九　各种各样的机器人

活动背景

幼儿用积木搭建出人形机器人后,也想用积塑玩具去表现出机器人。本活动以拼插机器人为核心,幼儿玩机器人拼图游戏,选择合适的材料表现出造型多样的机器人,感受拼插机器人的乐趣。

材料准备

各种造型的机器人图片,机器人拼图,梯形玩具、乐高玩具等。

活动描述

1. 观察机器人图片,了解机器人的主要组成部分。

幼儿讲述机器人的结构特点和主要特征。

2. 拼图游戏:机器人。

教师出示机器人拼图材料,幼儿进行操作。

结合拼图,幼儿讨论机器人的头、身躯、四肢的样子,了解机器人左右对称的特点。

3. 讨论建构机器人的方法。

幼儿讨论哪种材料适合拼插机器人、拼插机器人时将作品连接紧密牢固的方法。

幼儿迁移已有经验,说出在表现机器人身体时左右对称的方法,知道以机器人身体为中心进行表现。

幼儿讨论拼插机器人的顺序,教师协助进行记录。

4. 幼儿参与建构游戏,教师指导。

幼儿自选材料进行拼插,教师在指导过程中鼓励幼儿大胆使用材料进行拼插,提醒他们将机器人的每个部位拼插牢固。

5. 共同欣赏并展示。

幼儿介绍自己拼插的机器人叫什么名字,有什么本领。

活动延伸

1. 区域游戏:在小舞台角色游戏中提供机器人扮演道具,供幼儿模仿、扮演机器人。

2. 户外游戏:用碳化积木、万能工匠、报纸筒等材料组合搭建机器人。

关键经验

1. 迁移已有经验,运用交叉、整体连接的方法,表现出左右对称站立的机器人,关注作品的牢固性、稳定性。

2. 进一步体验看模型、拼插机器人的乐趣。

3. 能积极、礼貌地与同伴交流,用完整、清楚的语言表达自己拼插机器人的想法。

图 5-11　各种各样的机器人（一）　　图 5-12　各种各样的机器人（二）　　图 5-13　各种各样的机器人（三）

图 5-14　各种各样的机器人（四）　　图 5-15　各种各样的机器人（五）

活动十　有趣的仿生机器人

活动背景

幼儿在网络上查阅有关仿生机器人的视频和相关介绍后，对此有了研究的兴趣。仿生机器人指的是什么类型的机器人？仿生机器人有何特点？本活动中，幼儿通过观察图片、观看视频，拓宽了对仿生机器人的认知。

材料准备

有关机器狗、机器蝎、机械甲虫的视频，狗、蝎子、甲虫等图片。

活动描述

1. 教师出示动物图片让幼儿观看。

教师鼓励幼儿根据自身经验讨论、交流，并且用完整的语句表达出自己对这些动物的认知，说出这些动物有哪些独特的本领。

2. 围绕中心话题展开讨论。

幼儿围绕"谁和这些动物很相似，但是本领比这些动物还大"的话题自由讨论交流，大胆想一想、说一说。

3. 播放相应的仿生机器人视频,引起幼儿兴趣。

幼儿观看机器狗视频,了解其功能和特点,说出它像什么动物,以及它有哪些本领。

乐乐:机器狗会像真狗一样做出有趣的动作,比如摆尾、打滚。

天天:它能听得懂别人对它的称呼,还会记得别人的声音、动作。

可可:我们可以自己给它输入程序,和它一起游戏。

幼儿结合自身生活经验,将机器狗和生活中的狗进行对比,探索它们不一样的地方,讨论谁的本领更大并说出自己的理由。

幼儿观看机器蝎视频,讨论机器蝎和蝎子不一样的地方。

小结:机器蝎几乎完全依靠反射作用来解决行走问题。这就使得它能够迅速对困扰它的任何事物做出反应(比如岩石挡住了"蝎腿"),它的头部有两个超声波传感器,如果碰到高出它身高一半的障碍物,它就会绕开。而且,如果左边的超声波传感器探测到障碍物,它就会自动向右倾斜。

幼儿观看机械甲虫视频,讨论机械甲虫的功能:它的聪明之处在于它的身体,它没有大脑,但是可以自己决定做哪些事,生活自理能力很强。如果你不理睬它,它就会发出一声尖叫引起你的注意,假如你欺负它,它还会还击!

4. 了解仿生机器人的含义。

教师和幼儿共同讨论仿生机器人和之前见过的机器人不一样的地方。

教师引导幼儿从它们和动物的相似性来了解仿生机器人所指向的机器人种类:仿生机器人指模仿生物、从事生物特点工作的机器。

5. 了解仿生机器人在生活中的用处。

幼儿讨论仿生机器人为我们的生活带来的好处,教师将讲述的内容用简笔画进行记录。

活动延伸

1. 区域游戏:请幼儿用线描画的方式绘画仿生机器人并进行展示。

2. 日常活动:在餐前播放仿生机器人的介绍视频,幼儿欣赏了解,如袋鼠机器人。

关键经验

1. 大胆地表达自己对仿生机器人的理解和认识。

2. 感受科学技术给人们生活带来的乐趣和便利。

3. 用绘画的方式表现自己观察到或想象的仿生机器人。

活动十一 仿生机器人来了

活动背景

幼儿对仿生机器人有了认识和了解，他们想自己设计创造出仿生机器人。本活动中，幼儿通过图片观察、集体讨论，了解仿生机器人的结构特点，从而用建构的方式创造性地表现出来。

材料准备

不同特征仿生机器人的图片，清水积木、LAQ、万能工匠、梯子、雪花片等建构材料。

活动描述

1. 教师出示不同仿生机器人的图片。

幼儿仔细观察图片，观察仿生机器狗的腿部，发现仿生机器狗的脚是轮子做的。

幼儿观察机器猫、机器蜘蛛等一些仿生机器人的外形特点并进行描述。

贝贝：仿生机器人有头、身体和四肢。

乐乐：仿生机器人的四肢和真的动物不一样。

天天：它们脸上会出现智能屏幕。

2. 幼儿分组讨论仿生机器人的搭建方法。

幼儿表达出自己想要搭建什么样的仿生机器人，然后按照搭建想法分组，并共同讨论如何表现仿生机器人的身体和四肢。

教师启发幼儿根据仿生机器人所依据的动物外形特征选用多种不同的材料进行尝试，表现出仿生机器人特别的地方。（雪花片、万能工匠、梯子都可以）

3. 幼儿自由选择材料表现想要拼插的仿生机器人。

教师重点指导幼儿选用合适的材料表现出仿生机器人的特点。

4. 师生共同欣赏、交流。

幼儿介绍自己选择什么材料来表现仿生机器人。

幼儿相互欣赏各自的作品，说说自己喜欢哪一个仿生机器人及原因。

活动延伸

1. 区域游戏：教师投放仿生机器人相关绘本图书到语言区，供幼儿进行阅读。

2. 晨间谈话：介绍仿生机器人。

关键经验

1. 了解不同仿生机器人的外形特征和特点。

2. 用对称的方法进行拼插，表现出仿生机器人的基本特征以及功能性的装置。

3. 喜欢把看过的仿生机器人绘本故事讲给他人听。

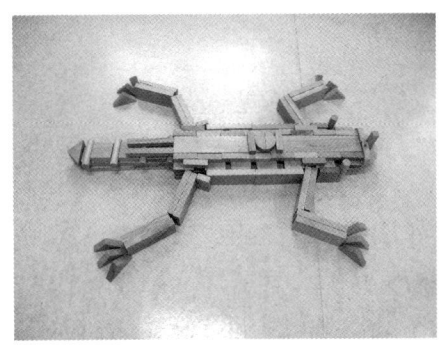

图 5-16 仿生机器人（一）

图 5-17 仿生机器人（二）

图 5-18 仿生机器人（三）

图 5-19 仿生机器人（四）

线索描述

线索二　未来机器人

在本线索中，幼儿以设计未来的机器人为核心，展开了想象与创造。幼儿整合有关机器人的经验，积极思考，发挥想象力，以绘画、建构的形式展示出自己对未来智能时代的期待。

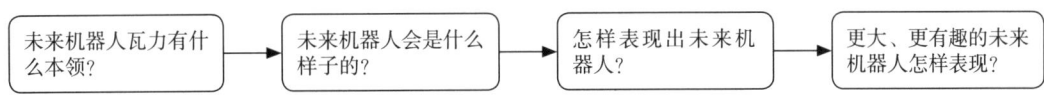

| 未来机器人瓦力有什么本领？ | 未来机器人会是什么样子的？ | 怎样表现出未来机器人？ | 更大、更有趣的未来机器人怎样表现？ |

活动一　机器人总动员

活动背景

幼儿观看影片《机器人总动员》后，被影片中来自未来世界的主角机器人瓦力所吸引。本活动中，幼儿通过阅读绘本，感受未来机器人的有趣和神奇。

材料准备

绘本PPT。

活动描述

1. 教师出示机器人瓦力图片，引出故事。

幼儿说出机器人瓦力生活的地方，讨论和讲述瓦力的工作内容为清扫城市垃圾，并讨论瓦力喜欢做什么。

2. 幼儿欣赏绘本故事，认真倾听，理解人物内心的情感。

集体讨论瓦力和好朋友遇到了哪些事情、经历了哪些困难、是如何解决的。

天天：地球上只剩下瓦力了，瓦力在发现绿色植物时很开心！

贝贝：瓦力有了自己的好朋友伊娃。

凯凯：伊娃被绿色植物关闭了程序，瓦力很着急。

乐乐：瓦力为了救伊娃非常勇敢，它们重新返回了地球。

3. 幼儿创编故事情节。

幼儿根据自己的想象大胆讲述瓦力和朋友离开地球后还会发生什么事情。教师提醒幼儿用较连贯的语言说出自己的想象。

活动延伸

1. 区域游戏：在美工区投放纸盒、双面胶等材料，供幼儿自制机器人瓦力。
2. 日常活动：在餐前讲述影片中机器人瓦力的故事情节。

关键经验

1. 清楚、连贯地说出故事中有关于机器人瓦力的主要情节内容。
2. 充分发挥想象力，大胆创编故事情节。
3. 运用手工制作方式表现出机器人瓦力的主要特征。

附：故事

机器人总动员

到了29世纪，地球上已经不再适合人类生存了。于是，人类坐着一艘巨大无比的宇宙飞船离开了地球，只留下机器人清洁地球上所有的垃圾，直到地球环境重新适合人类居住为止。很多年过去了，地球上只剩下了最后一个清洁机器人——瓦力。

一天早上，瓦力在一堆植物中间发现了一个绿色的小东西，瓦力小心翼翼地把它带回了家。晚上，一艘探测飞船缓缓降落在地球上。舱门打开了，一个机器人姑娘被放了下来，她告诉瓦力，自己叫伊娃。伊娃翻看着瓦力的宝贝，觉得开心极了。伊娃一看到那个绿色东西，竟然把它吸收到了自己的身体里，并关闭了自己的程序，瓦力尝试了各种办法唤醒伊娃，伊娃却仍然沉睡。终于有一天，那艘探测飞船又降落在地面上，伊娃被接进飞船里。瓦力紧紧地抓住了飞船，飞到了宇宙中，他们停在了一艘巨大而豪华的宇宙飞船旁边，人类正在这里过着安逸的生活，等待重返地球。

瓦力在宇宙飞船的控制室里找到了伊娃。船长看到飞船控制台上亮起了绿光，他按下了一个按钮。天哪，伊娃醒过来了！原来，伊娃的任务就是在地球上寻找生命的迹象。当她把那个绿色的小东西藏在了自己身体里的时候就完成了任务——那绿色的小东西很可能是一株植物。船长走过来，按下了伊娃胸前闪烁的绿灯，伊娃的胸腔瞬间被打开了，可出人意料的是，那棵绿色的植物不见了！

船长认为，伊娃的程序出现了故障，把她送到了修理区，瓦力也追了过来。船长发现了瓦力留下的灰尘，"分析一下"，他命令智能计算机。"分析结果：外来污染物——通常被称作尘土、尘埃或者土壤。"计算机"嗡嗡"地说，船长眼中充满了惊喜。修理区里堆满了有着各种毛病的"问题机器人"。这里的工作人员为伊娃进行了全身检查，然后卸下了伊娃的一条胳膊。瓦力冲上前去救伊娃，却意外地释放了所有的"问题机器人"。

伊娃劝说瓦力返回地球，但是瓦力不愿意离开她。这时，船长的助理机器人戈菲把那棵植物放进了逃生舱并启动了自毁程序。爆炸声把伊娃吓蒙了，突然，身后传来"嗖嗖"的响声，原来是瓦力抱着一个灭火器飞驰而过。伊娃兴奋得一把抱住了他。瓦力小心翼翼地捧出了那棵小小的绿苗。瓦力和伊娃重新回到了船长那里，"如果植物可以在地球上生长，那么人类就可以重新回到地球了！"船长喃喃自语。这时，奥托播放了一段秘密影像：因为地球环境变得恶劣，第一任船长决定放弃重返地球生活。"那是几百年前的事情了！"船长争辩着，"你看看这棵植物，这就是生命的证据！"这时，戈菲冲过来，把那个植物用力扔进了垃圾道。幸亏瓦力一把接住了植物，并把它重新带回了控制室。奥托把瓦力和伊娃顺着垃圾道扔进了巨大的垃圾场里。"嘀——"被摔晕的瓦力醒了，他艰难地发出这个声音，想努力说出"地球"两字，伊娃顿时明白了，要想修好瓦力，就必须回到地球。当伊娃和瓦力回到控制室时，管家机器人又一次包围了他们。关键时刻，所有的问题机器人出动了，他们勇敢地和管家机器人搏斗，伊娃趁机抱着瓦力飞快地向控制室冲去——只要把植物给船长，船长就可以带它们回地球了。伊娃把植物放在探测器上，探测器显示："地球已经清理完毕，目标：地球。"所有的公民都在高声欢呼。

宇宙飞船成功地降落到地球上，所有人都激动地走下飞船："地球，我们回来了！"伊娃直奔瓦力的拖车。她在凌乱的配件中翻着，终于找出零件修好了瓦力，瓦力苏醒过来了，可是瓦力看到伊娃，并没有任何反应。伊娃不停地呼喊着他的名字："瓦力！瓦力！""伊娃？"瓦力猛然清醒过来。这时船长带着大家走了过来，他们一起拍手，庆祝瓦力和伊娃的团聚。船长把那棵小树苗种在了拖车的旁边，大家都相信，在不久的将来，地球一定能变成一个绿色的家园。

活动二　机器人瓦力

活动背景

通过绘本阅读,幼儿对于来自未来世界的机器人瓦力的形象有一定的了解。在本活动中,幼儿通过观察图片,探索运用多种积塑材料表现出机器人瓦力的特征。

材料准备

机器人瓦力的图片,各种桌面玩具(雪花片、万能工匠、LAQ)。

活动描述

1. 教师播放机器人瓦力图片,引起幼儿的兴趣。

幼儿观察图片,讨论机器人瓦力的造型特点。

2. 幼儿了解机器人瓦力的主要特征。

幼儿结合图片观察发现瓦力的身体主要有头部、身体、四肢三部分。他们观察到机器人瓦力的眼睛是圆圆的,脚是三角形的,很独特。

3. 幼儿选择合适的材料进行拼插。

幼儿讨论出拼插的顺序:先把身体拼搭好,接着把两条腿拼搭好,再把头部拼搭好,最后把四肢、身体和头部连接起来。教师协助幼儿用简笔画形式进行记录。

幼儿自由选择桌面材料拼搭机器人瓦力。

4. 作品欣赏和评价。

幼儿相互欣赏作品,介绍自己选择的材料和拼插的过程,最后共同选出自己最喜欢的机器人瓦力作品,并说出理由。

活动延伸

1. 区域游戏:幼儿在美工区绘画自制机器人瓦力的故事书。
2. 环境创设:将幼儿拼插的机器人瓦力摆放在自留地进行展示。

关键经验

1. 知道"瓦力"的形象主要是由身体、头部和四肢三个部分组成的。
2. 大胆想象,能用左右对称的方式创造性地拼插出机器人瓦力。
3. 在了解故事的基础上尝试绘制连续画面的机器人瓦力故事书。

图 5-20　机器人瓦力（一）　　图 5-21　机器人瓦力（二）　　图 5-22　机器人瓦力（三）

图 5-23　机器人瓦力（四）　　　　　图 5-24　机器人瓦力（五）

活动三　我发明的机器人

活动背景

幼儿对于机器人的身体结构有了较完整的认识后，萌发了自己动手制作机器人的愿望。他们收集了大量的废旧材料，大胆想象设计，运用各种工具和材料制作出造型独特的机器人。

材料准备

各色卡纸、锡纸、勾线笔、钢丝、铁钉、螺丝、纸盒、毛根、双面胶等。

活动描述

1. 教师展示幼儿收集的各类废旧材料，激发制作兴趣。

教师：你看到这些废旧材料想到了什么？

2. 幼儿讨论制作机器人的方法。

幼儿重点观察机器人的头部及身体形状，他们发现机器人的头部和身体可以是很多形状的，比如圆形、长方形、正方形、梯形、三角形。幼儿观察机器人身体部分运用的材料和连接方法，发现它的身体和四肢主要用光盘、钢丝、卷纸筒来制作。

3. 师幼讨论制作要求。

教师提醒幼儿构思好要制作的机器人的特征，选择需要的材料，在底板上面摆一摆，再把它们用双面胶粘牢。

教师提醒幼儿使用铁钉、钢丝等材料时注意安全。

4. 幼儿制作机器人。

幼儿用纸盒做成机器人头部,将毛根拧成圆形的眼睛贴在头部。将卷纸筒粘贴在头部下方,做成身体和腿部,用锡纸卷成机器人的手臂进行粘贴。每个幼儿自己选择合适的材料制作机器人。

5. 欣赏与评价。

幼儿向同伴介绍自己制作的机器人是用哪些材料来完成的,有哪些特别的地方。

活动延伸

1. 体育游戏:玩"我是机器人"游戏,听指令做动作。
2. 环境创设:将幼儿设计制作的作品展示在美工区。

关键经验

1. 熟悉多种材料工具的用法,能积极探索材料工具的综合使用,对废旧材料的使用和创作机器人感兴趣。
2. 能关注欣赏同伴运用各种材料创作的作品,感受动手创作的乐趣。
3. 基本遵守"我是机器人"游戏规则,提高身体控制、平衡能力。

活动四　机器人乐园

活动背景

在制作机器人后,幼儿展开了想象的翅膀,大胆想象了未来世界更先进、更智能的机器人。本活动重点是完成机器人乐园设计图,并根据设计图用建构的方式呈现出机器人乐园。

材料准备

各种积塑玩具和积木等建构材料,机器人的图片、模型、玩具,音乐《神奇之旅》。

活动描述

1. 播放音乐,激发幼儿兴趣。

教师播放具有科幻特点的音乐《神奇之旅》,幼儿倾听,并说说未来世界还会有哪些机器人。

2. 交流自己的想法。

幼儿讨论未来世界的机器人的形象:有多个手臂的机器人,像蜘蛛;很细小的机器人,像小蚊子;有的机器人有圆圆的背,像在地上爬的甲虫。

3. 幼儿大胆想象,分组进行设计。

幼儿迁移儿童乐园的游玩经历,想象、构思机器人乐园里的机器人和其他设施,并分组进行设计。

各小组轮流介绍自己的设计图。

4. 幼儿搭建机器人乐园。

幼儿按照设计图进行分工、布局、搭建。教师关注幼儿的不同表现，并给予适当的帮助。

5. 展示作品，欣赏评价。

幼儿参观机器人乐园，欣赏搭建作品，个别幼儿介绍自己的搭建想法。

活动延伸

1. 区域游戏：在益智区投放木质机器人的材料和图纸，供幼儿进行机器人变形的操作。
2. 环境创设：收集幼儿搭建机器人的照片并进行过程性展示。

关键经验

1. 合理布局场地，综合运用各种搭建方法表现出机器人乐园中多种造型的机器人和其他建筑物。
2. 能与同伴合作建构机器人乐园，接受同伴的意见，感受合作建构的乐趣。

图 5-25 机器人乐园（一）

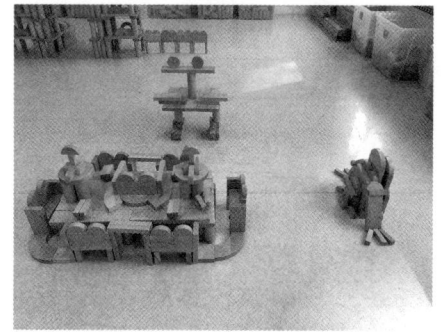
图 5-26 机器人乐园（二）

图 5-27 机器人乐园（三）

图 5-28 机器人乐园（四）

活动五　玩转未来机器人世界

活动背景

幼儿在室内用专用清水积木表现了未来机器人乐园。在分享搭建成果之余，他们为这次的搭建只能欣赏，不能进行体验而感到遗憾。能不能在户外大操场搭出大家都可以玩的未来机器人世界？本活动围绕这个想法展开讨论，突出多种建构材料的组合运用，表现出一个有趣的未来机器人世界。

材料准备

制订好的搭建计划，用颜料涂鸦过的油桶、EVA 积木、万能工匠、碳化积木、乐高玩具、轮胎、海报筒、梯子，音乐等。

活动描述

1. 回顾在室内搭建的机器人世界作品。

2. 根据制订好的搭建计划，讨论户外建构材料和搭建内容。

教师：怎样让机器人世界玩起来更有趣？

幼儿讲述自己的想法：可以表现会动的机器人，可以设置机器人迷宫等。

3. 幼儿分工，明确自己的搭建任务。

每组选一位代表介绍搭建内容和材料的选择。

象征未来机器人世界的大门：用油桶和万能工匠进行搭建。

未来机器人舞台秀：用班级中各种玩具拼插出富有创造性的机器人，用碳化积木搭建出展台。

未来机器人世界迷宫：用户外万能工匠围合出迷宫地图，再用班级万能工匠拼插机器人的手臂、头饰等装备。

未来机器人打卡基地：用碳化积木搭建出各种造型并具有特殊本领的机器人。

动感机器人：用乐高玩具拼插能动起来的机器人。

4. 幼儿共同讨论场地安排。

幼儿共同讨论搭建内容的场地安排，并集体绘画出相应的搭建位置。

5. 幼儿在户外操场进行搭建。

有的幼儿用油桶、大型万能工匠、梯子搭建出未来机器人世界的大门。

还有幼儿用乐高玩具进行拼插，拼插过程中对照图纸调整拼插的方法，组装电机模块，安装电池。

6. 欣赏搭建完成的作品。

每组选一位幼儿代表介绍自己组的搭建内容和玩法。

7. 游戏：玩转未来机器人世界。

幼儿从未来机器人世界大门进入，利用拼插好的机器人手臂、头饰装扮自己，模仿机器人走路进入机器人迷宫中。

幼儿将自己拼插的未来机器人放在用碳化积木搭建出的高低不同的展示台上进行展示，操纵乐高玩具拼插的动感机器人，站在用碳化积木搭建的未来机器人处露出脸部。

活动延伸

1. 日常活动：散步时邀请弟弟妹妹进入未来机器人世界进行参观和游戏。
2. 环境创设：将户外搭建活动的探索过程以海报的形式在班级中呈现出来。

关键经验

1. 根据搭建内容在户外操场进行合理布局。
2. 大胆想象，分工合作，运用多种材料组合搭建，创造性地表现出未来机器人世界。
3. 合作搬运大型的搭建材料到相应的地方。

图 5-29　未来机器人世界（一）　　图 5-30　未来机器人世界（二）　　图 5-31　未来机器人世界（三）

图 5-32　未来机器人世界（四）　　图 5-33　未来机器人世界（五）

图 5-34　未来机器人世界（六）　　图 5-35　未来机器人世界（七）

四、关键经验

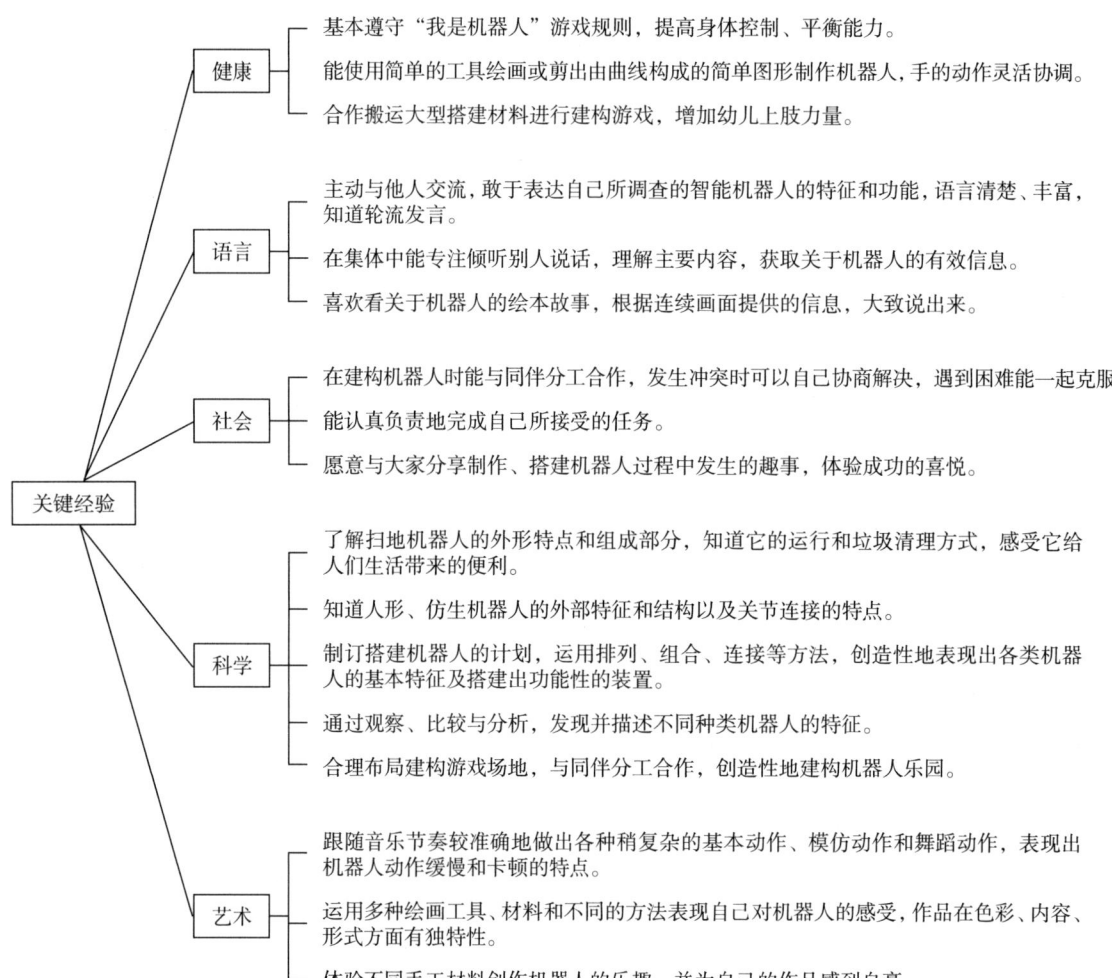

关键经验

- 健康
  - 基本遵守"我是机器人"游戏规则，提高身体控制、平衡能力。
  - 能使用简单的工具绘画或剪出由曲线构成的简单图形制作机器人，手的动作灵活协调。
  - 合作搬运大型搭建材料进行建构游戏，增加幼儿上肢力量。

- 语言
  - 主动与他人交流，敢于表达自己所调查的智能机器人的特征和功能，语言清楚、丰富，知道轮流发言。
  - 在集体中能专注倾听别人说话，理解主要内容，获取关于机器人的有效信息。
  - 喜欢看关于机器人的绘本故事，根据连续画面提供的信息，大致说出来。

- 社会
  - 在建构机器人时能与同伴分工合作，发生冲突时可以自己协商解决，遇到困难能一起克服。
  - 能认真负责地完成自己所接受的任务。
  - 愿意与大家分享制作、搭建机器人过程中发生的趣事，体验成功的喜悦。

- 科学
  - 了解扫地机器人的外形特点和组成部分，知道它的运行和垃圾清理方式，感受它给人们生活带来的便利。
  - 知道人形、仿生机器人的外部特征和结构以及关节连接的特点。
  - 制订搭建机器人的计划，运用排列、组合、连接等方法，创造性地表现出各类机器人的基本特征及搭建出功能性的装置。
  - 通过观察、比较与分析，发现并描述不同种类机器人的特征。
  - 合理布局建构游戏场地，与同伴分工合作，创造性地建构机器人乐园。

- 艺术
  - 跟随音乐节奏较准确地做出各种稍复杂的基本动作、模仿动作和舞蹈动作，表现出机器人动作缓慢和卡顿的特点。
  - 运用多种绘画工具、材料和不同的方法表现自己对机器人的感受，作品在色彩、内容、形式方面有独特性。
  - 体验不同手工材料创作机器人的乐趣，并为自己的作品感到自豪。

下学期

项目六
秦淮灯会

一、项目缘起

红红的灯笼、漂亮的花灯,热热闹闹的元宵节。喜庆快乐的传统节日是幼儿感知社会和生活智慧的源泉,同时也给他们留下了深刻的印象。节日过后幼儿来到幼儿园,带来了各式各样的花灯,大家一起为过元宵节而做着各种准备。"这是我带来的宫灯""我和爸爸妈妈是一起坐着画舫赏灯的",他们滔滔不绝地和同伴谈论着自己在秦淮灯会里看到的有趣事物和景象。

随着对这些事物不断深入的了解,幼儿开始尝试用各种材料,创意表现出在秦淮一条街里看到的花灯、中国古代建筑和秦淮河里的画舫。他们把自己的亲身体验、直接经验迁移到游戏中来,自主创设、合理布局起"赏花灯,游秦淮"的游戏。就在这样的过程中,幼儿了解了中华民族的悠久历史和丰富的文化遗产,激发起热爱家乡的情感。

二、发展线索

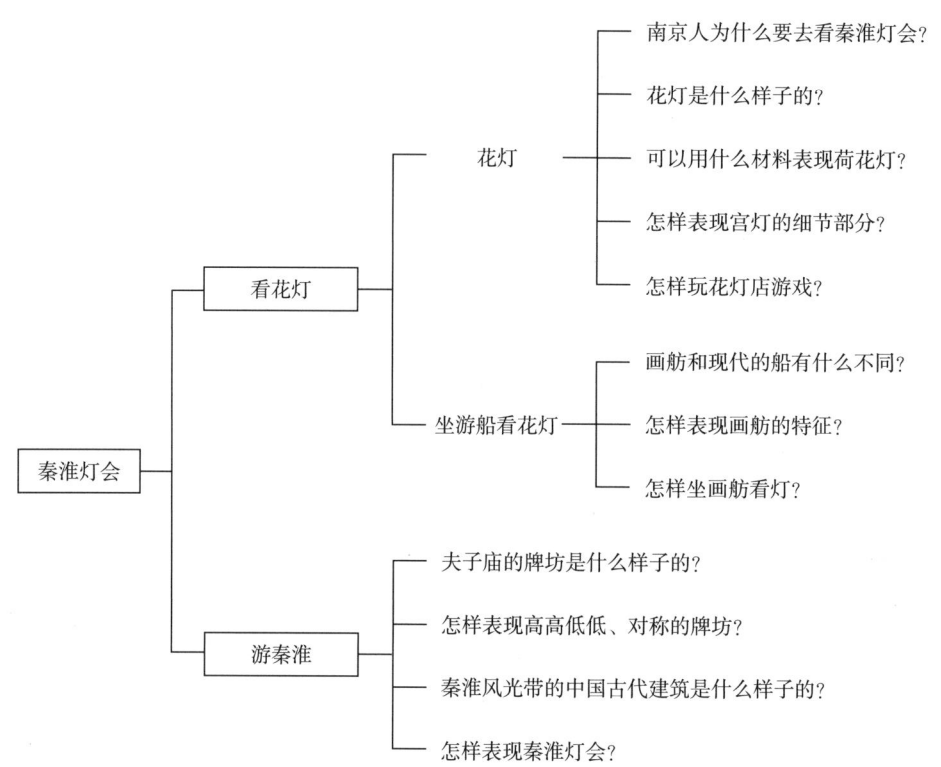

三、具体活动

线索描述

线索一　看花灯

在秦淮灯会中，幼儿印象最深的就是好多漂亮的花灯，从认识花灯的名称、了解花灯的外形到细致观察各种花灯不同的细节特征，他们在一次又一次的探索和尝试中，寻找合适的材料表现自己喜欢的花灯造型，设计花灯。他们发现除了在秦淮风光带的街道上能看到花灯，坐画舫在河岸边也能看到很多好看的花灯。他们尝试用大型碳化积木搭建能坐进去的画舫，并和搭建作品进行互动，在幼儿园里也能坐在画舫里看花灯。

分支一　花灯

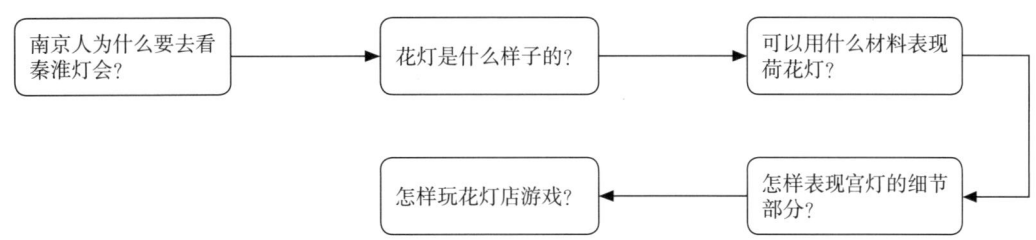

活动一　热闹的秦淮灯会

活动背景

为什么大家都要去夫子庙看花灯呢？幼儿带着疑问和爸爸妈妈对南京人过元宵节的习俗做了前期调查，在交流和分享中，了解南京传统秦淮灯会的文化和历史。

材料准备

幼儿去夫子庙秦淮风光带看花灯的照片、视频，节日习俗由来的介绍视频。

活动描述

1. 经验分享，感受秦淮灯会的热闹景象。

幼儿展示自己看花灯的照片或者视频，分享自己在看灯会时所看到的内容以及感兴趣的话题。

幼儿分享看灯会和听同伴介绍后对秦淮灯会的感受：人很多，很热闹，花灯很多、很漂亮，到处都是各种各样好看的花灯。

2. 讨论春节、元宵节的习俗，感受中国传统文化。

幼儿进行小组讨论：为什么要去夫子庙赏花灯。他们根据自己的前期调查各抒己见，讨论后请每组的一个幼儿进行分享。

经过讨论，他们发现其中的原因是因为过节很热闹，人们用自己的方式庆祝传统的节日，节日的习俗从很久之前流传下来。

3. 观看节日习俗由来的介绍视频，进一步了解产生这些习俗的由来。

幼儿通过同伴间的分享和观看视频，了解了一些节日的习俗和花灯的由来，花灯起源于汉代，古人点灯有祈求平安的意思，又把元宵节称为"灯节"。南京夫子庙秦淮风光带是一个有名的历史人文景点，观灯已经成为老百姓自发的一项娱乐活动。

4. 再次感受秦淮灯会的热闹景象。

幼儿完整观看秦淮灯会视频，感受节日的热闹情景。

活动延伸

家园共育：幼儿和同伴一起布置幼儿园里的花灯展，将自己从灯会上买来的花灯或者和爸爸妈妈一起制作的花灯进行悬挂展示，观赏花灯展。

关键经验

1. 能通过简单的调查收集关于南京人过元宵节的节日风俗。
2. 能比较完整地讲述自己的所见所闻及看灯会的经历。
3. 感受中国传统文化。

活动二　各式各样的花灯

活动背景

幼儿在欣赏秦淮灯会时看到了各种花灯，发现了花灯造型的多样性，到底有哪些花灯呢？本次活动将花灯和儿歌相结合，拓展幼儿对各种花灯的认识，让幼儿了解花灯的多样性。

材料准备

儿歌中的花灯图片：鸡娃灯、鸭娃灯、青蛙灯、桃花灯、莲花灯、牡丹灯、南瓜灯、西瓜灯、瓜果灯、汽车灯、火车灯、飞机灯。

活动描述

1. 理解儿歌内容，朗诵儿歌。

幼儿根据听到的儿歌内容说出花灯的名称，教师根据花灯名称出示儿歌里相应的图片。

2. 通过给图片排序，理解儿歌的顺序。

小北把西瓜灯放在了前面，其他幼儿发现后进行调整，大家一起再次听儿歌进行验证，直到将图片按照儿歌的顺序排列。

3. 去图游戏。

教师去掉个别图片，请幼儿说出完整儿歌。教师不断增加去图的数量帮助幼儿记忆儿歌。

4. 正确感知量词，学习词组："一×一×"，根据自己了解的花灯名称经验创编儿歌部分内容。

幼儿发现在儿歌中有的地方有"一×一×"。彤彤说"一个一个小猫灯"，佳佳说"一个一个兔子灯"，强强说成"一个一个飞机灯"，其他幼儿纠正他，说应该是"一架一架飞机灯"，贝贝说"一座一座小桥灯"。

教师将幼儿说到的灯的名称用简笔画方式进行记录。

5. 幼儿根据教师简笔画的提示，完整创编儿歌。

活动延伸

区域游戏：在语言区提供各种花灯图片，幼儿继续念儿歌，创编儿歌的部分内容；在美工区提供纸、笔，供幼儿绘画花灯。

关键经验

1. 能较正确地使用一些量词创编儿歌。
2. 能根据图片所提供的信息，说出花灯的内容，讲述比较连贯。

3. 运用线条表现出花灯的基本造型,感受各式花灯的造型美。

附：儿歌

数花灯

鸡娃灯，鸭娃灯，一蹦一跳青蛙灯。

桃花灯，莲花灯，一朵一朵牡丹灯。

南瓜灯，西瓜灯，一盏一盏瓜果灯。

汽车灯，火车灯，一架一架飞机灯。

一二三，三二一，宝宝数灯数不清，

爷爷奶奶帮着数，一数数到大天明。

活动三 做花灯

活动背景

最近幼儿都在为元宵节做准备，他们对做花灯产生了探究的兴趣，花灯的制作方式是他们新的兴趣点。于是，教师和他们一起收集各种花灯的图片、花灯制作方法的视频，尝试制作花灯。

材料准备

牛皮筋、小木棍、胶水、双面胶、水彩笔、绳子、毛根、宣纸、彩色卡纸、剪刀等，花灯照片。

活动描述

1. 了解花灯的制作方法。

通过花灯实物或图片了解到花灯是用布、小木棍、纸做成的，由外皮、骨架和里面的蜡烛或灯泡三部分组成。

2. 讨论制作花灯可以使用的材料。

幼儿说出美工区的一些材料：小木棍、胶水、双面胶、牛皮筋、纸、水彩笔。

3. 讨论制作材料和步骤，探索花灯的制作方法。

幼儿根据自己的经验表达想法，先做好骨架再做外面的外皮。

教师：骨架用什么来做？怎样连接呢？

佳佳：可以用美工区里的小木棍做。

子言：我们可以用绳子把小木棍连接起来。

4. 幼儿初次尝试制作。

幼儿在制作的过程中发现了不容易固定的问题，于是讨论如何固定骨架的连接处。个别幼儿介绍自己用牛皮筋、毛根固定的方法，他们发现牛皮筋、毛根可以绕在连接处，还可以用双面胶粘贴，胶水的用处不大。

幼儿总结出方法：先用小木棍做花灯的骨架，可以用牛皮筋和毛根、双面胶等材料固定，再粘贴上宣纸。

5. 幼儿继续制作。

毛毛将两根小木棍接口处交叉，然后用毛根绕在接口处，搭成了一个长方形。

6. 展示幼儿作品。

教师和幼儿一起布置班级里的花灯展，幼儿欣赏。

活动延伸

1. 区域游戏：在美工区提供更多类型的低结构材料，供幼儿继续制作不同造型的花灯。

2. 环境创设：将幼儿自制的花灯布置自留地，幼儿互相欣赏、讨论，进一步激发模仿、参与的愿望。

关键经验

1. 了解花灯的传统制作工艺。

2. 探索尝试用合适的材料，用捆扎的方法制作花灯，并进行装饰。

3. 在大胆想象和创造中感受花灯的美。

活动四　荷花灯

活动背景

在众多的花灯造型中，荷花灯是最具代表性的花灯，幼儿谈论最多的就是他们看到的荷花灯。那么，荷花灯是什么样子的？本活动中，幼儿通过观察荷花灯的外形以及细节特征，大胆尝试用合适的积塑材料表现荷花灯，感受荷花灯的造型美、色彩美。

材料准备

荷花灯2—3盏，荷花灯图片若干，雪花片若干。

活动描述

1. 幼儿观察荷花灯花瓣的造型。

佳佳：花瓣的下面圆圆的，上面尖尖的。

成成：荷花灯的花瓣是粉红色的，叶子是绿色的。

教师：荷花灯的里面有什么呢？

贝贝：里面有花芯，是圆形的。

幼儿发现荷花灯由顶部、底座和中间的笼体组成，底座是圆的，有一片片的花瓣向外张开，花瓣是圆圆的、尖尖的，中间有花芯，像一朵荷花一样。

2. 讨论拼插的方法并参与建构游戏。

教师：如果用拼插玩具来表现荷花灯，你觉得可以怎样表现？

年年：我想用雪花片来拼插荷花灯。桃桃和佳佳在表现荷花灯时出现了困难，怎么拼插都不能表现出张开的花瓣。

教师：荷花灯的花瓣怎样表现？怎样让荷花灯的花瓣向外张开？

诺诺分享了自己的方法：先搭一个圆圆的底座，然后在底座的上面拼插雪花片。

3. 展示、欣赏。

教师：你是用什么方法表现出荷花灯上一层一层的花瓣的？

果果：先搭花的底座，然后搭竖起来的花瓣。

言言：用大红色的雪花片搭花瓣，用绿色雪花片搭绿绿的叶子。

甜甜搭的荷花灯花瓣和花芯是连在一起的。

活动延伸

1. 区域游戏：在建构区幼儿继续寻找各种适宜的积塑材料，拼插荷花灯。
2. 环境创设：展示幼儿收集的、自己亲手拼插的荷花灯作品和相关图片，布置元宵节的节日环境。

关键经验

1. 通过观察、欣赏，了解荷花灯花瓣由中心向外扩散的细节特征。
2. 探索运用合适的材料拼插出荷花灯，体现主要特征。

图 6-1　荷花灯（一）

图 6-2　荷花灯（二）

图 6-3　荷花灯（三）

图 6-4　荷花灯（四）

活动五　动物花灯

活动背景

除了荷花灯，幼儿对动物造型的灯也很喜欢，他们还从家里带来了各种动物灯，有兔子灯、小猫灯、金鱼灯。本活动中，幼儿通过观察实物和图片，了解动物灯的造型，尝试用合适的积塑材料表现各种动物灯的特征。

材料准备

动物灯的实物、图片，积塑材料。

活动描述

1. 幼儿观察实物兔子灯，了解兔子灯的基本组成部分和特征。

教师：这是什么灯？它是什么样子的？由哪几部分组成？

幼儿观察图片，讲述自己的发现。又又说这是兔子灯，它有耳朵、身体，还有尾巴。甜甜说兔子灯有头、身体，头上还有长长的耳朵，它的肚子里是放蜡烛的。他们发现兔子灯由头、身体、四肢等几部分组成，头上还有两只长长的耳朵，就是一个小兔子的造型。

2. 幼儿观察其他的动物灯图片。

教师：你们还喜欢什么造型的动物灯？

幼儿提到自己喜欢的灯有金鱼灯、小熊灯、老虎灯。

幼儿观察动物灯的外形特征，发现动物灯都是由头、身体、四肢组成的，每种动物在头部有一些细节的不同，特别是耳朵有不同的造型。

3. 幼儿讨论如何运用积塑材料表现动物灯。

言言说要搭出这个动物的样子；佳佳说想用 U 形玩具搭一个小动物的头，然后两边有耳朵；诺诺说想用雪花片搭一只小鸟灯。

幼儿选择合适的材料搭动物灯，表现出动物的主要外形特征。如果搭全身的动物要将动物的各个部位连接起来，动物的每个部位可以用不同颜色来区分。幼儿没有搭建成功也没有关系，教师鼓励其再换一种方法或材料试一试。

4. 幼儿参与建构动物灯的游戏。

诺诺用雪花片拼插了一个圆圈，然后在圆圈上拼插了两个长长的"耳朵"，然后他又继续拼插"身体"，先拼插了一根长条，然后把长条加宽，最后和"头"连接在一起。

瑶瑶用万能工匠拼搭，她在圆圆的黄球上拼插了一小块蓝色关节，然后又拿了一个圆球，用一个关节材料把两个圆球连接在一起，又拿两个绿色片片插在圆球的两边。

5. 作品欣赏及展示。

幼儿介绍自己拼插搭建的动物灯，大部分幼儿表现出了兔子灯、小猫灯、小鸟灯。有的幼儿搭建了动物的全身，有的幼儿拼插搭建了动物的头，表现出这个动物花灯的典型特征。

活动延伸

1. 区域游戏：在建构区继续尝试表现不同动物造型的花灯。
2. 环境创设：在自留地中展示自己的动物花灯建构作品。

关键经验

1. 通过观察和讨论了解动物花灯的基本组成部分。
2. 能动手动脑探究材料、建构动物花灯，表现其基本造型和细节特征。
3. 愿意和同伴分享、交流自己的动物花灯作品，进一步感受动物花灯的多样性。

图 6-5　动物花灯（一）

图 6-6　动物花灯（二）

图 6-7　动物花灯（三）

图 6-8　动物花灯（四）

活动六　宫灯

活动背景

幼儿在看花灯展时发现有一种灯的造型独特，样子有点像古代的灯，于是展开了调查和讨论：原来这种灯叫宫灯，造型和古代人用的灯一样，有很多漂亮的装饰。本活动要解决的问题是宫灯可以怎样用积塑材料来表现，幼儿在观察宫灯的造型和细节部分后尝试拼插，感受中国古代宫灯的造型美。

材料准备

不同造型宫灯 2—3 盏，积塑材料，喜庆的音乐。

幼儿园建构项目活动（中班）

活动描述

1. 幼儿初步了解宫灯。

幼儿在参观花灯展的时候发现了一种造型很有特色的灯，叫作宫灯，又叫宫廷花灯，是中国古代彩灯中富有特色的手工艺品之一。

2. 幼儿观察宫灯的独特外形。

凯凯说它是长方形的，上面还有许多花纹。洁洁说宫灯像一个桶一样，上面还有很多翘起来的东西。

教师：宫灯与其他的花灯有什么不一样的地方？

诺诺说它长长的，中间是空的，上面有很多花纹。佳佳说上面有图案，还有很多颜色。汉堡说宫灯上面像有个帽子一样，还有挂下来的坠子。

教师：宫灯有底座和顶，还有坠子。宫灯在色彩上以黄色和红色居多，有浓浓的中国风。

3. 师幼讨论如何用拼插材料来表现宫灯。

强强说先搭一个圆筒，然后再加一根竿子，把它们连接起来，涛涛说想搭一个圆形的宫灯。

教师：怎样表现出圆形的宫灯呢？

小北说把骨架连起来，中间是空的。佳佳说先插一朵花，再把它围起来。

4. 幼儿尝试拼插自己喜欢的宫灯。

在搭建过程中幼儿遇到了问题。小北：这个上面像帽子一样的地方不好搭。

强强说想搭一个翘起来的地方，可是一插就掉下来了。

教师：怎样表现出长方形宫灯上的顶和翘起来的地方？

接着几个尝试成功的小朋友开始介绍自己的想法。凯凯说先搭中间，再插一些长长的角翘起来。又又说搭了一个顶，上面要比下面搭得大一些。

师幼小结：先拼出中间的部分，再拼插顶，顶要比中间大一些，翘角可以拼插在顶上，注意对称。

5. 展示、欣赏、交流作品。

幼儿互相交流自己是怎样表现宫灯的细节部分的。

活动延伸

1. 区域游戏：在美工区画宫灯设计图，进行创意表现。

2. 环境创设：将作品进行展示，幼儿互相欣赏，继续完善自己的作品；将幼儿在建构时出现的问题和解决方法以儿童海报的方式呈现。

关键经验

1. 能在比较的基础上，归纳事物的特征与异同，进一步了解宫灯的外形特征。

2. 能用合适的材料表现出宫灯的细节部分。

3. 欣赏宫灯的造型美，能用多种材料表达自己的感受和想法。

图 6-9 宫灯（一）

图 6-10 宫灯（二）

图 6-11 宫灯（三）

图 6-12 宫灯（四）

活动七　花灯分类

活动背景

幼儿拼插出各种各样的花灯，并把自己制作表现的花灯也用在"花灯店"的游戏当中，结果出现了花灯太乱找不到的问题。本活动中，教师和幼儿一起讨论花灯的分类问题，尝试将花灯按照不同的特征进行分类。

材料准备

花灯若干，每人一个分类板，动物、交通工具、昆虫、宫灯、植物、建筑的标记。

活动描述

1. 幼儿观察"花灯店"游戏中的问题。

幼儿发现"花灯店"里的花灯摆放得太乱，到处都是。顾客来买花灯时，想要买的花灯找都找不到。

2. 幼儿讨论整理花灯的方法。

幼儿提出可以将花灯摆放整齐，并进行分类，这样想要买的花灯一下就能找到了，顾客也能够了解有哪些种类的花灯。

经过讨论，幼儿将花灯分成了动物灯、宫灯还有交通工具灯等几大类。

3. 幼儿分组给花灯设计标记。

幼儿给花灯设计标记，并贴在柜台上，将花灯进行分类。

4. 集体检查验证。

师幼一起验证每种标记的花灯是否摆放正确。

5. 再次发现问题，尝试进行二次分类。

幼儿发现分好的花灯除了种类不一样，花灯的大小也不一样，于是将花灯进行二次分类，分出大的和小的，亮灯的和不亮灯的花灯。

同伴间再次检查和验证。

6. 幼儿游戏。

幼儿将花灯进行整理后再次玩"花灯店"的游戏。

活动延伸

区域游戏：幼儿在"花灯店"的角色游戏中继续进行整理和分类，并在美工区里设计花灯标记，记录每种花灯的数量。

关键经验

1. 了解花灯的不同种类，能根据花灯的种类、大小等特征，进行二次分类。
2. 感受数学在生活中的有用和有趣。
3. 设计花灯的标记，表现出不同种类花灯的典型特征。

分支二　坐游船看花灯

活动八　画舫（一）

活动背景

在游秦淮河的分享中，幼儿提到秦淮河上的交通工具——画舫，画舫是什么样子的？本活动中，幼儿了解画舫的来历，观察画舫的造型，用美工形式表现自己对画舫的认识。

材料准备

画舫的图片、幼儿坐画舫的照片、画舫外部构造的图片，勾线笔、水彩笔、纸。

活动描述

1. 幼儿欣赏游秦淮河乘坐画舫的图片。

通过观察画舫的图片，幼儿发现画舫是有顶和窗户的，能看到外面。有的幼儿说画舫有点像古代的房子，房子在船上，船里面有很多的座位。还有的幼儿发现船是红色的，船头尖尖的。

教师：有飞檐、柱子，像亭子，船头是尖尖的，这种船叫作画舫。

2. 幼儿对比并观察画舫和现代船的区别。

幼儿迁移已有经验进行对比。杰杰说这个船有柱子，有点像古代人的房子。强强说这个船的顶和我们现在的船不一样。花花说这个船像亭子，而我们现在坐的船没有亭子，并且这个船窗户上的花纹有点像宫灯的花纹。

师幼小结：画舫是古代的一种船，船身很像古代建筑的亭子，现在是用来给游客游览用的。

3. 幼儿观察各种画舫的外形特征，感受画舫的不同造型。

教师：这艘画舫是什么样子的？它们有什么不一样？

言言说房子不一样，这艘画舫的房子中间矮一些，两边高一些。诺诺说这艘画舫中间是一个亭子，没有窗户。

幼儿发现有的画舫船身是两边高、中间低的亭子，有的两边有亭子，有的只有一个亭子。

4. 幼儿尝试创作表现。

教师：你想设计一艘怎么样的画舫？

幼儿自己设计绘画不同造型的画舫。

有的幼儿画出了船身，上面是亭子的造型，有的幼儿在船上画出了古代的房子，还有飞檐。

5. 展示作品，互相交流和欣赏。

幼儿和同伴交流自己表现的画舫。

活动延伸

1. 区域游戏：在建构区提供清水积木、废旧材料，幼儿尝试用小型建构材料搭建画舫。
2. 晨间谈话：幼儿介绍自己设计的画舫。
3. 环境创设：将幼儿绘画的画舫、收集的画舫图片和模型进行展示。

关键经验

1. 认识画舫，感知中国古代画舫的特征。
2. 在对比观察的基础上用多种表征方式尝试自由表现、创作不同造型的画舫。
3. 愿意用各种色彩装饰画舫，感受自由创作的快乐。

活动九　画舫（二）

活动背景

幼儿对画舫的名称、外形特征、作用有了初步的认识，设计绘画画舫后，他们想搭建自己设计的画舫。本活动中，幼儿再次观察了解画舫的外形、组成部分以及内部结构，尝试运用大型的碳化积木表现可以坐进去玩的画舫。

材料准备

画舫外部和内部的图片，幼儿自己设计的画舫计划图，碳化积木。

活动描述

1. 幼儿分析画舫的基本特征。

幼儿再次观察画舫的特征，了解画舫的组成部分。

又又说画舫有船头、船尾。汉堡说画舫有中间的房子，还有船头、船尾。

教师：中间的房子是画舫的船舱，顶叫作华盖。

幼儿观察画舫图片，观察分析画舫的各部分：船体、船舱、华盖。

2. 幼儿观察分析华盖的造型。

大宝：我看到有两个华盖的画舫。

宝宝：我和爸爸妈妈坐的画舫有长长的华盖。

幼儿发现画舫最漂亮的是顶部的华盖，有的像亭子，有的像宝塔，还有的华盖是双层的，虽然画舫上的华盖各不相同，但是，它们都有一个共同的特点就是有翘起的飞檐。

3. 幼儿观察画舫的内部特征。

幼儿发现画舫里面有很多座椅，座椅在船体的两边，坐在座椅上可以看河岸两边的风景。

4. 幼儿和同伴合作游戏，根据自己设计的画舫进行搭建。

教师：怎样搭建一艘可以坐进去的大型画舫？可以用什么材料？

幼儿提到可以使用幼儿园里的户外大型碳化积木。

5. 幼儿尝试用大型碳化积木搭建画舫。

幼儿根据前期制订的计划图进行微调，分组搭建。

言言和涛涛这组，在搭建时给画舫盖了一个顶，但当果果坐进去的时候，顶就倒了，他们开始争论，"就是你把顶弄倒了"，接着他们开始修画舫的顶，可是修好以后，当小朋友再次坐进去时，顶又倒了。

幼儿进行讨论：为什么一有人坐进去就会倒？怎样搭建一个合适的华盖？

言言说因为搭的这个华盖太矮了。果果说：对，这个华盖太矮了，小朋友根本坐不进去，我们要把华盖搭高一些。

幼儿寻找到解决问题的方法后继续搭建，这次他们用了更高的碳化积木，并且小心翼翼地坐进去，他们还在华盖上用半拱门碳化积木搭建了飞檐。

6. 欣赏和交流作品。

幼儿介绍各自搭建的画舫。

活动延伸

区域游戏：幼儿在角色游戏中布置花灯展，坐画舫、赏花灯。

关键经验

1. 进一步认识画舫，感知画舫船体、船舱和华盖的形体特征。
2. 迁移关于船的建构经验，能初步根据自己的计划图表现画舫的内部、外部特征。

图6-13 画舫（一）

图6-14 画舫（二）

图6-15 画舫（三）

图6-16 画舫（四）

活动十　坐画舫，赏花灯

活动背景

幼儿在坐画舫、赏花灯游戏中遇到了大家抢着坐画舫、没有秩序的问题。本活动中，教师和幼儿针对这个问题进行讨论，引导其迁移生活经验，制定坐画舫的游戏规则。

材料准备

幼儿搭建的画舫、花灯，纸，笔。

活动描述

1. 幼儿回忆自己坐画舫、赏花灯的经验。

幼儿讲述自己在秦淮河上坐画舫时是怎样上船、坐船、赏花灯的。

果果：我和爸爸妈妈先买票，检票以后再上船的。

甜甜：上船后大家都坐在自己的座位上，没有人跑来跑去，因为跑来跑去很危险。

2. 幼儿分小组讨论坐画舫、赏花灯的游戏规则。

幼儿分小组讨论在游戏中出现的问题，并将问题和解决的方法用简笔画的形式简单记录下来。每组请个别幼儿进行介绍和分享。

教师将幼儿的问题以及解决方案进行汇总。

问题1：不买票就上船，很乱——由专人来售票，乘客需买票、检票上船。

问题2：不知道从哪里上船、哪里下船——设置上船、下船标志。

问题3：船上没有人管理——游戏安排两个工作人员，一个划船，一个维持秩序。

3. 幼儿设计游戏规则牌。

幼儿将游戏规则画下来，设计自己的游戏规则牌。

4. 游戏实践。

幼儿游戏，按制定的规则进行游戏。

活动延伸

晨间谈话：若游戏中出现新的问题，利用晨间谈话活动讨论后将新的规则添加进游戏规则牌中。

关键经验

1. 迁移生活经验，设计坐船游戏规则牌。
2. 在游戏中能与同伴友好相处，与同伴发生冲突时能在他人帮助下协商解决。
3. 愿意大胆地表达自己的发现，体验交流的快乐。

线索描述

线索二　游秦淮

秦淮风光带除了可以观赏花灯，还有一些特色的古代建筑。幼儿通过实地考察、亲身体验、观察欣赏，了解中国古代建筑的造型特征，并尝试用各种建构材料搭建，和同伴商量讨论秦淮风光带的布局，玩起了游秦淮的游戏。

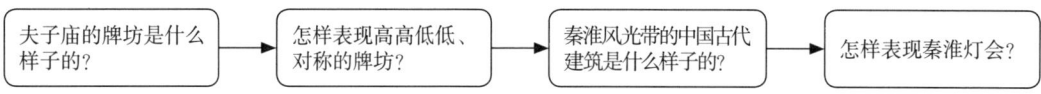

夫子庙的牌坊是什么样子的？ → 怎样表现高高低低、对称的牌坊？ → 秦淮风光带的中国古代建筑是什么样子的？ → 怎样表现秦淮灯会？

活动一 牌坊（一）

活动背景

幼儿提到，他们在夫子庙看到了"大门"，这个"大门"是干什么用的呢？跟随这个疑问，他们进行了研究调查。本活动中，幼儿分享自己的调查结果，尝试用绘画的方式表现出牌坊的建筑特征。

材料准备

夫子庙秦淮风光带各种牌坊的图片，纸、笔。

活动描述

1. 幼儿分享对牌坊的调查，了解牌坊的由来及作用。

教师：这种古代建筑叫什么？牌坊有什么作用呢？古代人为什么要搭建牌坊？

师幼小结：牌坊又名牌楼，是古代人为了祭天所建，多为有传统特色的标志物，建于风景区或街区等入口位置。也有一些寺庙以牌坊作为山门，还有的是用来标明地名的。

2. 幼儿观察牌坊的特征，进行小组讨论。

幼儿观察到牌坊有柱子，有飞檐，两边的门是对称的。

3. 幼儿尝试用绘画的方式表现出牌坊的特征。

幼儿绘画时关注作品的对称性，以及飞檐的位置。

4. 展示、交流作品。

幼儿说一说自己画的牌坊造型。

活动延伸

区域游戏：幼儿继续观察各种牌坊的造型，在美工区绘画表现各种牌坊。

关键经验

1. 了解牌坊的由来及作用，初步了解古代建筑牌坊的特征。
2. 通过观察和了解，尝试用绘画的形式表现出牌坊对称的特征。
3. 喜欢观察生活中美的事物，感知中国古代建筑的造型美。

活动二 牌坊（二）

活动背景

幼儿对牌坊有了初步的了解以后，开始观察牌坊的细节特征，发现了门大小的区别、对称问题，以及门高度的不同。本活动中，幼儿尝试运用不同建构材料表现各种造型的牌坊，感受中国古代建筑牌坊的独特造型美。

材料准备

秦淮风光带各种牌坊的图片，清水积木、各类积塑玩具。

活动描述

1. 幼儿观察秦淮风光带牌坊的图片，回忆牌坊的建筑特征，并发现牌坊的多样性。

教师：这些牌坊是什么样子的？有哪些特点？和我们之前画的牌坊有什么不同？

果果说有高低不同的门。强强说每个门上都有飞檐。汉堡说最高的那个门有两层顶。砳砳说这个门很大，飞檐不一样，是尖尖的。

2. 师幼讨论用清水积木如何表现牌坊。

教师：怎样来表现对称的门？如何表现门的高低不同？

杰杰说两边门搭得一样就是对称的。子言说可以用高的柱子搭高的门。

3. 幼儿尝试合作搭建牌坊。

小治拿了两个大圆柱放在地上，又拿来了两个大圆柱，他把四个圆柱的位置调整了一下，分别放在四个角。接着他又去拿了四个圆柱，把这四个圆柱架在了刚才放好的四个圆柱上。然后对果果说：你去拿两个双倍块来，他把双倍块放在圆柱上，放好后他对小治说：好像"门"太小了。门太小了怎么办呢？用长一些的清水积木可不可以？于是他们把四倍块架在圆柱上，说：这次应该差不多了。果果说：旁边还有小门呢，怎么办？再搭一个小门。

在幼儿搭建过程中，教师引导个别幼儿再次观察牌坊的对称性。

4. 展示、介绍作品。

幼儿展示并说一说自己搭建的作品，欣赏同伴的作品。

活动延伸

区域游戏：在美工区继续设计搭建自己喜欢的牌坊，并设置在自己需要的游戏场景中。

关键经验

1. 通过观察，感受秦淮风光带牌坊的建筑特征及对称美。
2. 能用建构材料表现高高低低和对称的牌坊，并进行装饰。
3. 能和同伴讨论合作搭建牌坊，接受同伴的建议。

图 6-17 牌坊（一）

图 6-18 牌坊（二）

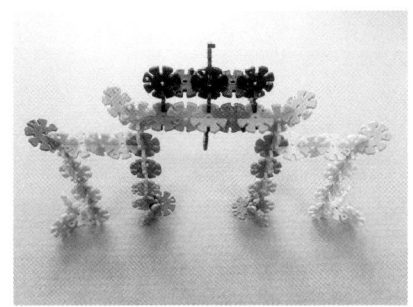

图 6-19 牌坊（三）

图 6-20 牌坊（四）

图 6-21 牌坊（五）

图 6-22 牌坊（六）

活动三　中国古代建筑

活动背景

幼儿在夫子庙秦淮风光带，初步了解了秦淮古建筑的风貌，感受了中国古代建筑的外形特征。本活动中，幼儿主要通过观察各种造型的中国古代建筑，运用清水积木表现出自己对中国古代建筑的理解。

材料准备

各种秦淮古建筑的图片，清水积木。

活动描述

1. 教师出示秦淮古建筑的图片，幼儿观察并表述古今建筑的区别。

子琰说这个房子比较矮，而现在的房子比较高。涛涛说这个房子跟画舫一样有柱子，有飞檐。汉堡说这个房子是古代人住的，有很多门、窗户、柱子。

幼儿发现中国古建筑的房屋比较矮、宽，有很多柱子支撑屋顶，有向上翘的飞檐，房子的两边是对称的。

2. 观察和欣赏各种中国古代建筑图片，感知中国古代建筑的不同特征。

教师出示中国古代建筑图片：这几座古代建筑有什么不同？

云云说这个古代建筑有两个屋顶，是双重檐。杰杰说房子上还有一个尖尖的顶。

教师小结：中国古代建筑有不同的造型，有一层飞檐的，也有两层飞檐的，有的还有尖尖的房顶，有的古代建筑是两层的，还有的是一层的。

3. 幼儿尝试搭建表现中国古代建筑。

云云拿了几根大圆柱放在四个角，然后拿来了四倍块往上架，他架好了一层以后，接着又去拿圆柱和四倍块，在两边又用同样的方法放了四个圆柱和四倍块，接着他在中间架好的地方又拿圆柱架了第二层，并拿了小半圆和小三角一块一块放，直到把"屋顶"放满。

幼儿进一步发现古代建筑的对称性，尝试用清水积木表现飞檐、窗户等细节。

4. 分享交流。

幼儿介绍、交流自己的作品。

活动延伸

区域游戏：在建构区提供各种类型的建构材料，幼儿根据自身兴趣搭建造型独特的中国古代建筑。

关键经验

1. 观察了解秦淮古建筑的建筑特点，感知古代建筑与现代建筑的不同。
2. 能用合适的材料表现中国古代建筑的细节特征。
3. 感受秦淮古建筑的风格与美。

图 6-23 中国古代建筑（一）

图 6-24 中国古代建筑（二）

图 6-25 中国古代建筑（三）

图 6-26 中国古代建筑（四）

活动四　夜泊秦淮

活动背景

各种五彩的花灯，小桥流水、古风建筑，河畔灯光与水纹交相辉映……古秦淮的迷人夜景给幼儿留下了深刻的印象。本活动中，幼儿迁移夜晚游秦淮的经验，尝试用美工方式创作表现古秦淮的美丽夜景。

材料准备

秦淮夜景的图片，刮画纸、刮画笔。

活动描述

1. 欣赏夜晚秦淮风光带的迷人景色，体验灯光的美。

教师：你在这幅图里看到了什么？

凯凯说看到了很多古代的建筑，还有很多灯。

多多说这幅图里有很多好看的花灯，还有秦淮河，河里有很多画舫，画舫里也有好看的灯。

果果说这幅图里有很多人，大家都在看五颜六色的花灯。

教师：这是什么时候的景色，你看到以后有什么感觉？

杰杰说这是夜晚的景色，因为有好多彩色的灯，河里也有灯的倒影。

大宝说这幅图看起来很美，充满色彩。

小宝说这是夫子庙秦淮风光带夜晚的景色，看起来非常漂亮，因为五颜六色的，是一幅彩色的图。

教师：哪里有灯光呢？

幼儿表述街道上、秦淮河边、画舫上都有五颜六色的耀眼灯光。

2. 讨论绘画材料和方法。

幼儿尝试刮画材料，讨论如何用刮画的方式表现出秦淮风光带夜晚的美。幼儿发现刮画笔是在刮画纸上刮出画面来的，可以先画出秦淮风光带的事物，如古代建筑、秦淮河、画舫等，然后再装饰好看的五颜六色的灯光。

3. 尝试创作秦淮风光带的美丽夜景。

幼儿在表现时画出了中国的古代建筑、秦淮河以及秦淮河里的古风画舫，并在街道上画了一些好看的花灯。

4. 展示作品，互相欣赏。

活动延伸

1. 区域游戏：在美工区利用颜料、排笔等作画工具，继续表现秦淮夜景。
2. 环境创设：收集一些秦淮风光带美丽景色的图片布置在照片墙，进行欣赏。

关键经验

1. 欣赏秦淮风光带的美丽夜景，感受生活中事物的美。
2. 熟悉新的作画工具，能尝试运用刮画的方式大胆地表现自己的所见所想。

活动五　十里秦淮

活动背景

幼儿通过观察和体验，搭建了夫子庙里的各种古建筑，他们还想要表现一个完整的秦淮风光带，玩游览游戏。怎样合理布局各种建筑是本活动要解决的问题。本活动中，幼儿通过回顾、讨论、分组制订搭建计划，一起合作搭建秦淮风光带，体验整体布局、合作搭建的成就感。

材料准备

秦淮风光带的地图，秦淮风光带的视频，纸、笔。

活动描述

1. 了解秦淮风光带建筑群的布局。

观看视频回忆秦淮风光带的景象，涛涛说牌坊在夫子庙入口处。果果说古代建筑在街的两边，中间还有亭子。杰杰说画舫在秦淮河上。

幼儿发现秦淮风光带很长，有古代房屋、亭子、小桥、画舫、牌坊、城墙，这些分别在秦淮风光带的不同位置。

2. 集体制订秦淮风光带的搭建计划。

教师：这么多建筑和画舫应该放在什么地方？每个建筑物可以搭在哪里，搭几个？

嘉禾说他去夫子庙的时候，看到牌坊是在入口处。诺诺说看到两边有中国古代建筑，中间还看到了一座亭子。汉堡说坐画舫的地方还有一个牌坊。

教师根据幼儿说的内容，画出整体计划图。

3. 分组制订搭建计划。

幼儿按各类建筑进行分组，并具体制订小组计划。

小组讨论搭建各个建筑物及画舫的位置、个数、搭建的样式：中国古建筑4座，亭子2座，牌坊3座，画舫4艘。

4. 集体参与搭建游戏。

幼儿将搭建计划图放在自己讨论的搭建位置，然后开始布置、搭建游戏场景。

教师重点指导幼儿分工合作搭建一组建筑物，提醒幼儿注意布局合理。

5. 展示、评价、欣赏。

师幼共同欣赏搭建得整齐、美观、完整的秦淮风光带。

活动延伸

区域游戏：幼儿在角色游戏中继续搭建建筑物，增加表演和小吃游戏内容，并拿自己拼插表现的花灯进行布置，玩赏花灯、游秦淮的游戏。

关键经验

1. 了解秦淮风光带的建筑布局。
2. 通过分工合作、制订计划，初步尝试和同伴合作布局秦淮风光带。
3. 进一步感受秦淮风光带的建筑群的美，激发热爱家乡的情感。

图 6-27　秦淮风光带（一）

图 6-28　秦淮风光带（二）

图 6-29　秦淮风光带（三）

图 6-30　秦淮风光带（四）

四、关键经验

```
关键经验
├── 健康
│   ├── 能使用简单的刮画等工具，手的动作灵活协调。
│   └── 能保持愉快的情绪参与游戏，不高兴时能较快缓解情绪。
├── 语言
│   ├── 能基本完整地讲述自己的所见所闻及看灯会的事情。
│   ├── 能根据图片收集提供的信息说出花灯的内容，讲述比较连贯。
│   └── 愿意和同伴分享、交流自己的花灯作品和美感体验。
├── 社会
│   ├── 理解坐游船的游戏规则，并能主动遵守规则。
│   ├── 在游戏中能与同伴友好相处，与同伴发生冲突时能在他人的帮助下协商解决。
│   ├── 能和同伴讨论合作搭建牌坊等中国古代建筑。
│   ├── 通过分工合作、制订计划，初步尝试和同伴合作布局秦淮风光带。
│   └── 感受秦淮风光带的建筑群风光，激发热爱家乡的情感。
├── 科学
│   ├── 通过调查，收集关于南京人过元宵节的节日风俗。
│   ├── 通过观察欣赏，了解荷花灯花瓣由中心向外扩散的细节特征。
│   ├── 了解动物花灯、宫灯的基本组成部分。
│   ├── 了解花灯的种类、大小等特征，进行二次分类。
│   └── 尝试运用各类建构材料搭建画舫、花灯、牌坊、古代建筑等物体，表现出主要结构特征。
└── 艺术
    ├── 尝试选择合适的材料用捆扎的方法制作花灯，并进行装饰。
    ├── 欣赏荷花灯、宫灯、动物灯的造型美，能用多种材料表达自己的想法和感受。
    ├── 愿意用各种色彩装饰画舫，创作不同造型的画舫。
    └── 喜欢观察生活中美的事物，感知中国古代建筑及花灯等手工艺品的美。
```

项目七
可爱的动物

一、项目缘起

　　动物是幼儿的朋友,在他们的心目中,动物世界神秘又有趣。高大威武的老虎、轻盈微小的蜜蜂、草地上奔跑跳跃的兔子……动物始终生活在幼儿的视野中,他们对动物有一种天生的亲近感。幼儿园饲养的小兔子生宝宝了,可爱的兔宝宝们成为幼儿聊天的热门话题:"兔妈妈生了几个宝宝啊?""它们和妈妈长得一样吗?""我们家的小猫也生宝宝了!"

　　除此之外,小农场里飞舞的蝴蝶、蜜蜂,也是幼儿关注的焦点,因此"可爱的动物"项目活动就此开始了。动物有哪些不同的种类?它们有哪些本领?有哪些典型的特点?生活的家园是什么样子的?按照各自不同的兴趣点,幼儿成立研究小组,进行有重点的调查和研究,以建构的方式表现出自己喜欢的动物以及与动物有关的事物,从平面到立体的动物,从一种到各种类、姿态的动物,一个有趣的动物家园就这样出现了,他们置身其中愉快游戏,感受动物的可爱、有趣。

二、发展线索

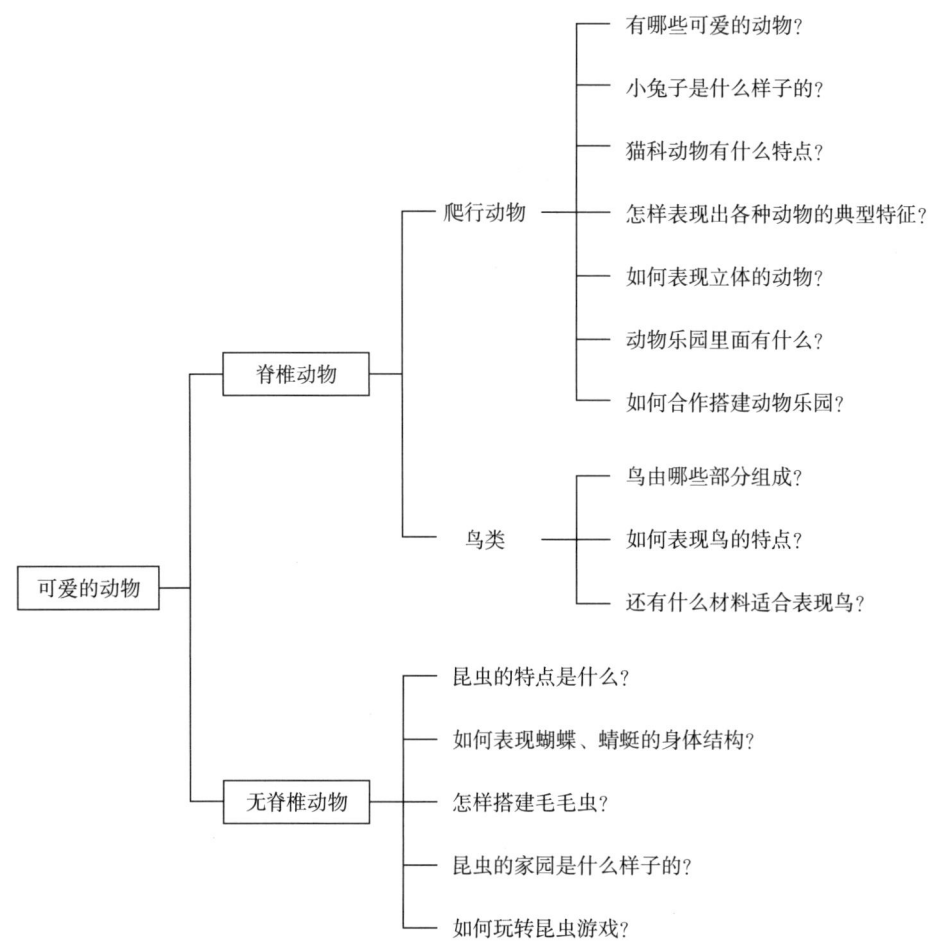

三、具体活动

线索描述

线索一　脊椎动物

本线索中，幼儿主要研究爬行动物和鸟类，通过调查研究，梳理出脊椎动物的特点，综合各种建构材料表现出立体的动物形象，并不断丰富动物乐园的内容。幼儿直接与动物对话，玩转动物乐园的游戏，感受人和动物的亲密关系。

分支一　爬行动物

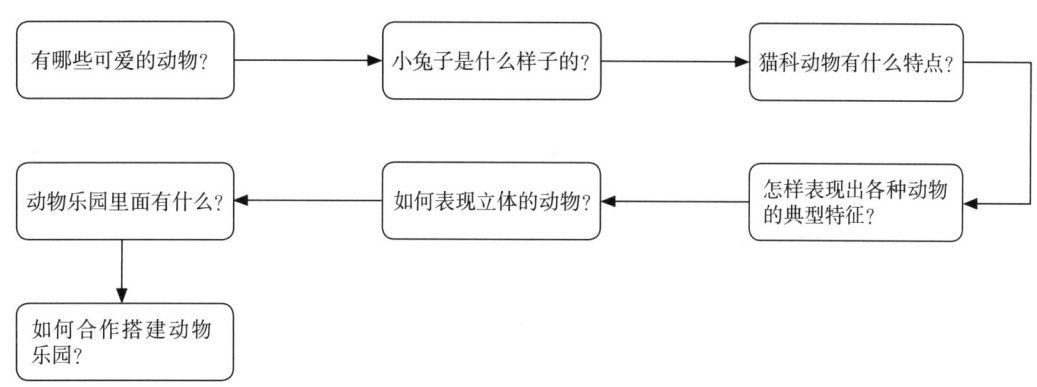

活动一　我喜欢的动物

活动背景

幼儿和动物天生有着很亲密的关系，他们对动物的本领、外形特点、居住环境充满了好奇。根据各自喜欢的动物，幼儿分成不同的研究小组进行有重点的研究。本活动中，幼儿分享自己喜欢的动物，初步了解不同种类的动物特征，用绘画的方式表达自己的认识。

材料准备

《我喜欢的动物》调查表，勾线笔。

活动描述

1. 围绕自己所喜欢的动物进行讨论。

幼儿结合调查表，分享自己喜欢的动物，主要提到了动物的外形、本领及习性几个方面，调查相同动物的幼儿进行补充。

2. 交换调查表，了解各种动物的特点。

幼儿和同伴相互交换调查表，彼此分享所研究的动物。幼儿发现动物们生活在陆地、海洋，它们的外形特征、生活习性都不一样，有着自己的特点。

3. 尝试用绘画的方式表现动物。

幼儿用绘画的方式表现出自己所研究的动物的典型特征，适当涂色表现出它生活的环境。

4. 分享交流，评价作品。

幼儿在集体中介绍自己的作品，主要针对动物的典型特征进行讲述。

活动延伸

1. 区域游戏：将《我喜欢的动物》调查表投放在班级的语言区里，幼儿自主翻阅，丰富关于动物的认知经验。

2. 晨间谈话：幼儿准备材料，介绍各种各样的动物。

3. 家园共育：家长带领幼儿搜集动物的相关资料或实地参观、饲养动物。

关键经验

1. 通过简单的调查，收集动物的信息并制作相应的调查表。
2. 能基本完整、比较连贯地介绍自己喜欢的动物，了解并发现它们的多样性。
3. 用绘画等方式表现自己所研究动物的典型特点，体验艺术活动的乐趣。

附：调查表

表 7-1 我喜欢的动物

（绘画或剪贴方式完成）

动物的名称	它的样子	它的生活习性	它的典型特征	它的本领

活动二　可爱的小兔子

活动背景

活泼可爱的小兔子，是幼儿最容易见到并且可以饲养的小动物。小兔子有毛茸茸的短尾巴、红色的大眼睛以及典型的三瓣嘴。本活动中，幼儿通过看一看、摸一摸、听一听，从多角度了解小兔子的典型特点。

材料准备

两个品种的小兔子各一只，小兔子爱吃的食物，记录表。

活动描述

1. 回忆小兔子的特点。

幼儿结合幼儿园里饲养的小兔子，回忆小兔子的特点，并提出了实地观察小兔子的想法和意愿。

2. 综合运用各种感官感知小兔子。

面对可爱的小兔子，幼儿仔细观察小兔子的身体、尾巴、五官、皮毛、颜色、粪便，发现小兔子基本由头颈部、躯干部、四肢和尾巴四部分组成，它的身体表面覆盖着毛茸茸的毛，尾巴短小，像一个球，它的眼睛是红色的，嘴巴是三瓣嘴，耳朵比较小。幼儿尝试触摸小兔子的皮毛，摸上去毛茸茸的，感觉既温暖又舒服。接着，幼儿用准备好的胡萝卜等蔬菜以及青草喂小兔子，他们发现这些食物小兔子都喜欢吃。它吃东西的时候小嘴儿一撮一撮的，腮帮子鼓鼓的。它在咀嚼食物的时候很安静，除非吃脆的东西才会发出声响。

3. 记录总结小兔子的特点。

幼儿观察记录表，了解表格中每一个图标所表示的意思，用绘画的方式记录下自己所发现的兔子特点。通过集体中的展示和分享，幼儿发现兔子都有长长的耳朵，四条腿，它的后腿比前腿长，方便跳跃，尾巴是短短的，嘴唇有三瓣，是食草动物。

4. 继续了解其他品种的小兔子。

幼儿对小兔子产生了浓厚的兴趣，教师鼓励他们回家后了解一些其他品种的小兔子。

活动延伸

1. 区域游戏：美工区里提供勾线笔、纸等材料，幼儿自主绘画小兔子，表现出小兔子的典型特点；鼓励幼儿利用建构区里的各种积塑材料拼插小兔子；在科学区对比观察不同的小兔子，记录下它们的异同。

2. 日常活动：经常带领幼儿去饲养角观察小兔子，记录它们的生长变化。

关键经验

1. 喜欢接触小兔子，经常问一些与小兔子相关的问题。

2. 用图画和其他符号记录自己观察到的小兔子，通过看、摸、喂养等方式，大胆表述自己的发现。

3. 通过对比观察，发现不同品种兔子的相同与不同点，总结出兔子的共同特征和典型特点。

附：调查表

表 7-2 可爱的小兔子

我的发现 （用绘画的方式记录小兔子的典型特点）	1号小兔子	2号小兔子
眼睛		
嘴巴		
耳朵		
尾巴		
脚		

续表

我的发现 （用绘画的方式记录小兔子的典型特点）	1号小兔子	2号小兔子
腿		
皮毛		
粪便		
食物		

活动三 有趣的猫科动物

活动背景

猫是人类的好朋友，作为一种家养宠物，很多幼儿家里都饲养过它，在幼儿园常常也会有野猫出现。猫喜欢被人抚摸，幼儿也特别喜欢这种毛茸茸的感觉。本次活动以幼儿十分熟悉的猫为切入口，重点研究猫科动物的典型特征，为后续的建构活动做准备。

材料准备

有关猫科动物的多媒体课件，幼儿收集的猫、老虎、豹子等猫科动物的图片，猫科动物调查表。

活动描述

1. 回忆猫的特点。

幼儿谈论起早晨入园时，在幼儿园门口看到的小猫咪。有幼儿说它的皮毛是橘色的，身上有一条一条的花纹，有人靠近时它就跑开了。这引起了其他幼儿的共鸣，开始讲述自己所了解的有关猫的知识，如猫喜欢吃鱼，擅长捉老鼠，它的爪子非常锋利，是猫科动物的一种。

2. 分享图片，初步了解猫科动物。

幼儿拿着图片，在集体中分享自己调查的猫科动物，包括它的外形特点、生活习性、居住环境等。幼儿通过互相交流、分享，了解其他的猫科动物。

3. 了解猫科动物的典型特点及区别。

幼儿观看多媒体课件，了解猫、老虎、豹子、狮子等猫科动物，从外形特征、居住环境、生活习性等几个方面总结猫科动物的共性特征。

师幼小结：猫科动物都属于哺乳动物，喜欢吃肉，有敏锐的听力、灵敏的嗅觉，用四肢行走，都有胡须或触须。它们最大的区别就是外形，体型的大小也不一样，比如猫和老虎，另外它们的耳朵也各不相同，猫的耳朵长而尖，老虎的耳朵短而圆。

4. 提出问题，猜测答案。

幼儿提出了一些关于猫科动物的问题，比如猫科动物中，谁的体型最大？谁跑得最快？是不是所有的猫科动物身体上都有花纹？幼儿猜测后在绘本、网络上找到问题的答案。

活动延伸

1. 区域游戏：科学区里投放猫科动物的图片及记录表，幼儿观察并记录猫科动物的典型特征。
2. 晨间谈话：针对活动中所提出的问题，幼儿自主调查，在晨间谈话时进行解答。
3. 家园共育：家长带领幼儿日常观察小猫，或去动物园实地参观，了解更多的猫科动物知识。

关键经验

1. 能对老虎、豹子、猫等猫科动物进行观察、比较，发现这几种动物的相同与不同，并总结出猫科动物的典型特点。
2. 能通过观察猫科动物的图片提出自己想要了解的问题，并大胆猜测答案。
3. 喜欢猫科动物，有进一步探究猫科动物的愿望。

附：调查表

表 7-3　我喜欢的猫科动物

动物名称	外形特征	生活习性	居住环境

活动四　可爱的动物（一）

活动背景

活泼可爱的小动物，有着不一样的形象特点，吸引着幼儿用各种各样的形式将它们表现出来。本次活动是幼儿用积木建构动物的第一次尝试，重点是组合运用各种清水积木表现出动物的典型特征，塑造比较生动的动物形象。

材料准备

各种动物的图片，纸、笔，清水积木。

幼儿园建构项目活动（中班）

活动描述

1. 制订搭建计划。

幼儿思考想要搭建的动物，确定搭建时所使用的材料及数量，并制订搭建计划。

2. 分享计划，了解不同动物的结构特征。

幼儿分享制订的搭建计划。丁丁要搭建小狗，他说狗的主要特征是四条腿、浑身毛茸茸的、尖尖的牙齿和耳朵，可以用大半圆搭头、长板表现身体。可乐喜欢小猫，猫和狗最大的区别是猫的脸上有长长的胡须，她认为小方柱、小圆柱适合表现胡须。萌萌想要搭建兔子，兔子有长长的耳朵、圆圆的尾巴，考虑用小半圆、短板等积木表现。

3. 讨论搭建内容和方法。

每个幼儿都有自己想要搭建的动物，并针对每种动物不同的特点考虑需要用到的积木，思考搭建时可能会出现的困难，比如怎样才能搭得更牢固、不会倒，然后提出解决的方法。

4. 参与建构游戏。

幼儿与同伴寻找空地，共同搭建。

可乐要搭建小猫，首先，她将大拱形平放在地上，组合成圆形表示猫的头，左右两边各摆放一个小三角，这是猫的尖耳朵。接着，可乐搭建猫的身体，她将四倍块连接在头的后面，接着用两块双倍块和四倍块积木组合成长方形，猫的身体搭好了。她用小半圆组合成圆形放在头的中间位置，表示猫的眼睛，用一个半圆形表现出了猫的嘴巴，两边各放三根小方柱则是猫的胡须，最后，她用基本块搭建出了猫的四条腿，两根细圆柱表现出了猫的尾巴，这样一只小猫就搭建完成啦！

5. 欣赏与交流。

幼儿搭建的动物主要以平面为主，他们用各种积木组合拼摆的方式，表现了动物的主体和细节部分。

活动延伸

1. 区域游戏：在建构区根据动物图片或模型，用积木或积塑材料继续搭建动物，关注细节的表现；在美工区用超轻黏土塑造立体的动物形象。

2. 晨间谈话：围绕不同动物的特性进行分享和介绍。

关键经验

1. 能通过观察动物的典型特征，发现常见动物的基本组成部分。

2. 能基本完整地讲述自己所了解的动物，讲述比较连贯。

3. 能按自己的想法进行建构活动，敢于尝试有一定难度的活动和任务。

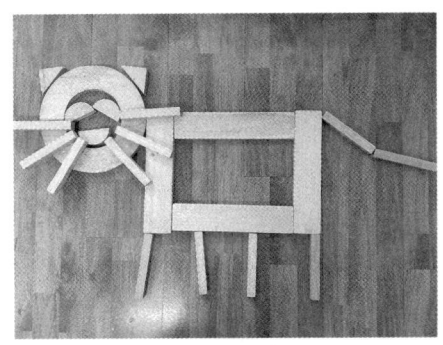

图 7-1 可爱的动物（一）

图 7-2 可爱的动物（二）

图 7-3 可爱的动物（三）

图 7-4 可爱的动物（四）

活动五 可爱的动物（二）

活动背景

除了平面的表现方式，表现出动感立体的动物形象是幼儿迫切想要挑战的任务。本活动中，幼儿通过观察不同动态、形态的动物，继续尝试用清水积木表现出站立起来的动物，且注意作品的比例。

材料准备

计划图，上次动物搭建作品，动物图片，清水积木。

活动描述

1. 观察上次的动物搭建作品，讨论出现的问题。

教师：你们猜猜这是什么动物？在建构时有什么问题吗？

教师出示动物图片，幼儿再次了解动物立体造型的特点。生活中见到的小动物，多为站立、活动时的饱满的立体形象，它们的四肢是站立的，身体是饱满的，头是立起来的。

2. 讨论立体动物的表现方式。

幼儿思考自己想要搭建哪种动物，用什么样的搭建方式可以让动物站起来。基于搭建房子、火车等作品的已有经验，幼儿提出了先搭建动物的四肢，在此基础上搭建出动物的身体，运用架高、平铺等方法表现动物的立体造型。

3. 思考并绘制计划图。

幼儿思考所要搭建的动物并绘制计划图，内容包括动物的外形特点、选用的材料等。绘制完成后，幼儿结合计划图在集体中进行分享和介绍。

4. 根据计划图，搭建立体的动物形象。

可乐要搭建立体的小猫，首先，她用四根高圆柱和四倍块进行组合，并用双倍块积木铺平，就这样搭了两层，基本块围合中间部分，这样猫的身体就搭好了。可乐用圆柱将大拱形架高，组合成一个圆，然后在上面架了一个大拱形作为头的上半部分。她用两个小半圆分别放在两边，表示猫的眼睛，猫的胡须用三个小方柱分别放在左右两边来表现。她拿了两个正方形积木立在大拱形的后面，接着将两个小三角形放上去，小猫的耳朵就有了。最后，她用双倍块搭出了猫的尾巴，一只立体的小猫就搭好啦！

5. 展示与欣赏。

幼儿介绍、互相欣赏作品，分享搭建立体动物的方法、在过程中出现的问题及解决的方法。

活动延伸

1. 区域游戏：在建构区用积塑玩具拼插立体的动物造型；在美工区用黏土和冰棒棍的组合表现立体的动物形象。

2. 环境创设：将幼儿的拼插作品展示在自留地里，超轻黏土作品整合成动物园的样子进行展示。

3. 家园共育：家长带领幼儿收集动物的图片和模型，帮助幼儿直观地了解动物。

关键经验

1. 能根据图片所显示的信息，了解动物的立体造型的特点。

2. 能按照计划图进行游戏，在搭建过程中敢于表达个人想法，语言清楚、丰富。

3. 敢于尝试从平面到立体搭建的任务，坚持完成建构活动。

图 7-5 可爱的动物（五）

图 7-6 可爱的动物（六）

项目七　可爱的动物

图 7-7　可爱的动物（七）

图 7-8　可爱的动物（八）

活动六　动物乐园搭建计划

活动背景

动物园是幼儿再熟悉不过的地方，他们想建造一个动物乐园。本次活动的核心是讨论动物乐园里面有什么，商量制订动物乐园的建构计划，创造一个充满乐趣、丰富多彩的动物乐园。

材料准备

动物的图片，纸、笔。

活动描述

1. 谈话回忆有关动物园的经验。

幼儿围绕动物园进行谈话，他们知道动物乐园里面有不同种类的动物，还有一些专为动物设计的游乐设施，比如攀爬架、跷跷板、滑滑梯等。

2. 讨论动物乐园的搭建计划。

针对动物乐园里居住着许多动物的情况，幼儿提出了分组搭建的想法。按照前期的研究小组分组划分成小狗组、兔子组、小猫组、乌龟组、小猪组和小羊组。

教师：每个小组准备搭建几只动物呢？它们都会在做什么？除了动物外，你们还准备搭建哪些设施呢？

幼儿分组讨论，分享自己的想法。

3. 绘制计划图。

幼儿分组绘制搭建计划图，内容包括动物的造型、所用的材料、人员分工等。

4. 欣赏与交流。

幼儿展示小组搭建计划图，从搭建的动物、选用的材料及其数量、小组成员的分工进行介绍。

活动延伸

1. 区域游戏：在美工区制作食物、装饰画，用于美化动物乐园的环境。

2. 环境创设：将设计完成的计划图展示在活动室的建构区，幼儿观察，加深印象。

3. 家园共育：请家长根据需要，帮助幼儿准备个性化的材料运用在动物乐园的建构中。

关键经验

1. 愿意与同伴谈论自己感兴趣的小动物，表达自己建构动物乐园的想法。

2. 绘画建构计划，表现出所搭建的动物造型及其他设施，标明所需要的材料及其数量。

活动七　玩转动物乐园

活动背景

幼儿都很喜欢动物乐园，难忘的游玩经历使得他们对建构动物乐园充满了信心。本次活动是在动物乐园搭建计划的基础上进行的，幼儿继续根据计划合理布局和分配场地，合作建构出动物乐园的场景。

材料准备

前期搭建动物及游乐设施作品图片，动物乐园搭建计划图，各种建构材料。

活动描述

1. 观察小组计划图，制订动物乐园整体搭建计划。

根据建构场地和各小组计划，共同制订出动物乐园的整体搭建计划。协商小狗组、兔子组、小猫组、乌龟组、小猪组和小羊组分别建构在场地的什么位置。

2. 梳理搭建前的准备工作。

小组内共同梳理小组的搭建计划，将搭建所需要的材料分类整理，做好搭建前的准备工作。

3. 分组按照计划图搭建。

各小组根据动物乐园搭建计划图到达指定的地方，明确各自的任务之后，参照计划图进行搭建。

六个动物小组分别搭建了小狗、小猫、兔子、小猪、小羊和乌龟六种动物和相关的设施，先完成作品的小组，用四倍块和基本块间隔排列的方式搭建出了动物乐园的墙，用两块相对而立的基本块表示动物乐园的大门，动物乐园搭建完成了！

4. 展示与欣赏。

幼儿轮流参观各个小组的作品，说出特别的地方。

活动延伸

1. 晨间锻炼：游戏中加入动物乐园的元素，比如兔子双脚连续跳、小猪跨等动物的各种典型动作，丰富幼儿的认知经验。

2. 环境创设：将幼儿搭建动物乐园的准备过程、遇到的困难、解决的方法和最终完成的作品及与作品的互动游戏照片用儿童海报的方式进行呈现，弥补活动后作品不能永久保存的遗憾。

关键经验

1. 能总结概括对动物及其相关用品的认知。
2. 通过观察计划图、与同伴商量，迁移原有经验表现动物乐园并利用辅助材料进行装饰。
3. 能在和同伴共同搭建的过程中，体会参与建构大型动物乐园的快乐。

图 7-9　动物乐园（一）

图 7-10　动物乐园（二）

图 7-11　动物乐园（三）

图 7-12　动物乐园（四）

分支二　鸟类

活动八　各种各样的鸟

活动背景

鸟是幼儿非常喜欢的动物。去动物园游玩的时候，他们会去鸟世界看一看。也有很多幼儿家里养过鸟，它们千姿百态，五颜六色，非常可爱。本次活动的主要任务是整合幼儿对鸟的相关认知，引导幼儿进一步了解鸟并提出自己感兴趣的问题。

材料准备

《各种各样的鸟》多媒体课件，《我喜欢的鸟儿》调查表。

幼儿园建构项目活动（中班）

活动描述

1. 听鸟叫声，进入鸟的世界。

幼儿听到音频中的声音，直接猜到是鸟的叫声。幼儿玩猜谜语的游戏，初步感知各种鸟的特征。

身穿黑长袍，尾巴像剪刀，爱在屋檐下，捉虫喂宝宝。（燕子）

说它像鸡不是鸡，尾巴长长拖到地，张开尾巴像把扇，花花绿绿真美丽。（孔雀）

有种鸟儿本领高，尖嘴会给树开刀，坏树皮全啄掉，勾出害虫一条条。（啄木鸟）

远看像只猫，近看像只鸟，夜晚捉田鼠，白天睡大觉。（猫头鹰）

2. 分享调查表，初步了解鸟的知识。

幼儿拿出自己的调查表，分享自己调查研究的鸟的知识，包括鸟的形态特征、生活习性、种类分布、生活环境等。

3. 成立研究小组。

在面向集体展示、介绍自己研究的鸟之后，幼儿根据鸟的种类分别成立研究小组：鸵鸟组、企鹅组、孔雀组、天鹅组、喜鹊组、鸭子组。

4. 了解鸟的共性特征。

幼儿观看《各种各样的鸟》多媒体课件，了解各种鸟的典型特征，从中总结出它们共有的特点：鸟的身体表面覆盖着羽毛，有一对翅膀，它们只有两只脚，嘴巴尖尖的，没有牙齿，都是用蛋繁殖后代，大多数都是善于飞翔的。

5. 记录关于鸟的问题。

幼儿用绘画的方式记录自己想了解的关于鸟的问题，集体分享时，有的问题被解答出来，大多数问题还需要通过查找资料寻找答案。

活动延伸

1. 晨间谈话：幼儿介绍和分享关于鸟的知识，或是解答其他人的问题。

2. 环境创设：将幼儿绘画出来的问题展示在活动室内，鼓励幼儿自主寻找问题的答案，也可以用绘画的方式进行解答。

3. 家园共育：请家长带领幼儿查找资料，寻找问题的答案。

关键经验

1. 通过经验分享，进一步了解各种鸟的特征，感知鸟的多样性。

2. 能较清楚、连贯地表述自己的发现。

附：调查表

表 7-4 我喜欢的鸟儿

鸟的名称	它长什么样子	它的生活习性	它有哪些种类	它有哪些生活习性

活动九　可爱的小鸟

活动背景

幼儿喜欢鸟、认识鸟，知道鸟的典型的形态特征，他们也想尝试用清水积木来搭一搭。本活动中，幼儿思考如何运用合适的积木和建构方法，表现出鸟的特点，且注意各个部分的连接。

材料准备

各种鸟的图片，清水积木、海报筒、雪花片、LAQ 等。

活动描述

1. 回忆并分享自己知道的鸟。

幼儿介绍孔雀、鸵鸟、企鹅、老鹰、天鹅、鸭子等不同的鸟类。

2. 观察图片，了解各种鸟的典型特点。

（1）观察孔雀的图片后，幼儿觉得孔雀非常漂亮，它的头顶有扇子状的羽冠，身体覆盖翠绿蓝色的羽毛，两只脚擅长奔走而不善飞行，雄孔雀比雌孔雀的体型大，雄孔雀有艳丽的尾羽，可以开屏吸引雌孔雀的注意。

（2）观察鸵鸟的图片后，幼儿发现鸵鸟的头很小，脖子长，两条腿比较有力，善于奔跑，有非常大的翅膀，但是不能飞翔。

（3）观察企鹅的图片后，幼儿发现企鹅的脚在身体的最下面，经常是站立的姿势，它的脚趾间有蹼，前肢成鳍状，羽毛比较短。

经过观察，幼儿发现鸟都是由头、身体、翅膀、羽毛和腿几个部分组成的。

3. 讨论鸟的表现方法。

幼儿知道鸟有两条腿，应该怎么表现出来，并使得鸟能稳固地站立？幼儿提出了将腿搭得粗一点、对称搭建等方法。羽毛部分也可以用积塑玩具表现，比如雪花片、LAQ。

4. 自由选择合适的空地搭建鸟。

鸵鸟组的朵朵利用海报筒表现出鸵鸟的腿，上面铺一个积木箱的盖子，再放上两块中空板组成鸵鸟的身体,为了保持平衡,他把鸵鸟的长脖子搭在了中间,最后用半拱门积木表现出头的部分。

孔雀组的特特先拿了许多高圆柱摆在中间,调整成一个紧凑的圆,中间的高圆柱上放一根短圆柱表示孔雀的颈,再放一个半拱门积木表示孔雀的头。为了表现孔雀开屏时的样子,他们将双倍块的一端放在圆柱上,另一端放一根高圆柱保持平衡,用同样的方法搭建了六个,摆上彩色的雪花片作为装饰,一个孔雀开屏的造型就完成了!

5. 分享与交流。

幼儿介绍小组合作搭建的鸟的作品,从鸟的外形特点、材料的运用方面进行讲述。

活动延伸

1. 区域游戏:在建构区用积塑材料表现立体的鸟的造型,并展示在幼儿的自留地里;在美工区绘画各种各样的鸟;在语言区阅读和鸟有关的图书。

2. 日常活动:在进行户外活动的时候,有意识地带领幼儿观察生活中的鸟。

关键经验

1. 能通过观察图片,感知鸟的基本结构和组成部分。

2. 能基本完整地讲述各种鸟的典型特点,讲述比较连贯。

3. 常常动手动脑探索各种建构材料,运用架高、围合、对称等方法,选用适宜的积木元件表现鸟。

图 7-13 可爱的小鸟(一)

图 7-14 可爱的小鸟(二)

图 7-15 可爱的小鸟(三)

图 7-16 可爱的小鸟(四)

活动十 鸟的王国

活动背景

鸟的形态各异，不同的材料可以表现出它们不同的特点，幼儿在第一次用清水积木表现过鸟后，提出还想建造一个神奇的鸟的王国的想法。本次活动的核心是用不同的材料建构鸟，打造一个精彩纷呈的鸟的王国。

材料准备

动物园里鸟的乐园的视频，各种形状的积木、积塑材料、LAQ、大塑料架子、雪花片、万能工匠，第一次用积木建构鸟的照片。

活动描述

1. 观看视频，回忆鸟的乐园的相关内容。

幼儿围绕红山动物园里的鸟的乐园进行讨论，回忆在那里看到的各种各样的鸟。

2. 分享自己最喜欢的鸟。

幼儿围绕自己最喜欢的鸟进行讲述：丁丁喜欢鸵鸟，他说鸵鸟的头很小，脖子长，两条细长的腿跑起来非常快。萌萌对孔雀比较感兴趣，孔雀开屏时的样子非常美丽。结合幼儿的兴趣，教师对鸟进行简单的分类，总结出不同鸟的典型特征。

3. 讨论不同种类的鸟的表现方式。

教师出示第一次用积木建构的鸟的照片，幼儿提出有的鸟用积木不太容易表现，还想用更多的积塑材料。

针对鸟的特点，幼儿思考其表现方式及合适的材料，并进行简单尝试，最后发现雪花片可用双面插的方式表现出立体的鸟，万能工匠表现鸟儿时要拼插紧凑才更牢固。

4. 搭建鸟的王国。

可乐选择用万能工匠拼插孔雀。她先拿了两个黄轮，用大一字接头竖着连接起来，在其中一个黄轮上插了一个小一字接头，隔着两个孔洞插了一个大一字接头。她在另一个黄轮的后面用大一字接头横着连接了一个黄轮，将T字接头插在中间的黄轮的两边，在两边T字接头中间各插入一根蓝管，最后在底部拼插上黄轮。她拿了许多蓝管，依次插在了最后一个黄轮上，一共插了五根，接着在每一根蓝管上都插了两个T字接头，在每一接头上插了一个绿色的叶子，然后调整两片叶子的距离，保证每一个都是一上一下的，接头处用红色小圆片装饰，这样漂亮的孔雀就搭建完成了！

5. 欣赏和交流。

幼儿在搭建完成的鸟的王国里参观、游览，互相欣赏。

活动延伸

区域游戏：在建构区幼儿继续尝试用各种积塑材料拼插鸟和"鸟的王国"游戏所需要用的各

类游戏材料,如展示架、饮水碗等;在角色区根据幼儿的想法进一步丰富"鸟的王国"游戏情节和内容。

关键经验

1. 能根据图片所显示的信息,了解鸟的王国的设施以及布局。
2. 能感知鸟的形体结构特征,运用多种材料拼搭出鸟及鸟的王国相应的设施,布局合理。
3. 能和同伴一起搭建鸟的王国,愿意接受同伴的意见和建议,感受和同伴搭建的快乐。

图 7-17 鸟(一)

图 7-18 鸟(二)

图 7-19 鸟(三)

图 7-20 鸟(四)

图 7-21 鸟(五)

线索描述

线索二 无脊椎动物

本线索中,幼儿主要研究昆虫,他们从昆虫的外形特点入手,深入研究昆虫的建构方法,打造适合昆虫生活的家园。他们利用雪花片、LAQ、万能工匠等积塑材料,表现出昆虫头、胸、腹的身体结构,在细节之处体现它们各自的特点,综合运用在昆虫的家园之中,使得昆虫游戏更加有趣。

项目七 可爱的动物

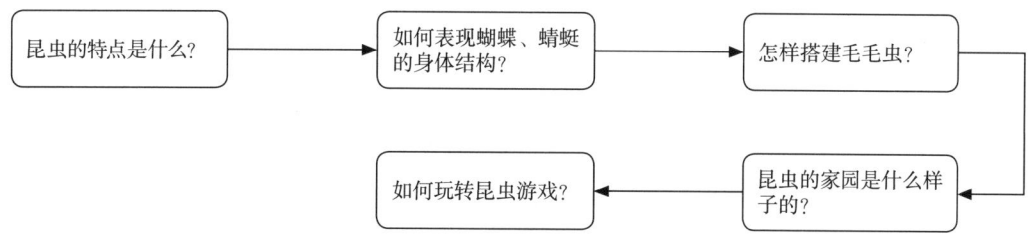

活动一 我知道的昆虫

活动背景

小菜园里飞舞的蜜蜂、蝴蝶，爬来爬去的小昆虫吸引了幼儿的目光，他们对这些小而精致的小动物们充满了好奇，并且想要表现出来。但是每个幼儿感兴趣的昆虫各不相同，他们针对自己最感兴趣的昆虫进行调查和了解，梳理出昆虫的身体结构，为搭建活动做前期铺垫。本活动中，幼儿大胆表述对于所调查昆虫的认识，感受其独特之处。

材料准备

幼儿自主完成的昆虫调查表。

活动描述

1. 回忆有关昆虫的经验。

丁丁介绍的是小蚂蚁，他说小蚂蚁是棕黄色的，它们看起来非常小，但是团结在一起的力量非常大。卓卓喜欢小蜜蜂，这是一种勤劳的小动物，蜜蜂的种类有蜂王、雄蜂、工蜂等。

2. 分享昆虫调查表，初步了解昆虫。

幼儿结合昆虫调查表，分享自己喜欢的昆虫，主要从昆虫的外形特点、生活习性、与人类的关系三个方面进行分享。

多多研究的是蝴蝶，蝴蝶的身体分为头、胸、腹三部分，有两对翅膀、三对足，头部有一对锤状触角，它们在白天活动，主要吃花粉和花蜜。琪琪喜欢七星瓢虫，其身体分为头、胸、腹三部分，各部分均由若干个体节组成，头部有一对触角、一对复眼和口器，胸部生有两对翅膀、三对足。

3. 统计昆虫，划分研究小组。

幼儿根据自己感兴趣的昆虫，成立研究小组，分别是蝴蝶组、蜻蜓组、蜜蜂组、蚂蚁组。

4. 讨论昆虫的共性特征和区别。

幼儿针对昆虫进行谈论，总结发现昆虫的身体分为头、胸、腹三部分。成虫有三对分节的足，长在三个胸节上，大多数的昆虫都有两对翅膀。但是昆虫吃的食物不一样，蜜蜂吃花蜜，屎壳郎吃屎，蝴蝶吃花粉……它们住在不同的地方，毛毛虫住在树叶上，蜜蜂住在蜂巢里，蝴蝶的幼虫住在茧里……

5. 展示昆虫调查表。

幼儿之间交换昆虫调查表，了解不同的昆虫。

活动延伸

1. 区域游戏:将幼儿的昆虫调查表按照种类装订成册,投放在班级的语言区,通过看一看、说一说发现昆虫的异同;在美工区里幼儿绘画或制作昆虫,丰富关于昆虫的认知经验。
2. 晨间谈话:分享各研究小组的研究内容。
3. 家园共育:家长带领幼儿收集昆虫的玩具或者图片等材料。

关键经验

1. 根据自己的昆虫调查表,能在集体中介绍自己所喜欢的昆虫。
2. 能通过图片了解昆虫的一些主要结构特征。
3. 喜欢与大家一起讨论昆虫的话题,为此感到愉悦。
4. 能运用绘画、手工制作等方式表现自己熟悉的昆虫。

附:调查表

表 7-5 我喜欢的昆虫

它长什么样子	它喜欢吃什么	它有什么本领	它的身体结构	它的生活环境

活动二 蝴蝶和蜻蜓

活动背景

蝴蝶和蜻蜓是幼儿十分常见的昆虫,它们飞来飞去的轻快身影吸引了幼儿的注意。在上一次活动及相应研究小组的分享中,幼儿已经了解了蝴蝶和蜻蜓的形态特征,那么如何用建构的方式表现出它们的样子呢?这就是本次活动所要解决的问题。

材料准备

昆虫的图片,各种建构材料。

活动描述

1. 认识各种各样昆虫的基本特征。

幼儿回忆自己见过的昆虫,他们发现蝴蝶和蜻蜓都是由头、胸、腹组成的,有两对翅膀,腹部较长,上面有很多不同的花纹。

2. 讨论蝴蝶、蜻蜓的拼搭方法。

幼儿和同伴讨论,蝴蝶和蜻蜓的头和触角可以用什么形状的积木来搭建。有的幼儿提到用半圆形积木组合成圆形来表现。

针对蝴蝶、蜻蜓身上彩色的花纹,他们认为可以用积塑材料等进行装饰。

3. 自主拼搭蝴蝶、蜻蜓。

丁丁要搭建蝴蝶。首先她拿来小方柱平放在地上作为胸腹部,然后拿来两个小拱形分别连接在小方柱的左右两边,发现长度不够,于是用一根小方柱进行延长。接着搭建蝴蝶的第二对翅膀,她直接用小拱形进行尝试,发现两对翅膀一模一样,不好区分,于是开始调整,她在第一对翅膀与身体连接的左右两边各增加了一根小方柱,这样第一对翅膀就很突出了。最后加上用软红管表现出来的触角,蝴蝶就搭好了。

4. 欣赏、交流作品。

幼儿分享自己的拼搭作品,围绕各个部分的表现方式进行讲述。

活动延伸

1. 区域游戏:在建构区里用积塑材料拼插立体的蝴蝶和蜻蜓;在美工区绘画各种姿态的蝴蝶和蜻蜓。

2. 晨间谈话:幼儿介绍不同种类的蜻蜓和蝴蝶,发现它们之间的异同。

关键经验

1. 欣赏各种昆虫,感知昆虫的不同造型。

2. 用各种建构材料尝试搭建出昆虫的各个身体部位。

3. 体验通过思考解决困难,拼插出昆虫的乐趣。

图 7-22 蝴蝶(一)

图 7-23 蝴蝶(二)

图 7-24 蝴蝶(三)

图 7-25 蝴蝶(四)

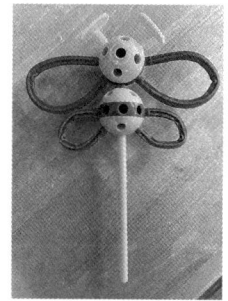
图 7-26 蝴蝶(五)

活动三　神奇的毛毛虫

活动背景

毛毛虫，一种神奇、可爱的小动物，它一步步成长变化，最后蜕变成美丽的蝴蝶，这是幼儿都知道的故事。蝴蝶研究小组的幼儿提出想试着搭一搭毛毛虫。本活动中，幼儿综合运用各种材料和建构方法，表现出毛毛虫的典型特征，搭建出可爱的毛毛虫。

材料准备

毛毛虫图片，清水积木，积塑材料。

活动描述

1. 观看图片了解毛毛虫的特点。

通过观察毛毛虫图片，幼儿了解到毛毛虫是蝴蝶、蛾子等昆虫的幼虫，它有三对胸足，腹足和尾足大多为五对，有的身上有很多有毒的刚毛，头部有口器和眼睛。

2. 讨论建构毛毛虫的材料。

结合自己的认知经验，幼儿思考建构毛毛虫所需要的材料，他们认为积木最合适，可以用 EVA 材料表现细节部分，大拱形组合成毛毛虫柔软的身体。

3. 搭建毛毛虫。

可乐选择一块空地搭建毛毛虫，只见她拿了许多小拱形积木，将它们摆放在地上，中间保留一定的间隔，摆成个长条，她将高圆柱从小拱形中间穿过去，填满毛毛虫的身体。可乐在第一块小拱形的后面放了细圆柱，搭出了它的触角，在小拱形前面摆了蓝色的连接头，搭出了毛毛虫的眼睛，最后在毛毛虫身体的两边放了一排半圆形积木，毛毛虫就搭好了。

4. 欣赏同伴搭建的毛毛虫。

幼儿介绍分享搭建完成的毛毛虫作品，欣赏同伴的搭建作品。

活动延伸

1. 日常活动：带领幼儿观察生活中可以见到的昆虫。
2. 环境创设：幼儿利用积塑材料拼插各种各样的昆虫，在班级中进行展示。
3. 家园共育：帮助幼儿收集有关昆虫的资料。

关键经验

1. 能和同伴合作商量昆虫的身体比例，并按比例进行搭建。
2. 运用多种建构材料，表现出毛毛虫的典型特征，并注意昆虫身体的比例。
3. 动手动脑探索搭建毛毛虫的材料和方法，并乐在其中。

图 7-27 毛毛虫（一）

图 7-28 毛毛虫（二）

图 7-29 毛毛虫（三）

图 7-30 毛毛虫（四）

活动四　公园里的昆虫

活动背景

昆虫生活在哪里？它们的家是什么样子的？日常生活中，幼儿见到过昆虫，却很难发现昆虫的家，所以他们对此非常感兴趣。本活动中，幼儿以分工合作的形式，用泥工材料塑造出昆虫的造型和相关的景物，打造出一个精致的公园微景观。

材料准备

大纸板，超轻黏土，纸、笔、水彩笔、剪刀、双面胶、竹签。

活动描述

1. 通过谈话，初步了解公园里的昆虫。

幼儿回忆在公园玩耍时的情景，他们看见了很多的小蜜蜂、小蝴蝶，还看见了地上的各种虫子。

教师：为什么公园里有这么多的昆虫呢？

幼儿发现公园里有很多花花草草，昆虫特别喜欢花草，所以昆虫很多。

2. 讨论打造公园微景观的方法。

幼儿提出先表现出公园的样子，可以将超轻黏土铺满大纸板，在上面装扮一些小草和大树，再用超轻黏土或绘画的方法制作出昆虫，放置到相应的公园里。

3. 分工合作，共同制作。

幼儿按照各自的兴趣分成公园组和昆虫组。

公园组的幼儿直接将超轻黏土铺在纸板上，并用大树、小草等元素进行点缀。昆虫组的幼儿根据所选择的材料,有的用超轻黏土捏昆虫,有的剪贴昆虫。

4. 组合作品。

幼儿拿着自己的作品,选择合适的地方插上去,并适当调整每个作品的位置,最终呈现出公园微景观。

5. 欣赏与交流。

幼儿自主参观公园微景观,相互介绍与分享。

活动延伸

1. 环境创设:利用幼儿的积塑作品,在班级中布置公园里的昆虫微景观。
2. 家园共育:家长帮助幼儿收集制作公园里的昆虫所需要的材料,丰富表现方式。

关键经验

1. 熟练运用泥塑等工具和材料,用颜色区分出昆虫的各个部位。
2. 与他人合作完成公园微景观,愿意接受他人的意见。

活动五 有趣的昆虫游戏

活动背景

小小的昆虫,身体里蕴藏着许多的奥秘,它们的行动方式是幼儿感兴趣且想要模仿的,他们想和昆虫一样运动起来。本活动中,幼儿学习手脚着地往前爬的动作要领,像小蚂蚁一样灵活地前进,发展动作的灵活性和协调性,体会运动所带来的快乐。

材料准备

蚂蚁头饰若干,垫子两组、平衡木两条、拱门两个,蚂蚁的小背包。

活动描述

1. 准备活动。

幼儿听音乐做小蚂蚁的动作,活动肩、颈、腰,以及手腕、脚踝。

2. 学习手脚着地屈膝向前爬的动作要领。

教师:小蚂蚁是怎样爬的呢?

幼儿尝试手脚着地屈膝向前爬的动作,发现各自的不同之处,有的屁股翘得很高,有的手脚配合不协调。

3. 教师示范。

教师示范手脚着地屈膝向前爬的正确姿势,即手和脚着地,两腿分开,微微屈膝,左(右)手和右(左)脚协调配合用力向前爬,爬时仰头向前看。

教师:再请你们试一试,哪只小蚂蚁做得最好?

幼儿再次尝试用正确的姿势进行手脚着地屈膝向前爬,注意动作要领。幼儿进行多次练习。

4. 游戏：小蚂蚁运粮食。

教师：小蚂蚁有很多的粮食，它们要把粮食运到另外一个洞穴，看一看它们要走过哪些障碍呢？它们要爬过垫子，穿过拱门，才能把粮食送到目的地。幼儿用手脚着地屈膝向前爬的动作进行游戏，教师注意观察幼儿的动作是否正确。

5. 放松活动。

幼儿听着音乐做放松活动，拍一拍肩，拍一拍腿。

活动延伸

1. 日常活动：观察其他昆虫的行进方式，并进行模仿。
2. 晨间锻炼：设置适合手脚着地屈膝向前爬的晨间锻炼内容，巩固幼儿的动作。

关键经验

1. 学习手脚着地屈膝向前爬的基本动作。
2. 能通过钻、爬、跳等越过障碍送粮食，提高动作的灵活性和协调性。
3. 能克服爬行困难，体验做小蚂蚁的快乐。

四、关键经验

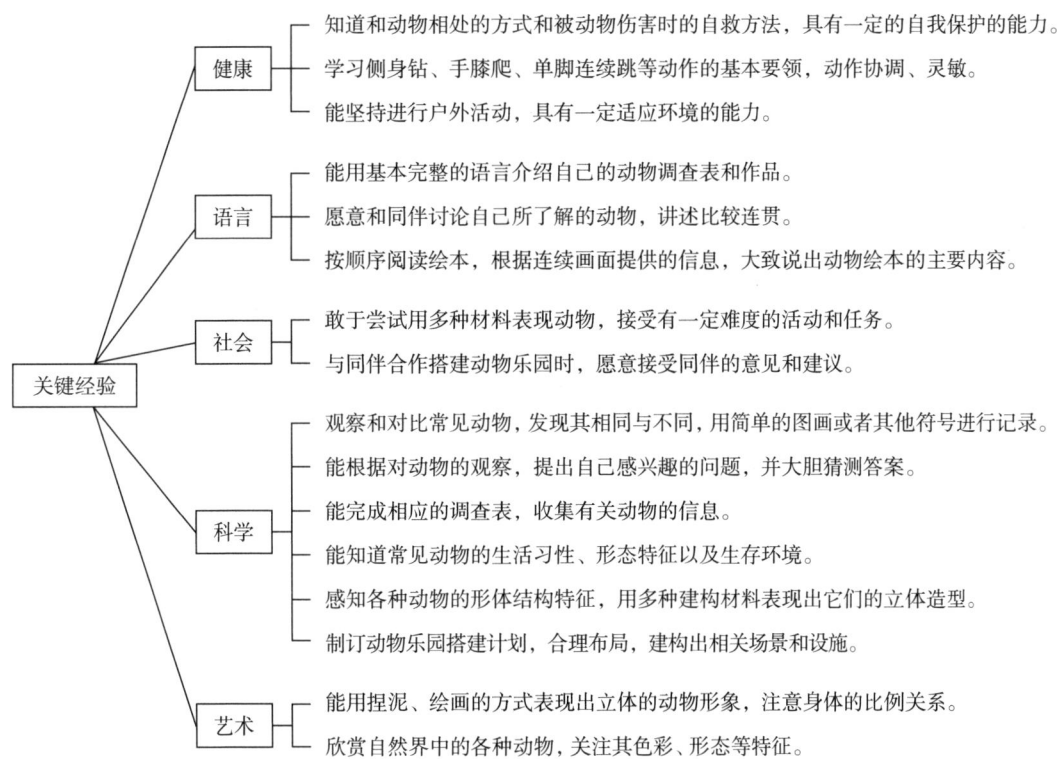

关键经验
- 健康
  - 知道和动物相处的方式和被动物伤害时的自救方法，具有一定的自我保护的能力。
  - 学习侧身钻、手膝爬、单脚连续跳等动作的基本要领，动作协调、灵敏。
  - 能坚持进行户外活动，具有一定适应环境的能力。
- 语言
  - 能用基本完整的语言介绍自己的动物调查表和作品。
  - 愿意和同伴讨论自己所了解的动物，讲述比较连贯。
  - 按顺序阅读绘本，根据连续画面提供的信息，大致说出动物绘本的主要内容。
- 社会
  - 敢于尝试用多种材料表现动物，接受有一定难度的活动和任务。
  - 与同伴合作搭建动物乐园时，愿意接受同伴的意见和建议。
- 科学
  - 观察和对比常见动物，发现其相同与不同，用简单的图画或者其他符号进行记录。
  - 能根据对动物的观察，提出自己感兴趣的问题，并大胆猜测答案。
  - 能完成相应的调查表，收集有关动物的信息。
  - 能知道常见动物的生活习性、形态特征以及生存环境。
  - 感知各种动物的形体结构特征，用多种建构材料表现出它们的立体造型。
  - 制订动物乐园搭建计划，合理布局，建构出相关场景和设施。
- 艺术
  - 能用捏泥、绘画的方式表现出立体的动物形象，注意身体的比例关系。
  - 欣赏自然界中的各种动物，关注其色彩、形态等特征。

项目八
好玩的游乐场

一、项目缘起

旋转木马、旋转飞机、碰碰车、弹跳机……这些有趣的游乐器械深受幼儿的喜欢,自然而然地成为他们讨论最多的话题,"我最喜欢玩青蛙跳。""我也喜欢,旋转飞机也很好玩,一会高一会低。"

在本项目中,我们和幼儿一起走进游乐场,了解各种游乐设施,体验、感受它们的有趣和好玩。幼儿在玩的过程中锻炼胆量,增进友谊,探寻着蕴藏在游乐场里的奥密!他们尝试用各种建构材料动手拼搭出各种各样的游乐设施。在游戏的过程中,幼儿提出:我们可以天天在游乐场里玩吗?怎样才能实现这个愿望呢?为此我们和幼儿展开了讨论,他们从了解迪士尼乐园开始,探讨乐园里除了游乐设施外还有哪些有趣的设施,探索如何才让游乐器械真正玩起来,再现各种有趣的游戏场景,开启了六一游乐园,从中获得快乐和成长!

项目八　好玩的游乐场

二、发展线索

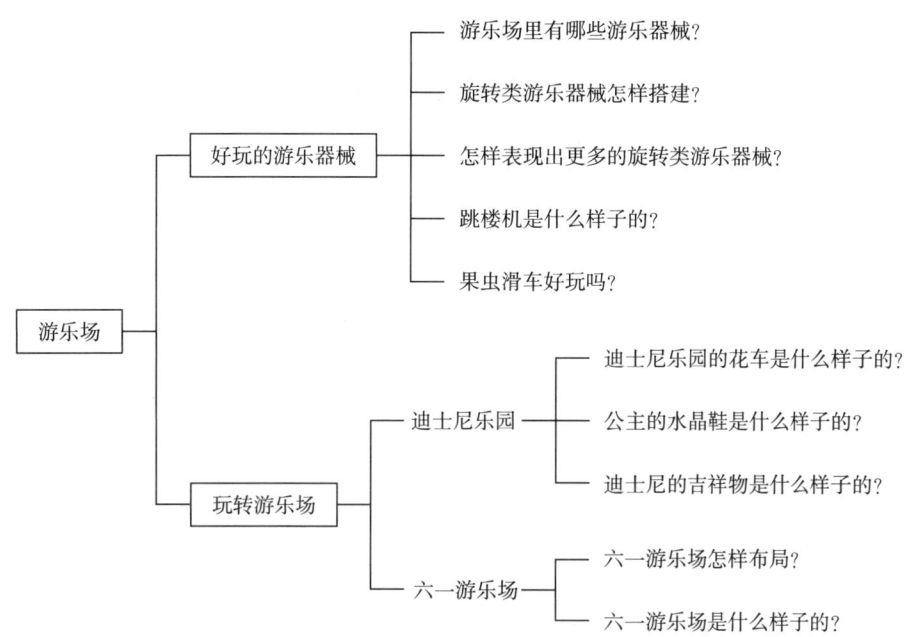

三、具体活动

线索描述

线索一　好玩的游乐器械

在本线索中，幼儿通过参观游乐场，了解游乐场里的游乐器械的种类、特征，探索游乐器械的运动原理，旋转类是怎样转起来的，轨道类是怎样运行的，从而感受不同原理的游乐器械的有趣，激发表征探索的兴趣和愿望，在体验、认知、搭建过程中一步步感知游乐器械的结构特点。

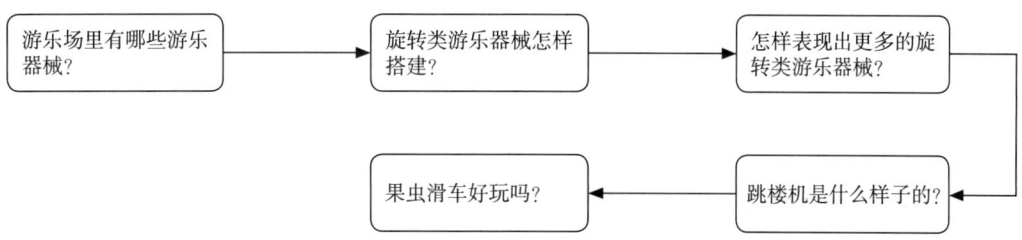

183

活动一　各种各样的游乐器械

活动背景

游乐器械是幼儿喜欢和熟悉的,他们在游乐场里体验过不同的游乐器械,对游乐器械的名称有所了解,为本项目的进行打下基础。本次活动的重点是整合幼儿的游戏经验,让他们了解游乐场里的游乐器械的类型、外形特征,激发他们深入探索游乐器械的愿望和兴趣。

材料准备

游乐场的图片,游乐器械视频,幼儿玩游乐器械的照片。

活动描述

1. 回顾各种各样的游乐器械。

幼儿带来了亲子活动时玩游乐器械的照片,师幼根据照片回忆游玩过程。牛牛说他玩的是旋转飞椅,椅子可以转起来。圆圆说她玩的也是旋转飞椅,旋转飞椅还一会高,一会低。浩浩说他玩的轨道火车,是在一个弯弯曲曲的轨道上开。小北说他玩的激流勇进,是在水里玩的,从一个像滑滑梯的滑道上滑下来,里面全是水。教师根据幼儿的描述出示相应游乐器械的图片。通过回忆,幼儿感知到游乐场里有许多种类的游乐器械,有的可以转起来,有的是在轨道上或在水里玩的。

2. 讨论游乐场里游乐器械的种类。

幼儿以小组为单位,对游乐器械进行分类,然后说说是根据什么来分类的。第一组幼儿把旋转飞椅、旋转木马、旋转小车放在了一起。第二组幼儿把划船、激流勇进放在一起,不是水上游戏项目的放在一起。第三组幼儿把旋转类游戏放在一起,在轨道上开的放在一起。

教师:为什么这样分类呢?

小爱说他们组是把能转起来的放在一起的。小北说他们组是把水上玩的放在一起,不是水上玩的放在一起。元帅说他们组是把能转起来的放在一起,把在轨道上开的放在一起,把在水上玩的放在一起。教师请他们按照标记进行分类。

按照游乐器械运行方式,师幼将游乐场里的游乐器械分为旋转类、轨道类、水上类和其他类。

3. 绘画自己最喜欢的游乐器械。

小爱说她画的是旋转飞椅,因为坐在上面像飞起来一样;贝贝说她画的是轨道小火车;北北说他画的是碰碰船。

4. 作品欣赏与分享。

活动延伸

1. 晨间谈话:幼儿讲述自己去游乐场游玩的经历。
2. 环境创设:将幼儿收集的游乐器械和游乐场的图片进行展示,供幼儿欣赏。

3. 家园共育：家长带幼儿去大型游乐场，感受游乐场的有趣。

关键经验

1. 在经验分享环节能根据自身经验清楚、连贯地进行讲述。
2. 尝试根据游乐器械的某一特征对游乐器械进行分类，发现其明显特征。
3. 在分类活动中尝试与同伴合作，共同进行分类活动。

活动二　游乐器械真好玩

活动背景

幼儿已经熟知游乐器械的名称，对部分游乐器械的玩法也有简单的了解，他们常常会拿着照片说一说，甚至还将游戏名称编到自己熟悉的歌曲中。本活动中，幼儿以儿歌的形式，进一步感知游乐器械的种类，并结合自己的经验用完整、连贯的语言进行创编。

材料准备

游乐器械的图片，纸、笔，上次活动的绘画作品。

活动描述

1. 玩猜谜语游戏。

教师：旋转屋，旋转梁，旋转被头旋转床。请你猜一猜，这是什么？

教师：小弈说谜底是小飞象，宝宝说是飞机。教师揭晓谜底是旋转木马。

2. 学习儿歌《游乐器械真有趣》。

教师念儿歌，问：儿歌里有哪些游乐器械呢？

牛牛说有旋转木马，转转转。贝贝说有青蛙王子，跳跳跳。

幼儿共同学念儿歌，记住儿歌中的句式。

3. 儿歌创编。

教师：游乐场里还有哪些有趣的游乐器械？你们想把它们也编到儿歌中吗？

教师拿出上次活动中幼儿的绘画作品：小香画的摩天轮，贝贝画的跳楼机，天天画的小飞象，汉堡画的过山车，薯条画的碰碰车等。

教师根据幼儿的选择拿出了牛牛画的海盗船、薯条画的碰碰车、汉堡画的过山车、小香画的果虫滑车分别替代儿歌里原有的图片。

师幼共同朗诵儿歌，感受创编儿歌的乐趣。

教师：还可以怎么替换呢？

幼儿再挑选图片并集体创编和朗诵。

活动延伸

1. 区域游戏：在语言区中提供纸、笔，鼓励幼儿创编儿歌，感受创编儿歌的乐趣。

2. 晨间谈话：幼儿将自己收集的各种各样的游乐器械与大家进行分享，拓展对游乐器械种类的了解。

关键经验

1. 能较完整、清楚地念儿歌，并结合日常游玩经验创编儿歌内容。
2. 能用简单的线条画出自己观察到的游乐器械，感受对称美。

附：原儿歌

游乐器械真有趣

旋转木马转转转，
转来转去很有趣。
青蛙王子跳跳跳，
跳上跳下好刺激。
游乐器械真好玩，
大家一起玩一玩。

幼儿创编儿歌

游乐器械真有趣

碰碰车，砰砰砰，
你碰我来我碰你。
果虫滑车来回跑，
一上一下很刺激。
游乐器械真好玩，
大家一起玩一玩。

活动三　旋转飞椅

活动背景

幼儿已了解旋转类游乐器械的外部特征、旋转方式，在前期的建构游戏中表现过桥、椅子等物体，对架高、连接的建构方法比较熟悉，他们早就迫不及待地想用积木来搭出旋转飞椅了。本活动中，幼儿尝试运用适合的清水积木，迁移已有的建构经验表现出旋转飞椅的主要特征，了解中心轴、支撑架和座椅之间的关系，感知旋转类游乐器械的转动方式。

材料准备

清水积木，旋转飞椅的设计图，旋转飞椅的局部图。

活动描述

1. 回顾游乐器械的分类，感知旋转类游乐器械的多样性。

教师：游乐场里有哪些可以转着玩的游乐器械？

幼儿回忆亲子活动中玩的旋转类游乐器械。浩浩说有旋转飞椅，圆圆说看过旋转木马，有米说在迪士尼乐园玩过旋转小飞象。幼儿发现游乐场里旋转类的游乐器械真多，有旋转木马、旋转飞椅、旋转飞机、旋转小飞象，等等。

2. 初步了解旋转类游乐器械的旋转方式。

通过对旋转飞椅图片的观察，花花发现有好多的椅子，椅子是用绳子吊着的，上面有一个大大的像伞一样的东西。汉堡发现中间有一根粗粗的柱子。薯条发现椅子转的时候，中间粗粗的柱子没有动。幼儿发现旋转类的游乐器械由中心轴、支撑架、座位三部分组成。

3. 讨论建构的方法。

教师：你想搭建哪种旋转类游乐器械？想和谁一起搭呢？支撑架可以用哪些形状的积木来表现呢？

4. 幼儿参与建构游戏。

幼儿拿出自己事先画好的设计图，找有相同搭建意愿的同伴一起搭建。花花想和汉堡一起搭旋转飞椅，小爱想跟小北一起搭旋转茶杯。幼儿初次尝试搭建旋转类游乐器械，小爱和北北用三个粗圆柱垒在一起，每人拿了一个四倍块，拿来后发现中心轴太高，就拿掉一个圆柱，但支撑架还是没有地方放。浩浩搭建时也出现了这个问题。

教师引导幼儿再次观察图片。小爱和小北用粗圆柱围成一圈，中间再垒高出中心轴，四倍块作为支撑架在小圆柱上，支撑架的另一端用两个基础块搭建小椅子。薯条和汉堡使用小圆柱围成一圈，两个大半圆面对面拼摆在小圆柱上成圆形，中间空出来的地方架一个大圆柱为中心轴，四个基础块摆放在圆形的四个点，一个基础块为椅面，两个小长方放在两边围扶手，再用四倍块连接飞椅中心轴形成支撑架。

5. 作品分享。

小爱分享时说他们用粗圆柱围成一圈是为了支撑架有地方放。薯条说他们在支撑架下面还放了一个小圆柱，这样支撑架就不会因为太高而滑下来。浩浩说他在中心轴外面再围一圈是为了固定中间的中心轴，这样中心轴不容易倒，会更加稳固。

活动延伸

1. 区域游戏：美工区中，幼儿通过绘画巩固对旋转类游乐器械特征的认知。

2. 环境创设：将幼儿搭建的旋转类游乐器械布置在建构区儿童海报中，呈现儿童建构旋转类游乐器械的过程以及材料调整的过程。

3. 家园共育：家长帮助幼儿收集更多旋转类游乐器械的图片。

关键经验

1. 迁移架高、连接的建构方法表现旋转飞椅的主要特征。
2. 积极参与建构活动，乐意接受他人的建议，感受合作搭建的乐趣。
3. 在简单设计的基础上，能与同伴初步按照计划搭建旋转类游乐器械。

图 8-1　旋转飞椅（一）

图 8-2　旋转飞椅（二）

图 8-3　旋转飞椅（三）

图 8-4　旋转飞椅（四）

活动四　摩天轮

活动背景

幼儿了解了旋转飞椅的基本结构和旋转方式，通过搭建旋转飞椅，感知了中心轴、支撑架和座椅之间的关系。摩天轮是他们特别爱玩的游乐项目，本活动中，幼儿迁移积木建构旋转类游乐器械的经验，结合摩天轮的结构特点以及旋转方式，尝试选择合适的材料表现摩天轮，感知底座与稳定性之间的关系。

材料准备

万能工匠等桌面积塑，摩天轮的图片和视频。

活动描述

1. 欣赏摩天轮旋转的视频和图片,了解摩天轮的外形特征及旋转方式。

教师:摩天轮是旋转类的游乐器械,但是它和其他旋转类的游乐器械有什么不同呢?

月月说有两个大大的圆形,在坐人的房子外面。小倬发现最下面有大大的架子。幼儿了解到摩天轮可以坐人的地方叫观光室,观光室外面大大的圆形叫大圆盘,下面的架子叫支撑架,所以摩天轮是由支撑架、大圆盘和观光室组成的。原来,摩天轮的旋转方式是竖着旋转的,它从低转到高,又从高转到低。

2. 探索建构材料和方法。

教师:班上有许多材料都可以用来拼插摩天轮,你们想选择什么材料呢?为什么选择这种材料?

幼儿选择自己觉得合适的材料进行初步尝试。尝试后,香香说万能工匠合适,因为可以有许多管子可以连接;阳阳用的是雪花片,但他觉得不合适,因为雪花片太小了。

3. 尝试用万能工匠表现摩天轮。

选择万能工匠的幼儿比较多,有米和起扬用红管和黄管进行连接,固定成一个大圆形,红管和黄轮直着插在底座上,大圆形固定在中轴上。小爱和香香表现出的摩天轮的主体部分与有米这组一样,主要区别在座位上,他们将黄球和短蓝管连接固定在大圆形上作为观光室。

4. 观察拼插作品,调整摩天轮的外形结构。

观察有米和起扬的拼插作品后,其他幼儿发现自己的摩天轮没有观光室。他们再次了解摩天轮的主要结构后进行尝试,对自己搭建的摩天轮的主要外形结构进行调整。

5. 作品分享并展示。

阳阳介绍自己用黄轮和短蓝管连接的方式拼插出的三角形底座让摩天轮更加稳固。

活动延伸

1. 区域游戏:鼓励幼儿在建构区运用多种建构材料拼插表现摩天轮,进一步熟悉摩天轮的基本特征。

2. 环境创设:将幼儿绘画的各种各样的摩天轮图片展示在建构区,幼儿拼插时可以作为参考。

3. 家园共育:家长利用休息日带幼儿坐摩天轮,让幼儿体验坐摩天轮的感觉。

关键经验

1. 通过观察了解摩天轮的组成,了解摩天轮的主要外形结构和旋转特点。
2. 在多次探究中尝试选择合适的材料表现摩天轮的框架特征,感受建构成功的喜悦。
3. 能口齿清楚地讲述自己的拼插作品,较完整地讲述自己观察到的摩天轮的旋转方式。

图 8-5 摩天轮（一）

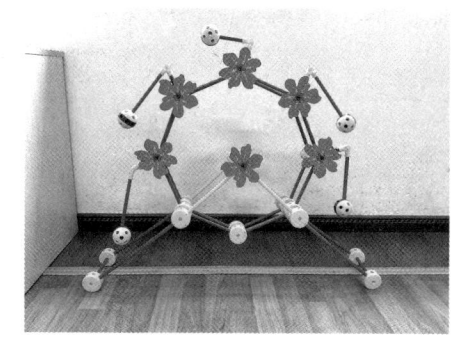
图 8-6 摩天轮（二）

活动五　旋转类游乐器械设计师

活动背景

了解了旋转飞椅、旋转木马、摩天轮等旋转游乐器械的旋转方式后，幼儿发现了它们之间的相同与不同之处，于是萌发了自己设计的愿望。本活动中，幼儿将自己的想法通过绘画的形式进行表征，考虑建构的材料和作品的造型，制订相应的搭建计划。

材料准备

各种旋转类游乐器械的图片，纸、笔。

活动描述

1. 回顾旋转飞椅的游戏。

幼儿回顾旋转飞椅的游戏，加深对旋转飞椅的外形特征的认识。

2. 讨论自己喜欢的旋转类游乐器械。

教师：你们喜欢的旋转类游乐器械是什么样子的？

乐乐说他喜欢的是旋转飞椅，旋转飞椅是用绳子挂在上面的；妹妹说她喜欢的是旋转飞机，旋转飞机的飞机是连着支撑架的。

3. 制订搭建旋转类游乐器械的计划。

幼儿绘画自己喜欢的旋转类游乐器械，预估需要积木的数量。贝贝画的计划图基本上是用基础块和双倍块。起扬画的计划图比较细致，有基础块、四倍块、双倍块，在中心轴上还有半圆形装饰，他还把每种积木需要使用多少块也进行了点数并记录在计划图的旁边。

4. 分享建构计划。

教师：你们准备表现什么样的游乐器械，有哪些特别的地方？

活动延伸

1. 区域游戏：数学区中提供一些幼儿以往搭建的作品，幼儿可以数一数每种积木使用了几块并记录下来。

2. 日常活动：在餐前播放一些游乐场的视频供幼儿观看。
3. 环境创设：将幼儿设计的游乐器械图片布置在建构区，搭建时可以参考。

关键经验

1. 能感知旋转类游乐器械的外形特征，画出旋转类游乐器械的造型。
2. 学会制订建构计划，表现出所需要的建构材料的形状和数量，积极思考计划的可行性。

活动六　旋转类游乐器械

活动背景

幼儿通过绘画的形式设计了自己喜欢的旋转类游乐器械，在设计时他们记录自己需要在搭建时运用的积木，并估算出每种积木所需的数量，有了计划图怎样实现计划图的内容呢？搭建时需要用的积木跟设计的是一样的吗？本活动中，幼儿尝试根据计划图进行搭建游戏，运用多种材料表现出旋转类游乐器械的多样性。

材料准备

旋转类游乐器械的图片，计划图，大型清水积木、专用材料、玩具小人。

活动描述

1. 回顾计划。

部分幼儿分享自己的建构计划和想法。

2. 讨论前期在搭建过程中遇到的问题。

教师：为什么在上次建构时积木总会倒呢？

再次观察旋转类游乐器械图片后，阳阳发现他们在搭建时底座太小，上面的部分太大了，所以积木会倒。小爱说可以把中心轴搭得更大一些、更粗一些。

教师：支撑架的造型全是一种样子吗？

观察图片后，他们发现支撑架的造型是不一样的。诺诺说有的是直直的，有的是弯弯的，像螃蟹的爪子一样。薯条说有的中间高，两边低。原来支撑架的造型可以是长长的，一高一低的；可以是弯弯的，有两节的，像螃蟹爪子一样。

4. 根据计划图搭建旋转类游乐器械。

诺诺和笑笑两个人拿着计划图找了一块空的地方，他们首先用粗圆柱围了一圈，圆柱上用两个半圆形拼成一个圆形放在上面，继续用粗圆柱在圆形的上面又放了一圈，将支撑架一节平放，第二节呈斜面直接落在地上，第一节和第二节的连接处是用小圆柱支撑的。在搭建时，诺诺会经常去看看他们的设计图，在搭建飞椅的时候，诺诺和小爱一起来找了一张他们喜欢的飞椅造型的图片，图片上的飞椅像是一辆小汽车，他们把小汽车造型的飞椅用四个小圆柱支撑着，说这是旋转小车转起来的样子。

5. 互相欣赏搭建作品

幼儿在集体中展示自己的搭建计划,介绍自己的建构作品。

活动延伸

1. 区域游戏:在美工区提供废旧纸盒、小棒等材料,幼儿尝试制作旋转类游乐器械;在建构区尝试选择材料表现可以真正旋转起来的游乐器械。

2. 环境创设:将幼儿搭建的作品张贴在建构区中,搭建时可以在造型上有所参考,互相学习。

3. 家园共育:家长帮助幼儿共同收集不同造型的旋转类游乐器械图片。

关键经验

1. 在了解旋转类游乐器械基本特征的基础上,能按计划图进行搭建。
2. 在搭建活动中感受与同伴合作搭建的乐趣。
3. 在作品分享时能口齿清楚地表达,耐心倾听他人发言。
4. 运用手工的方式表现自己观察或玩过的旋转类游乐器械。

图 8-7 旋转类游乐器械(一)

图 8-8 旋转类游乐器械(二)

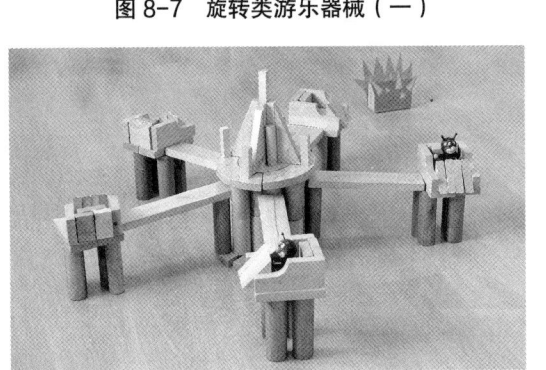

图 8-9 旋转类游乐器械(三)

图 8-10 旋转类游乐器械(四)

活动七 青蛙跳

活动背景

幼儿对跳楼机的游乐器械有一些认知,知道跳楼机采用的是上下弹动的原理,在用身体模仿时，总结出跳楼机的上下弹动方式跟跳动的方式相似，他们在晨间锻炼中用跳动来替代跳楼机的弹动。本活动的重点在于引导幼儿掌握从高处向下跳的动作要领，发展下肢的力量，激发幼儿参与挑战性游戏的意愿。

材料准备

人手一张小椅子，音乐，青蛙肩饰若干。

活动描述

1. 热身活动。

教师带领幼儿在场地上进行慢跑、快走、中速跑、行进跳、中速跑、慢跑练习，提升肺活量。

2. 专项准备。

在音乐的伴随下，幼儿跟着教师活动头颈、腰腹、髋部、膝盖、脚踝部，主要活动下肢。

3. 幼儿自由尝试从小椅子上跳下。

教师：上个星期我们去了绿博园，你们玩了青蛙跳的游戏，现在我们要学一学小青蛙从高高的荷叶上跳到河里游泳的本领。请小青蛙们自己拿一张椅子去试一试吧。

幼儿自由尝试。

4. 教师正确示范。

教师侧身面对幼儿示范讲解从高处跳下的方法：双手前后自然摆动，膝盖随手臂摆动自然弯曲，再充分向上伸展，往下跳。落地时前脚掌先着地，膝盖稍微呈弯曲状。

幼儿原地进行"下蹲—摆臂—蹬跳—落地—站起"的动作练习。

幼儿再次练习从不同高度的荷叶上往下跳。

5. 接力游戏，巩固从高处往下跳的正确方法。

游戏玩法：幼儿成三纵队，每队第一名幼儿站在椅子上准备。教师发出信号后，幼儿跳下后在前面两张椅子处绕"S"弯，回来后与下一名幼儿击掌，以此类推。

教师：小青蛙们要去参加游泳比赛，当你们听到指令后，每队的第一位运动员跳下游泳，绕过前方的荷叶后与下一只小青蛙击掌，以此类推。

6. 游戏结束，师幼共同放松。

师幼共同随舒缓的音乐进行下肢的放松。

活动延伸

1. 晨间锻炼：保证幼儿户外活动的时间，设置游戏场景，巩固从高处向下跳的基本动作。

2. 户外游戏：设置大循环游戏，其中设置一些从高处向下跳的环节。

关键经验

1. 在接力比赛中掌握从高处向下跳的动作要领，发展下肢的力量。

2. 喜欢参与具有挑战性的游戏，能遵守规则，感受规则的意义。

活动八 有趣的跳楼机

活动背景

跳楼机是游乐场里一种有趣的游乐器械，幼儿在用身体模仿时了解了跳楼机上下弹动的原理，他们想用积木来搭建跳楼机，该如何搭建呢？本活动的重点是了解跳楼机的基本特征和组成部分，能选择合适的材料来表现跳楼机。

材料准备

跳楼机的图片和视频，清水积木、EVA 材料。

活动描述

1. 了解跳楼机的基本特征。

教师出示图片，提问：跳楼机是什么样子的？跳楼机上有什么？

观察图片后，球球发现跳楼机上有一排座位。小席发现一排座位后面有一个长长的轨道。通过视频，他们发现跳楼机运行起来是一上一下的。

教师：跳楼机由哪几部分组成？

幼儿讲述自己通过图片观察到的跳楼机的样子，了解到跳楼机由支撑架、座椅、机顶三部分组成。

2. 讨论跳楼机的搭建方法。

教师：高高直直的跳楼机该怎样搭呢？使用哪些材料来搭建？怎样让跳楼机站稳不倒？

3. 尝试运用合适的材料表现跳楼机。

沐沐和辰辰选择在靠近积木箱前面的地方进行搭建，沐沐首先用五个粗圆柱并排放，上面放一个双倍块，辰辰用五个双倍块竖着并排放在圆柱的前面，才放了一块刚松手积木就倒了，把后面的圆柱也带倒了，沐沐重新修复好，辰辰这次准备慢慢放手，可积木又要倒了，辰辰赶紧扶住。这时，沐沐说后面要用积木挡一下，于是让辰辰拿了几个三角块放在双倍块的上面，这次再放双倍块的时候没有倒，座椅也是用双倍块横在前面，用小半圆分隔成几个座位。

浩浩自己一个人用六个粗圆柱叠放成两竖排，上面放一个四倍块，可是倒了，他发现圆柱太小了，又用两个基础块并排放在圆柱上，再把四倍块放上去，这次成功了。他用基本块搭建座椅，可总会倒，他尝试了好几次，还是不行，这时，他发现了旁边的 EVA 材料，他拿了一个小 L 形的玩具放在上面，没有倒，他很高兴，一共用了五个小 L 形并排当作座椅。

4. 幼儿在集体中介绍自己搭建的跳楼机。

幼儿在集体中介绍自己的作品，分享让跳楼机稳固的方法。

活动延伸

1. 区域游戏：在美工区中幼儿利用一些废旧材料制作小型的跳楼机；在阅读区提供一些轨道类游乐器械的书籍，供幼儿自由阅读。

2. 家园共育：家长可以带幼儿去游乐场玩一玩各种游乐器械。

关键经验

1. 根据跳楼机的基本结构，选择合适的材料进行搭建。
2. 在建构游戏中愿意动手、动脑探索材料，解决作品不稳固的问题，并乐在其中。

图 8-11　跳楼机（一）

图 8-12　跳楼机（二）

图 8-13　跳楼机（三）

图 8-14　跳楼机（四）

活动九　果虫滑车

活动背景

教师在之前了解游乐器械的活动中发现幼儿对果虫滑车这个游乐器械十分感兴趣，他们觉得果虫滑车很高，速度很快，非常刺激，并且他们对果虫滑车为什么能在高高的轨道上开起来却不会掉下来十分好奇。本活动的核心是了解果虫滑车的结构特点，迁移原来搭建轨道车的经验，尝试用各种建构材料表现出高高低低、弯弯曲曲的轨道。

材料准备

果虫滑车的视频、细节图，清水积木、EVA 材料。

活动描述

1. 观看果虫滑车的视频，了解轨道类游乐器械的特点。

小弈边看边说：这个好快呀。扬扬说：果虫滑车一会儿上，一会儿下，还能转弯。

2. 了解果虫滑车的结构。

教师：果虫滑车是什么样子的？

通过对图片的观察，球球发现果虫滑车有的地方高，有的地方低。

教师：怎样搭出有高有低、弯弯曲曲的轨道？

3. 尝试建构果虫滑车。

球球尝试用粗圆柱和小圆柱来表现轨道的高低不同，平面的轨道都是用粗圆柱上面平铺两块双倍块，下坡的地方使用一个粗圆柱和一个小圆柱。贝贝在转弯的地方一开始使用一个大半圆，在外圈转弯的地方使用大半圆会碰到里圈的轨道，她尝试了好几次都没成功，后来她选择四分之一圆，缺口处用双倍块的一头填补，这次成功了。

4. 尝试用清水积木和 EVA 材料进行搭建。

乐乐运用清水积木搭建了一个底座，用 EVA 材料搭建了旁边的支撑架，用软弯管连接两端；浩浩用清水积木搭建了轨道，利用 EVA 材料搭建小火车的车身。

5. 分享各种果虫滑车。

贝贝在分享时与大家讲了使用大半圆和四分之一圆的区别，这两种积木可以用在向不同方向拐弯的地方，让轨道更有趣。

活动延伸

1. 区域游戏：建构区中提供幼儿设计的果虫滑车的图片，幼儿继续搭建不同形式的轨道类游乐器械。

2. 家园共育：家长利用休息日可以带幼儿去游乐场玩一玩。

关键经验

1. 大胆尝试用不同的建构材料和材料元件表现出果虫滑车的主要特征。

2. 分享时能口齿清楚地表述自己在搭建中遇到的问题以及解决方法。

图 8-15　果虫滑车（一）

图 8-16　果虫滑车（二）

活动十　游乐器械大集合

活动背景

幼儿对游乐场里的游乐器械已经比较了解，对它们的名称、外形特征、运动轨迹比较熟悉，怎样用各种材料来表现各种游乐器械，组合建构一个游乐场呢？本活动的重点是在了解其他游乐器械基本结构的基础上，突出多样性和创造性，给予幼儿更多的自由自主的建构空间。

材料准备

各种游乐器械的图片，清水积木、EVA 材料，游乐场背景图。

活动描述

1. 谈话引起幼儿兴趣。

教师：这是一个新建的游乐场，游乐场里需要各种各样的游乐器械，你们想在这个新游乐场里放置哪些游乐器械呢？

球球说要放一个旋转飞机。笑笑说要放一个青蛙跳楼机。圆圆说要放一个果虫滑车。月月说想放一个摩天轮。牛牛说想放一个海盗船。

2. 回顾各种游乐器械的特征。

回顾果虫滑车时，圆圆说有高高低低、弯弯曲曲的轨道。贝贝说它有很多节座椅，像火车的车厢一样。

3. 继续丰富幼儿对其他游乐器械的了解。

通过对海盗船图片的观察，阳阳说海盗船就是一艘船。虾米发现海盗船上有个挂旗子的杆子。对细节图精密观察后，有米发现海盗船的两边比较高。

4. 幼儿参与建构游戏。

有米和虾米用四倍块、双倍块、半拱门围合成一个单头尖、中间宽的船型。在进行架高中心轴的时候，他们表现出了三层，不仅很粗壮，而且在顶部还进行了设计，并在中心轴四周运用了对称的方法，选择了不同高度的圆柱和四倍块表现支撑架，呈现出斜坡状。（旋转飞船）

湾湾发现可以用粗圆柱和小圆柱把双倍块架在上面。转弯的地方贝贝说可以用一个大半圆形。湾湾和贝贝在轨道平的地方用粗圆柱支撑，上面并排放了两块双倍块，在下坡的地方用小圆柱进行支撑和连接，搭建完主体后，两个人用小圆柱体和半拱门进行装饰，最后放了几个玩具上的汽车底座表示座椅。（立体跑车）

5. 欣赏各种游乐器械。

幼儿在集体中介绍自己搭建的游乐器械的名称和特征。

活动延伸

1. 区域游戏：在建构区提供更多游乐器械的图片和多种类型的建构材料，供幼儿搭建各种游乐器械。

2. 日常活动：在餐前分享一些两人一起合作搭建的好方法。

关键经验

1. 在合作搭建的过程中愿意大胆表达自己的观点，愿意接受合作者的意见，与同伴意见不同时，能在成人的帮助下协商解决。

2. 敢于尝试搭建其他类型、样式的游乐器械，具有一定的创造性。

图 8-17　游乐器械（一）

图 8-18　游乐器械（二）

图 8-19　游乐器械（三）

图 8-20　游乐器械（四）

线索描述

线索二　玩转游乐场

幼儿园里再现游乐场，让幼儿感受到各种游乐器械的有趣；他们尝试动手拼搭，再现各种有趣的游戏场景，提出"我们可以天天在幼儿园里玩吗"。从迪士尼乐园到六一游乐场，从观察讨论到准备材料，他们尝试在室外布局、划分场地、进行搭建，还关注到游乐场里的游乐器械怎样能玩起来，一起设计、玩转六一游乐场。

分支一　迪士尼乐园

迪士尼乐园里的花车是什么样子的？ → 公主的水晶鞋是什么样子的？ → 迪士尼乐园的吉祥物是什么样子的？

活动一　漂亮的花车

活动背景

幼儿在去迪士尼乐园游玩时，对花车游行中的表演印象深刻，觉得花车很漂亮，造型也各种各样。班上的迪士尼乐园游戏已经开始了，他们非常希望将花车作为礼物在礼品店中出售。本活动的重点是选择合适的材料拼插花车。

材料准备

万能工匠、雪花片等桌面建构材料，迪士尼乐园的花车图片。

活动描述

1. 讨论迪士尼乐园里的花车造型。

幼儿将自己收集的迪士尼乐园的花车图片进行分享，芙妹说花车上面有一个公主可以站的台子，四周有许多花；贝贝说她在迪士尼看到的花车像冰激凌车一样。

2. 讨论花车的组成结构。

欣赏并细致观察迪士尼乐园花车图片后，小爱说她觉得花车和平时马路上的车很像，有车身、车轮；砺砺说跟平时的车不一样，再次对图片细节进行观察后他发现花车的主体部分跟一般的车是一样的，但是花车会有许多装饰。

3. 交流建构材料和建构顺序。

教师：你准备用什么材料来拼插花车呢？幼儿讲述自己选择的建构材料。

教师：花车的拼插顺序是怎样的？

贝贝说要先拼插车身再安装车轮，最后装饰一些花在车身上；小爱也说先拼插车身再安装车轮，因为先装车轮可能会不稳。

4. 参与建构游戏。

小北选择用万能工匠的四个齿轮作为车轮，两根绿管连接前后轮，最后用彩带在车身上进行装饰。小爱是用雪花片来拼插的，她先拼插的是车身，最后拼插车轮。月月用梯子玩具先拼搭车身，最后用梯子玩具里的轮子与车身进行连接，还用一些彩色的绳子进行装饰。

5. 分享各种各样的花车建构作品。

幼儿在集体里介绍自己拼插的花车。

活动延伸

1. 区域游戏：在建构区提供各种各样花车的图片以及幼儿自己设计的花车图片，供幼儿继续拼插时参考；在美工区提供各种低结构材料，供幼儿制作花灯。
2. 晨间谈话：播放各种乐园里的花车巡游的视频，拓展幼儿对花车造型的认知。

关键经验

1. 能了解花车的结构，用绘画、手工、建构等多种方式表现花车。
2. 活动时能接受同伴的意见和建议，敢于尝试有一定难度的活动。

图 8-21　花车（一）

图 8-22　花车（二）

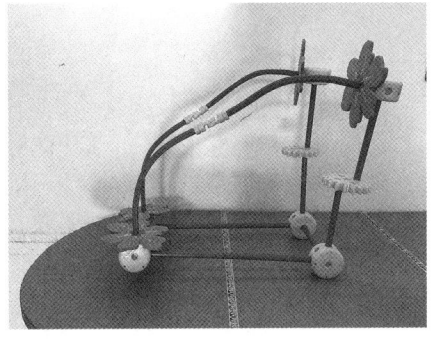

图 8-23　花车（三）

图 8-24　花车（四）

活动二　神奇的水晶鞋

活动背景

在迪士尼故事中，公主们穿着美丽的水晶鞋，这让幼儿对水晶鞋充满好奇，怎样能用班上的玩具拼插出他们心中的水晶鞋呢？本活动的重点是了解水晶鞋的外形特征和组成部分，用桌面建构材料创造性地表现水晶鞋。

材料准备

梯子、雪花片等桌面建构材料，水晶鞋的图片。

活动描述

1. 听灰姑娘的故事。

教师：灰姑娘有一双非常漂亮的水晶鞋，你们也想要吗？

2. 讨论水晶鞋的主要特征。

教师：水晶鞋是什么样子的？

通过对水晶鞋图片的观察，幼儿发现水晶鞋由鞋头、鞋身和鞋跟组成，薯条说她发现水晶鞋的鞋跟都是高高的、细细的。

教师：水晶鞋的鞋头是什么样子的呢？跟我们平时穿的鞋子一样吗？

再次观察图片后，泡泡说水晶鞋跟我们平时穿的鞋子不一样，我们平时穿的鞋子的鞋头是圆圆的，水晶鞋的鞋头是尖尖的。

3. 参与建构游戏。

星然选用雪花片建构，她先拼插了两个长条形，然后将两个长条形用一个雪花片连接固定在一起，呈两头尖、中间宽的样子，又用三个雪花片固定在鞋子一头的下面作为鞋跟。泡泡用花形玩具拼插，她选择了两种蓝色拼插的水晶鞋。芙妹用小方格玩具拼插成一个长方形，在长方形一端的下面连接上鞋跟。

4. 水晶鞋展览会。

幼儿根据自己的喜好给最喜欢的水晶鞋投票。

活动延伸

区域游戏：在美工区中幼儿用多种材料设计各种各样的水晶鞋；在角色区礼品店的游戏里将幼儿拼插的水晶鞋展示并售卖。

关键经验

1. 在活动中能按自己的想法进行搭建游戏，敢于尝试有一定难度的活动。

2. 在细致观察中发现水晶鞋的主要特征。

图 8-25　水晶鞋（一）

图 8-26　水晶鞋（二）

图 8-27 水晶鞋（三）

图 8-28 水晶鞋（四）

活动三　设计吉祥物

活动背景

迪士尼乐园里的各种卡通形象给幼儿留下了深刻的印象，米奇、米妮、唐老鸭……这些可爱的卡通形象，可以使用哪些材料来表现呢？本活动的重点是了解吉祥物的作用，并用建构的方式表现迪士尼吉祥物，尝试设计六一游乐场吉祥物。

材料准备

纸、笔，迪士尼吉祥物的图片，各种建构材料。

活动描述

1. 了解吉祥物的作用和造型。

教师：迪士尼乐园里的吉祥物是什么？

通过回忆游玩经历，幼儿发现吉祥物是在乐园里到处都有的，是这个乐园的标志。

2. 设计吉祥物，选择合适的桌面建构材料表现吉祥物。

教师：你想选择什么材料表现迪士尼乐园的吉祥物呢？

月月和笑笑说迪士尼乐园里米奇最多，很多地方都有米奇，她们想用万能工匠表现米奇。她们各自用黄轮拼插出一个圆形，月月说把两个圆形用短蓝管连在一起，这样更像，在拼插耳朵时，两人也是各自先拼插了一个小圆，然后合并在一起，作为米奇的耳朵固定在大圆上。

3. 分享设计的吉祥物的名称和作用。

月月分享了她们是如何用万能工匠材料表现米奇的，先各自拼插好部件，再进行组合会更快完成作品。

4. 讨论班级的游戏乐园吉祥物。

教师：我们的游戏乐园可以用什么吉祥物呢？幼儿提出自己的想法，在区域游戏中继续创作，并在评选后用于日常游戏中。

活动延伸

1. 区域游戏：在美工区中根据游戏乐园的需要设计吉祥物，在角色游戏中通过评选、投票，将设计的吉祥物粘贴在游戏场景中。

2. 晨间谈话：幼儿分享各种乐园的吉祥物，包括吉祥物的名字、含义。

关键经验

1. 了解吉祥物的作用并认真比较，观察异同。

2. 尝试用建构、绘画的方式表现吉祥物的典型特征。

图 8-29　乐园吉祥物（一）

图 8-30　乐园吉祥物（二）

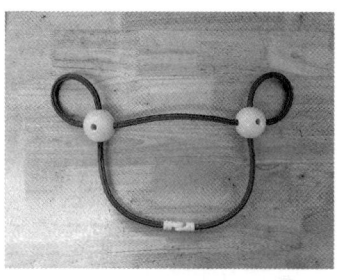
图 8-31　乐园吉祥物（三）

分支二　六一游乐场

六一游乐场怎样布局？ → 六一游乐场是什么样子的？

活动四　有趣的游乐场

活动背景

幼儿对游乐场场地的大小有一定的感知，对游乐场内的游乐器械的名称、玩法、特征有明确的认知，对游乐场里的设施也很了解，他们想在幼儿园里创建一个自己喜欢的游乐场。本活动的重点是确定建构的内容，共同布局绘制游乐场的设计图。

材料准备

游乐器械的图片，纸、笔。

活动描述

1. 回忆游乐场。

教师：游乐场都有哪些好玩的地方？

幼儿观察游乐场图片后了解到游乐场有游乐器械区，笑笑根据图片指出游乐场的游乐器械都在一个区域。阳阳说：游乐场还有吃饭的地方呢！

2. 发现游乐场的设施和区域。

教师：游乐场有哪些区域？

通过对游乐场整体图的观察,球球发现游乐场有玩的地方,还有吃饭的地方。牛牛指着图上的一排椅子说还有休息的地方,椅子就是让玩累的人坐的。

3. 讨论并绘制六一游乐场的布局。

教师:幼儿园里的游乐场怎样布局?你想要在游乐场里布置哪些区域?

花花想在游乐场里设置游戏区、休息区。香香想在游乐场里设置游戏区、饮食区和休息区。果果想在游乐场里设置玩沙区、游戏区、饮食区和休息区。

幼儿分小组绘制六一游乐场的设计图。

小爱和贝贝说把游乐器械放在一起,休息区在游戏区旁边,玩累了可以休息。小爱把纸对折,左边画上几个游乐器械,右边画了几排椅子。砾砾和芙妹把游戏区和饮食区画在纸上面,把休息区画在纸下面,芙妹用红色的笔在纸的中间画了一条线。

4. 分享设计图。

各小组分享设计图,投票选择一种最合理、便于实施的计划。

活动延伸

1. 区域游戏:将幼儿探索选择的游戏布局图在角色游戏时进行再分享;在益智区自制游乐园棋,进一步感受游乐园布局。

2. 日常活动:散步时可以观察六一游乐场各区域位置,思考各物品的摆放。

关键经验

1. 在共同计划布局的时候能接受同伴的意见,敢于尝试一些有难度的任务。
2. 能较完整地讲述自己的想法,愿意与人交谈自己感兴趣的事。
3. 能用绘画的形式表现自己的想法。

活动五 玩转六一游乐场

活动背景

幼儿对户外游乐场已经进行过布局,确定了一张集体建构设计图,怎样将设计图上的内容变为现实呢?他们打算运用户外大型建构材料表现六一游乐场。本活动的重点是根据设计图,使用户外大型建构材料表现出可以玩的游乐场。

材料准备

设计图,大型碳化积木、万能工匠等户外建构材料。

活动描述

1. 观察六一游乐场的设计图,回顾建构的内容和各个区域的划分。

教师:这是上次绘制的设计图,你能看懂吗?需要建构哪几个区域?每个区域都有些什么?

楠楠拿着设计图说,把旋转类游乐器械放在中间,把海盗船、青蛙跳楼机、果虫滑车、碰碰车放在四周,另外一边是休息区和饮食区,还需要有游乐场的大门。

2. 讨论搭建六一游乐场的分工。

教师:怎样合作完成一个大型的游乐场?

幼儿迁移已有经验,表示可以按小组分成不同的区域进行建构。

3. 来到户外进行搭建。

师幼共同在户外找到相应的位置搭建游乐场,月月和小贝搭建了两头尖的海盗船,用万能工匠的扇叶作为船桨。阳阳和柏延搭建旋转飞椅,他们刚开始选择用长方形物体做出支撑架的材料,经过几次尝试发现总是会倒,最后他们选择用绳子作为支撑架,连接中心轴和座椅,为了让中心轴更大、更稳固,他们选择了万能工匠的两个大黄轮。汉堡和薯条将万能工匠的四个蓝轮和两根黄管连接成长方形,上面加上两根红管作为把手,完成了旋转飞椅作品。为了区分各个区域,幼儿最后合力用黄轮和红管间隔排序的方式,将每个区域围合起来进行划分。

4. 展示、欣赏游乐场。

幼儿介绍游乐项目的名称、玩法,分散游戏。

活动延伸

1. 区域游戏:在美工区用绘画、剪贴等方式制作游戏场内各个区域的标牌。

2. 日常活动:在散步时可以和同伴一起进一步优化场地安排;在餐前播放一些游乐场的布局视频供幼儿参考。

关键经验

1. 在搭建合作中与同伴意见出现分歧时,愿意接受同伴的意见,发生冲突时能在成人的帮助下和平解决问题。

2. 细致观察布局图,与同伴合作,坚持完成自己的小任务。

3. 爱惜自己与同伴的作品,感受合作搭建、共同游戏的快乐。

图 8-32 游乐场(一)

图 8-33 游乐场(二)

图 8-34　游乐场（三）　　　　　图 8-35　游乐场（四）

四、关键经验

- 关键经验
  - 健康
    - 能经常保持愉快的情绪，与同伴发生矛盾时，在成人提醒下情绪能逐渐平静。
    - 愿意把自己的情绪告诉成人，一起分享快乐或求得安慰。
    - 活动结束时，能整理、收拾使用过的材料，自己会做的事情自己做。
    - 掌握正确的动作要领，从一定高度往下跳，发展下肢力量。
  - 语言
    - 愿意与他人交流，喜欢谈论有关游乐场的话题。
    - 能较完整、清楚地念儿歌，并结合日常经验进行创编。
    - 能与同伴讨论设计游乐场，口齿清楚地讲述自己的想法。
  - 社会
    - 在搭建游乐器械时愿意接受同伴的意见，与同伴意见不同时能和平解决。
    - 参加具有挑战性的游戏时，能遵守规则，感受规则的意义。
    - 能大胆实践自己的想法，敢于尝试有一定难度的活动。
    - 愿意主动参加群体活动，感受与同伴合作搭建游乐场、共同参与游戏的乐趣。
  - 科学
    - 认识、了解各种游乐器械的外形特征及运行方式。
    - 细致观察，对比发现各种游乐器械的结构特点。
    - 能根据器械的某一特征对游乐器械进行分类，并说出分类的方法。
    - 乐于动手动脑探索物体和材料，运用架高、连接等方法表现各种游乐器械的主要特征。
  - 艺术
    - 合理布局，根据设计图分组完成游乐场内的各个区域游乐器械、设施的搭建。
    - 能用简单的线条画出自己观察到的游乐器械，感受对称美。
    - 运用手工制作的方法表现各种游乐器械。
    - 参与设计吉祥物，感受设计在色彩、图案上的寓意和美。

项目九
摩天大楼

一、项目缘起

摩天大楼又被称为超高层大楼,通常修建在城市的中心,是城市繁荣的标志。高耸入云的南京紫峰大厦、上海世贸中心、迪拜哈利法塔……人类在不断突破新的建筑高度。在一次谈话中,萱萱说到了在网红地打卡的事,并带来了图片展示,原来她去的是南京的标志性建筑——紫峰大厦,这引起了幼儿的讨论,他们纷纷表示自己不仅去过紫峰大厦,还去过其他的高楼大厦,为此关于摩天大楼的探究开始了。

什么叫作摩天大楼?摩天大楼有什么样的建筑特点?有哪些著名的摩天大楼?怎么样搭建稳固且造型多样的摩天大楼?他们进行调查研究、尝试搭建,用各种方式表现出摩天大楼典型的造型特点。幼儿的兴趣点从大楼外部又转向大楼内部,他们想知道摩天大楼里面是什么样子的,有哪些设施。在不断生成的、丰富多彩的游戏活动中,幼儿体验到了摩天大楼的建筑魅力。

二、发展线索

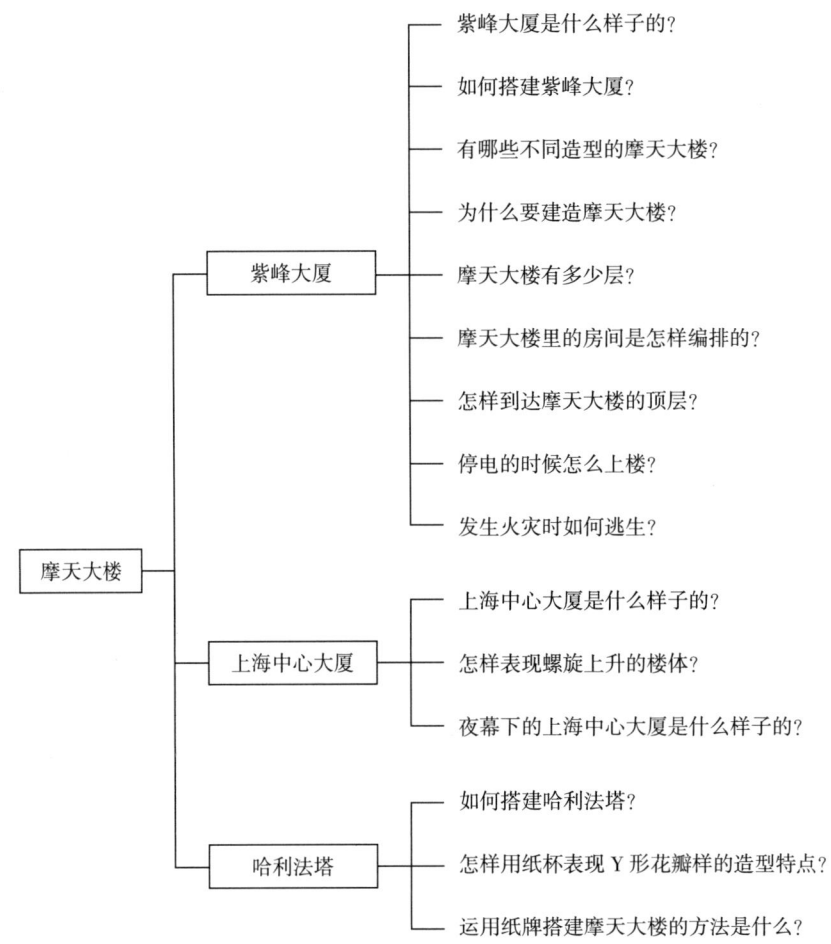

三、具体活动

线索描述

线索一　紫峰大厦

本线索中，幼儿以认识紫峰大厦、了解紫峰大厦的造型特点和内部结构为重点，进行研究、探索和尝试。他们利用多种建构材料表现出紫峰大厦下大上小、逐段缩小的建筑特点，并丰富关于摩天大楼内部的电梯、楼房号码、消防设施的认知经验，将其运用在紫峰大厦的整体构造中，使得紫峰大厦的结构更加完整且美观。

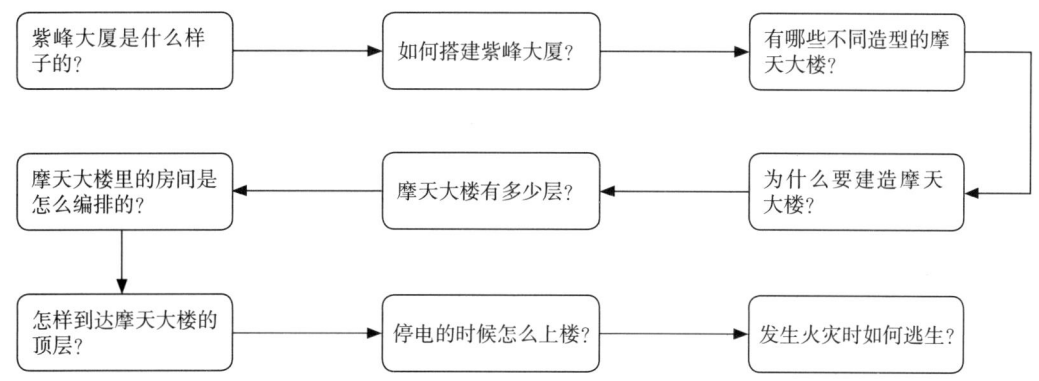

活动一　南京的摩天大楼

活动背景

紫峰大厦是南京的标志性建筑，是幼儿近距离接触过的摩天大楼，也是主题开始的缘起。于是我们以它为切入口开始对摩天大楼进行系统的研究。本次活动以了解紫峰大厦的外形结构为重点，解决幼儿现阶段关于摩天大楼的疑问。

材料准备

紫峰大厦不同角度的照片。

活动描述

1. 谈话，引入紫峰大厦的话题。

教师：你去过紫峰大厦吗？紫峰大厦是什么样子的？

大部分幼儿都有去紫峰大厦的经历，他们从紫峰大厦的造型特点、高度、内部结构等几个方面进行分享。

2. 通过欣赏各种角度的紫峰大厦照片，全面了解其建筑特点。

幼儿通过观察紫峰大厦正面、侧面以及俯视角度下的照片，梳理出了紫峰大厦的建筑特点：紫峰大厦是南京的地标性建筑，它由裙房、副楼、主楼、灯塔和避雷针组成，总高度是450米，主楼地下4层，地上89层，外立面是幕墙玻璃，亮灯时显现蟠龙模样。

3. 解决幼儿关于紫峰大厦的困惑。

幼儿讲述自己对于紫峰大厦的困惑：紫峰大厦为什么要有避雷针啊？紫峰大厦里面都是用来居住的吗？在结合自己的已有经验和与同伴讨论之后，幼儿给出了答案：避雷针是为了保护紫峰大厦在雷雨天气不被雷击，另外，紫峰大厦里面有办公场所，还有像酒店、餐饮等休闲娱乐场所。

4. 了解摩天大楼的概念。

综合上述介绍和分享，幼儿发现不是所有的高楼大厦都叫摩天大楼，我们国家规定，100米以上高度的建筑属于超高层建筑,也就是摩天大楼。而紫峰大厦有450米,是南京市乃至江苏省最高的大楼。幼儿体会到紫峰大厦是南京的地标,表示愿意多多地去观察它、了解它。

活动延伸

1. 区域游戏:在建构区选用合适的材料尝试搭建紫峰大厦。
2. 环境创设:将紫峰大厦的照片张贴在班级的建构区,为幼儿搭建紫峰大厦提供依据。

关键经验

1. 能通过观察了解摩天大楼的概念,知道紫峰大厦是由裙房、副楼、主楼、灯塔和避雷针组成的。
2. 能通过多个角度方式的观察、对比,发现紫峰大厦下大上小、逐段变小的建筑特点。
3. 能根据图片观察了解紫峰大厦,提出自己的困惑,并大胆猜测答案。

活动二 紫峰大厦

活动背景

紫峰大厦由裙房、副楼、主楼、灯塔和避雷针等部分组成,其蟠龙模样的外立面蕴含着南京独特的历史文化,这么高的建筑可以用积木搭建出来吗?本次活动将重点解决紫峰大厦主楼的搭建,表现出下大上小且逐段变小的建筑特点,力求搭建得稳固、形象。

材料准备

紫峰大厦的图片,清水积木等。

活动描述

1. 提出问题,引起幼儿兴趣。

教师:上次有小朋友提出用积木搭建紫峰大厦,它那么高大,可以搭出来吗?

2. 回忆紫峰大厦的建筑特点。

观察紫峰大厦的底部建构后,幼儿发现紫峰大厦的底部是裙房,它共有六层,是整个大楼最宽大的地方。观察紫峰大厦中间部分的结构后,幼儿发现紫峰大厦中间的楼体是副楼和主楼,从下到上,逐段变窄。

3. 讨论搭建紫峰大厦的方法。

应该如何表现紫峰大厦的各个不同的部分?怎样能搭建得更牢固?幼儿提出:底部要搭建得宽大一些,平面整齐,这样才能牢固不倒。考虑到紫峰大厦比较高,也比较大,他们认为四个人合作搭建比较合适。

4. 幼儿和同伴寻找合适的地方搭建紫峰大厦。

可乐和哈哈、妥妥、特特组成一组,他们选择了一块地方,开始搭建紫峰大厦。可乐和哈哈各拿了两块四倍块积木,将它们平铺在地上组成长方形,然后她接过妥妥手中的高圆柱放在长方形的四个角并对齐。她请特特拿一些四倍块和双倍块积木过来，将两块四倍块分别架在高圆柱上，用双倍块积木平铺了一层，就这样第一层底座就搭建完成了。可乐用高圆柱放在两个角上，用双倍块比着距离又放了两个高圆柱，把双倍块架在上面，并用双倍块整体铺平。她和同伴合作，用这样的方法搭建了三层。她们要搭建灯塔了，可是太高了，她们谁都够不着，可乐提议站在椅子上继续搭，她们选了个子最高的哈哈站在上面，特特负责运积木，可乐递给哈哈，先在中间的位置摆了四根高圆柱，然后用基本块平铺在上面，再用高圆柱和细圆柱相结合的方式表现出了顶端的避雷针，最后四个人一起用基本块对每一层进行了围合，紫峰大厦搭建完成了！

5. 欣赏作品，共同交流。

每个小组选幼儿代表介绍自己小组是如何搭建紫峰大厦的，怎样使得底部变得稳固而结实。幼儿相互欣赏作品，学习他人成功的经验。

活动延伸

1. 区域游戏：在建构区使用各种积塑材料表现紫峰大厦。
2. 家园共育：请家长带幼儿实地参观紫峰大厦，深入了解它的造型特点。

关键经验

1. 感知紫峰大厦下大上小、逐段变小的建筑结构，并能用建构材料将其表现出来。
2. 能比较连贯地讲述紫峰大厦的基本特征。
3. 能与同伴协商，合作搭建紫峰大厦，想办法克服其中的搭建困难。

图 9-1　紫峰大厦（一）

图 9-2　紫峰大厦（二）

图 9-3　紫峰大厦（三）

图 9-4　紫峰大厦（四）

活动三 我知道的摩天大楼

活动背景

对于幼儿来说,高耸入云的摩天大楼里充满了秘密,他们还想知道中国乃至世界上著名的摩天大楼,于是针对自己最感兴趣的摩天大楼进行了调查。本活动中,幼儿利用调查表进行知识共享和整合,了解世界上著名的摩天大楼名称和它的造型特点。

材料准备

摩天大楼调查表,多张摩天大楼图片,油画棒、勾线笔、白纸等。

活动描述

1. 回忆摩天大楼的相关经验。

幼儿谈论有关摩天大楼的话题,分享自己见过、知道的摩天大楼,主要提到了摩天大楼的高度、楼层分布等外部造型和内部结构及设施。

2. 分享调查表,梳理世界上著名摩天大楼及其特点。

在幼儿生活的周围,林立着各种各样的大楼,但不是所有的大楼都叫摩天大楼,到底什么样的楼才叫摩天大楼呢?世界上有哪些著名的摩天大楼?幼儿根据之前的调查,表述自己最感兴趣的摩天大楼,了解到世界上著名的摩天大楼的名称和它的造型特征。

3. 绘画喜欢的摩天大楼。

在众多的摩天大楼当中,幼儿的兴趣点各不相同,他们运用绘画的方式表达自己对所研究的摩天大楼的理解。

4. 总结摩天大楼的典型特点。

在面向集体展示、介绍自己绘画的摩天大楼的过程中,幼儿发现摩天大楼都是超高层建筑,但它们的造型特点却各不相同,有的是逐段缩小,有的是螺旋上升,都有着属于自己的建筑风格。

活动延伸

1. 区域游戏:在美工区自主绘画不同造型的摩天大楼,了解它们的典型特点;在语言区呈现幼儿的调查表,幼儿通过看一看、说一说发现摩天大楼的异同。

2. 家园共育:家长带领幼儿收集摩天大楼的玩具或者图片等材料。

关键经验

1. 能根据调查表上所显示的信息,介绍自己了解的摩天大楼。

2. 愿意与他人分享,大胆说出所发现的摩天大楼下大上小、三角形结构、螺旋上升以及花朵状的造型特点。

3. 能用绘画的形式记录自己感兴趣的摩天大楼,并用一些线条和形状表现出其典型的造型特点。

附：调查表

表 9-1 我喜欢的摩天大楼

你见过哪些摩天大楼？（多少米？有多少层？有什么典型特征？）试着画一画吧。	
摩天大楼里都有些什么设施和场所？试着用简笔画的方法表现出来吧。	

活动四　建造摩天大楼

活动背景

为什么要建造摩天大楼？如何建造摩天大楼？这是幼儿感兴趣的问题，只有找到答案，他们在搭建摩天大楼时才会更有想法。本次活动主要梳理城市建造摩天大楼的作用，并通过搭建紫峰大厦的实践总结出搭建摩天大楼的经验。

材料准备

摩天大楼外部、内部的图片，清水积木。

活动描述

1. 结合已有经验，梳理摩天大楼的内部结构。

摩天大楼里面有什么？为什么我们的生活中要有摩天大楼？对于这些问题，幼儿进行了讨论。之前，幼儿在家长的陪同下，对摩天大楼的内部结构有一定的了解。他们发现摩天大楼里可以办公，有休闲娱乐、饮食场所等，摩天大楼还设有电梯、停车场等设施。

2. 讨论城市建造摩天大楼的作用。

教师：城市里为什么要建造摩天大楼，有什么作用？萌萌说城市中建造摩天大楼说明这个城市非常有钱；丁丁说摩天大楼可以成为一个城市的标志性建筑，例如南京的紫峰大厦。其实在城市中心修建摩天大楼，主要目的是缓解城区用地紧张，促进商业发展，现在演变为城市繁荣的标志。

3. 分享搭建摩天大楼的想法，绘制搭建计划图。

基于对现阶段摩天大楼的了解，幼儿和同伴讨论如何搭建摩天大楼，制订搭建计划。

4. 搭建摩天大楼。

幼儿和同伴根据计划图，选择合适的地方搭建摩天大楼。

可乐、萌萌和丁丁三个人一组合作搭建摩天大楼。萌萌拿来四根高圆柱，丁丁拿来双倍块积木，平行着架在圆柱上面，接着用双倍块铺平，他们用这样的方法搭建了四层，可乐用基本块对每一层的中间进行了围合。最后要搭建避雷针，他们三个谁都够不到，于是找来椅子放在楼的旁边，个子最高的丁丁站上去，可乐和萌萌递给他一根高圆柱，放在最顶端中间的位置，接着把小方柱放在最上面，这样一个方形的摩天大楼就搭好了。

5. 欣赏与分享。

幼儿互相欣赏同伴作品，说一说自己小组所建构的摩天大楼的特别之处，有哪些内部设施。

活动延伸

1. 区域游戏：在语言区投放幼儿的调查表，丰富大家对摩天大楼内部结构的认知经验。
2. 晨间谈话：幼儿说一说自己去过摩天大楼里面的哪些地方，对什么地方最感兴趣。

关键经验

1. 愿意与同伴交谈，喜欢谈论自己所了解的城市建造摩天大楼的作用，比如为了缓解城区用地紧张、作为城市的标志等。
2. 能基本完整地讲述自己了解的摩天大楼的内部结构和作用，表达比较连贯。
3. 迁移搭建紫峰大厦的经验，制订搭建摩天大楼的计划，表现出高大、稳固的特征。

图 9-5　摩天大楼（一）　　图 9-6　摩天大楼（二）

图 9-7　摩天大楼（三）　　图 9-8　摩天大楼（四）

活动五 数高楼

活动背景

一直以来，高耸入云的摩天大楼都是幼儿非常感兴趣的话题。摩天大楼到底有多高？一共有多少层？如果从外部数，幼儿发现自己数也数不清，如果从内部可以通过看电梯的数字知道层数。本活动中，幼儿通过歌曲感知摩天大楼的高度，感受现代城市的魅力。

材料准备

歌曲《数高楼》。

活动描述

1. 随歌曲音乐入场，初步感受歌曲的节奏和旋律特点。

幼儿伴随着歌曲的音乐跳恰恰舞进入活动室，初步感知歌曲的节奏和旋律特点。在围绕自己见过的高楼大厦进行讨论时，有的幼儿说自己去过紫峰大厦，知道它有89层，地下还有4层；有的幼儿说金鹰世界有73层，知道这是现代城市的象征。

2. 尝试用身体动作表现高楼。

幼儿尝试用下蹲、半蹲、直立、高举双手等动作表现高楼，这些动作代表了不同高度的大楼，如高举双手代表摩天大楼。幼儿之间相互模仿、学习。

3. 学唱歌曲。

在钢琴伴奏下，教师演唱歌曲《数高楼》，幼儿欣赏。音乐声中，他们听到了歌曲中的一些歌词内容，比如三层四层五层楼、白云来回走、弟弟和妹妹哟等。

再次欣赏歌曲，幼儿发现歌曲中用了全在云里头、九层十层数不清表现出楼很高。他们对于歌曲中像说话一样念出来的歌词很感兴趣，知道这是歌曲中的念白部分，按照节奏说出歌词。幼儿变化手的拍打节奏来表现歌曲中的念白部分。

4. 幼儿歌表演。

幼儿根据音乐自由表演唱，感受数高楼的有趣。

活动延伸

区域游戏：在角色区小舞台播放《数高楼》的歌曲，幼儿边做动作边进行歌曲表演。

关键经验

1. 能用自然的、音量适中的声音基本准确地唱出歌曲中的休止符和念白部分，表现出歌曲欢快的情绪。

2. 能根据歌曲节奏和歌词做基本动作、模仿动作和舞蹈动作。

3. 喜欢在集体中参加歌唱、表演等活动，体验与同伴共同进行歌曲演唱的乐趣。

附：歌曲

数高楼

1=F 2/4

程逸汝 王以卓 词
黄式茂 编

中速

路边大高楼哟，白云来回走，
数来又数去哟，答数没法求，
弟弟和妹妹哟，抬头数高楼哟，
最高几层楼哟，全在云里头哟，
全在云里头。一层楼，二层楼，三层四层五层楼，六层七层八层楼，九层十层数不清。

活动六　门牌号码

活动背景

幼儿在进入摩天大楼内部时，发现里面设置了许多的房间，这些房间的门牌号码存在着一定的排列规律。本次活动重点研究门牌号码的编排规律，探索栋、单元、层、间的关系，丰富对于摩天大楼房间编排的认识。

材料准备

门牌插卡，纸板，小区住宅楼栋和门牌的视频，椅子、小花标记等，6栋已经搭建好的楼房。

活动描述

1. 通过观察讨论发现门牌号码的秘密。

教师：你们上次在摩天大楼内部发现楼层、房间的门牌有什么秘密？

幼儿发现这些数字都是相连的。

教师：你们家的单元门、门牌是怎样的呢？

幼儿介绍自己家的地址，直观感受一栋一栋的住宅小区。通过点数明确楼层数，发现门牌号码的编排规律。

2. 自主编排门牌号码，梳理门牌的表示方法和排列规律。

幼儿选择造楼房所需要的椅子和纸板，建造出3层、4层或者5层的楼房并编排门牌号码。通过操作幼儿发现：最底下的层叫作第一层，最左边的间叫作第一间，从下往上，从左往右编门牌号码，第一个数字表示层，最后一个数字表示间，中间用0隔开，楼房的门牌号就是101、102、201、202……

3. 认识住宅地址，探究栋、单元、层、间的关系。

幼儿在观察中发现每栋楼都有几个单元。通过实践操作找2栋3单元301的房间，幼儿了解到楼栋、单元、层、间的关系。

4. 操作游戏。

选定一栋搭建好的楼房，幼儿在里面选择一个自己喜欢的房间，贴上小花标记，准确地说出自己所选房间的门牌号码，比如3栋2单元302。

活动延伸

1. 区域游戏：在数学区继续投放楼房与号码的操作材料，幼儿根据栋、单元、层、间的数字，找到小动物的家。

2. 家园共育：请家长在日常生活中带领幼儿观察小区里门牌号码的排列规律。

关键经验

1. 仔细观察，探究栋、单元、层、间的数字关系，有意识地使用数学经验进行推算，发现门牌号码的排列规律。

2. 感知、体会生活中很多地方都用到数，关注门牌与自己生活的密切关系。

活动七　乘坐电梯

活动背景

摩天大楼是超高层建筑，怎么样才能快速地到达想去的楼层？于是，幼儿聊到了电梯的话题。到底该怎样乘坐电梯？如果电梯发生故障了怎么办？本次活动主要针对电梯的造型、安全乘坐电梯的方法进行研究。

材料准备

各种各样的电梯照片，安全乘坐电梯的视频，电梯里的安全标志等。

活动描述

1. 了解摩天大厦中电梯的作用。

幼儿观察紫峰大厦等摩天大楼的图片，谈论在摩天大楼里如何快速到达想去的楼层，从而发现安装电梯是解决这一问题的好方法。

2. 认识电梯里的标志。

幼儿回忆关于电梯的已有经验，他们都乘坐过电梯，有的是在小区里，有的是在商场里，还有的是在医院里。那么电梯是什么样子的呢？通过观察图片，幼儿发现电梯是由电梯门、轿厢、按键、安全标志等部分组成的。

3. 讨论乘坐电梯的注意事项。

看到视频中小朋友乘坐电梯时的行为，比如用身体挡住电梯门、乱按电梯按键、在电梯里蹦蹦跳跳等，幼儿认为这些行为都是错的，乘坐电梯时应该注意安全，不能用身体挡住电梯门，否则可能会被夹住；不能乱按电梯按键，否则可能导致电梯运行不了；更不能在电梯里蹦蹦跳跳，否则影响自己和他人的安全。

4. 讨论电梯出现故障时的自救方法。

幼儿就"电梯出现故障应该怎么办"这一问题进行了讨论，他们结合自身的生活经验，总结出保持冷静不要慌、大声地呼救、按电梯里的求助按键、拨打119、蹲下来等方法。

活动延伸

1. 晨间锻炼：利用竹梯和轮胎组合，与同伴协作玩转电梯游戏。
2. 环境创设：布置"我会安全乘坐电梯"的宣传海报。
3. 家园共育：请家长乘坐电梯时为幼儿正确示范，引导幼儿观察电梯的结构。

关键经验

1. 认识电梯里常见的安全标志，能遵守安全乘坐电梯的规则。
2. 知道一些简单的求助方法，学习安全乘坐电梯的方法。
3. 能基本完整、连贯地讲述自己所知道的电梯故障时的自救方法。

活动八　上楼下楼

活动背景

有了电梯还需要楼梯吗？答案是肯定的。幼儿知道楼梯是楼层之间最重要的连接，它对于摩天大楼也很重要。本次活动主要围绕如何清楚地表述上下楼梯这件事展开，在看一看、说一说的过程中加深对楼梯的认知经验，感受绕口令语言游戏的趣味性。

材料准备

玩具小人，向上、向下的箭头图片若干。

活动描述

1. 讨论关于绕口令的话题。

教师：什么是绕口令？

通过观看视频，幼儿初步感受到绕口令这种语言形式的特点，他们发现绕口令里有许多发音很相似的字，表演时发音要准确，而且要带着节奏感快速、连续地念出来，最好是一口气念完。

2. 欣赏绕口令《上楼下楼》。

幼儿仔细听教师表演绕口令《上楼下楼》，发现其中有许多发音相像、重叠、反复出现的句子，比如上楼、下楼、楼上、楼下、上上下下。

3. 自主尝试念绕口令。

幼儿观察绕口令图谱，了解每个图标的意思，知道朝上的箭头表示上楼，朝下的箭头表示下楼，并尝试把整首绕口令从头到尾连起来念。

4. 尝试边打节奏边念绕口令。

第一遍尝试时，幼儿发现由于拍手的节奏不一致，导致绕口令念得不整齐。第二遍念绕口令时，幼儿之间相互倾听，彼此协调拍手的速度，从而达到了整齐的效果。

5. 绕口令表演。

幼儿单独表演，或是和小组成员共同表演绕口令。

活动延伸

1. 区域游戏：在语言区投放关于绕口令的图书，供幼儿学念绕口令。
2. 晨间谈话：幼儿自主准备并分享更多的绕口令。

关键经验

1. 在小舞台角色游戏区准备快板背景音乐，可进行绕口令表演，感受绕口令绕来绕去、发音相像等特点。
2. 会说普通话，能较清楚地读准上楼、下楼、上上下下等读音，吐字清晰，尝试拍手打节奏、看图谱学念绕口令。
3. 敢于在集体中表演绕口令，感受表演绕口令的有趣。

附：绕口令

上楼下楼

有一幢高楼，

很多人上楼，很多人下楼，

楼上的人下楼，楼下的人上楼，

有的上楼不下楼，有的下楼不上楼，

有的上楼又下楼，有的下楼又上楼，

上上下下，又上又下，

简直忙昏了头！

活动九 火灾来临怎么办

活动背景

摩天大楼里有许多人工作、居住或是购物。幼儿提出,大楼里有这么多人,楼又那么高,如果遇到火灾该怎么办呢?消防云梯没有那么高,该怎么办呢?本活动中,幼儿主要了解摩天大楼里的消防设施,知道自救的方法。

材料准备

火灾现场的视频、图片,"紧急出口""火警电话119"标志各一个,小毛巾、被子、小脸盆等若干。

活动描述

1. 观看火灾视频,了解火灾带来的危害。

幼儿发现,火灾发生的时候,大火能烧掉一座座房子,让人们无家可归;大火能烧掉一片片森林,让动物也没有家园;大火能把人和动物烧死,熊熊燃烧的烈火会污染空气。

2. 讨论引发火灾的原因。

通过讨论,师幼共同总结出引发火灾的几点原因:① 电器短路;② 乱扔未完全熄灭的烟头、火柴梗;③ 没有正确使用电器。

3. 探究怎样预防火灾的发生。

幼儿就怎样才能预防火灾的发生这一问题进行讨论,提到了如下方法:① 小朋友不能随便玩火;② 点蜡烛、蚊香时不能靠近容易着火的物品;③ 不能随便燃放烟花爆竹;④ 不能玩未熄灭的烟头,见到没熄灭的烟头应该及时将其踩灭;⑤ 不能随便玩电、插头、插座等。

4. 学习正确的逃生、自救方法。

幼儿分享自己所知道的火灾时的自救方法,主要提到了:如果发生火灾,不可以乘坐电梯,需要走楼梯尽快逃离火灾现场;确保自己安全后拨打"火警电话119",讲清楚发生火灾的地点;尽快找到安全出口,跟随"紧急出口"标志往外走;等待消防员的救援,切不可跳楼;云梯不能发挥作用时,安全绳可以帮助我们逃生,但要在成人的帮助下进行。

5. 消防演习,巩固经验。

幼儿进行消防演习,通过实践总结火灾逃生时的自救方法:① 用湿毛巾捂住口鼻,用湿的衣服、被子包住身体,弯着身子逃离火灾现场;② 喊大人来救命;③ 往窗口、阳台扔东西。结合视频中所讲述的方法,拿上湿毛巾等物品再次进行消防演习。

活动延伸

1. 日常活动:组织消防演习,通过实践活动掌握消防知识。
2. 晨间谈话:讨论地震等灾害发生时的自救方法。
3. 环境创设:制作宣传海报,张贴在教室的明显位置,用环境影响幼儿的行为。

关键经验

1. 通过观看火灾现场视频，了解发生火灾所带来的危害。
2. 知道发生火灾后的自救方法，比如拨打火警电话119、不乘坐电梯、走安全出口等，提高自我保护意识，懂得爱惜自己的生命。
3. 认识生活中的安全标志，掌握一些基本的安全知识。

线索描述

线索二　上海中心大厦

　　本线索中，幼儿主要研究上海中心大厦，了解其螺旋上升的建筑特点，并尝试选用积木等材料进行搭建。幼儿利用积木位置的交错，表现出螺旋上升的楼体；针对搭建过程中出现的如何搭建稳固的底座等问题进行思考，和同伴合作解决，最终呈现出更加富有造型特点的上海中心大厦。

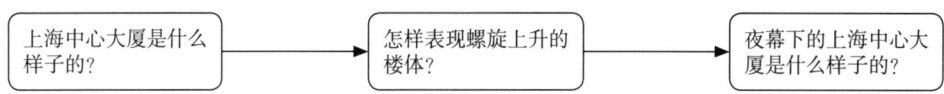

上海中心大厦是什么样子的？ → 怎样表现螺旋上升的楼体？ → 夜幕下的上海中心大厦是什么样子的？

活动一　上海的摩天大楼

活动背景

在前期的研究中，幼儿已不满足对南京紫峰大厦的探究，开始对上海中心大厦产生了兴趣。上海中心大厦有"中国第一高楼"的称号，螺旋上升的旋转结构能有效避免台风造成的危害。本次活动以了解上海中心大厦的建筑特点为重点，丰富幼儿对摩天大楼的认知经验。

材料准备

上海中心大厦的PPT（包含外部照片和内部设施照片）。

活动描述

1. 谈论摩天大楼的话题。

幼儿分享自己所了解的摩天大楼，他们提到了紫峰大厦、上海中心大厦、金鹰世界。他们认为很高很高的楼是摩天大楼，顶部有避雷针。

2. 了解上海中心大厦的特点。

通过观看PPT，幼儿了解到上海中心大厦是上海市的一座巨型高层地标式摩天大楼，建筑主体为地上127层，地下5层，总高度为632米。上海中心大厦有两个玻璃正面，一内一外，主体形状为内圆外三角。从顶部看，上海中心大厦的外形好似一个吉他拨片，随着高度的升高，每层扭曲，螺旋上升。

3. 通过提问，解决关于上海中心大厦的困惑。

关于上海中心大厦螺旋上升的造型特点，幼儿猜测这样的设计是为了好看。其实这和上海的地形环境有很大的关系，螺旋式上升的造型延缓了风流，使得建筑能够经得起台风的考验。

4. 观察图片，对比发现上海中心大厦和紫峰大厦的异同。

通过观察上海中心大厦和紫峰大厦的图片，幼儿发现了它们的相同点，它们都是摩天大楼，都是超高层建筑，都是城市中的标志建筑。区别在于造型特点不同，一个是螺旋上升的，另外一个是下大上小，逐段变细。

5. 演唱歌曲《数高楼》。

摩天大楼是我们城市的骄傲，幼儿一起用歌曲《数高楼》来赞美它。

活动延伸

1. 区域游戏：在语言区投放摩天大楼图片，幼儿自主发现摩天大楼之间的异同并记录下来。

2. 晨间谈话：幼儿介绍其他的摩天大楼，丰富关于摩天大楼的认知经验。

关键经验

1. 通过观察、对比等多种方式，表述上海中心大厦与众不同的造型特点。

2. 能根据自己所观察的上海中心大厦提出问题，并大胆地猜测答案。

3. 感受中国城市的建筑美，并为此感到自豪。

活动二　上海中心大厦

活动背景

上海中心大厦粗而高的楼体、螺旋上升的造型，激起了幼儿的建构欲望。本次活动则是建构上海中心大厦的实践过程，幼儿通过与同伴合作，尝试综合运用积木材料和建构方法，表现出上海中心大厦的典型特点。

材料准备

上海中心大厦的图片，积木若干。

活动描述

1. 回顾上海中心大厦的特点。

上海中心大厦没有宽大的底座，是粗而高的楼体，有着螺旋上升的造型。

2. 讨论搭建上海中心大厦螺旋上升的造型特点的方法。

幼儿思考：用什么积木可以搭建出上海中心大厦螺旋上升的造型特点？怎样能搭建得更牢固？幼儿提出可以用大拱形和高圆柱的组合并在拱形交界的地方错位。他们一致认为四个人合作搭建最合适。

3. 参与建构游戏。

可乐、哈哈、妥妥和特特一组搭建上海中心大厦。他们先用两个大拱形相对组成圆环，然后铺在地上，可乐拿来四根高圆柱分散开放在上面，继续将大拱形组合成圆环铺在上面，再放四根大圆柱，但这样并没有表现出螺旋上升的特点，教师启发幼儿可以在圆柱摆放上进行体现。他们开始调整，在两个拱形的交界处各放一根高圆柱，其余两根圆柱放在拱形中间的部位，接着到了第二层，圆柱放在拱形交界处，但是要比第一层的多出一点，第三层依次类推，直到将整个楼梯搭建完成。

4. 欣赏作品，分享交流。

幼儿介绍自己是如何表现出上海中心大厦螺旋上升的造型特点的，以及选用的材料等。幼儿相互欣赏作品。

活动延伸

区域游戏：在美工区里通过绘画表现出上海中心大厦螺旋上升的特点；在建构区尝试用纸杯等材料表现上海中心大厦，突出其特点。

关键经验

1. 能对上海中心大厦进行观察，发现其螺旋上升的典型特征。
2. 能手眼协调地运用多种建构方法，大胆尝试表现出上海中心大厦的典型特征。
3. 能和同伴合作搭建牢固的上海中心大厦，并爱护自己及同伴的作品。

图9-9　上海中心大厦（一）　　图9-10　上海中心大厦（二）　　图9-11　上海中心大厦（三）

活动三　夜幕下的上海中心大厦

活动背景

夜幕低垂，霓虹灯华彩扑面，处处璀璨辉煌，上海中心大厦呈现出不一样的风景。幼儿想用

幼儿园建构项目活动（中班）

绘画的方式呈现出夜幕下的上海中心大厦，那么它和白天时候有哪些不同？该怎么表现出这样的独特之处？本活动中，幼儿运用砂纸营造夜晚的氛围，结合色彩艳丽的油画棒，表现出不同光线下的上海中心大厦。

材料准备

上海中心大厦的图片，油画棒、砂纸。

活动描述

1. 幼儿分享自己对上海中心大厦的了解。

上海中心大厦是一栋摩天大楼，是上海的地标性建筑，是螺旋上升的造型。

2. 讨论螺旋上升造型的表现方法。

幼儿分享大楼螺旋上升的表现方法，有的是画螺旋交叉线，有的是用斜线来表示。

3. 了解上海中心大厦周围建筑高低错落的特点。

幼儿观察上海中心大厦及其周围环境的照片，了解上海中心大厦周围的环境。幼儿表示其周围分布着许多房屋，有高楼大厦，也有低矮的房子。如果想要表现出上海中心大厦是最高的，周围的房屋也要有所体现，并注意前后的位置，前实后虚，近大远小。

4. 幼儿感知绘画材料——砂纸。

教师：夜幕下的上海中心大厦可以用什么材料来表现？

幼儿感知砂纸和普通纸不同，摸起来有很明显的颗粒感，有不同的颜色，在上面作画很容易上色，要注意及时调整用笔的位置，才能表现出粗细不同的线条。

5. 幼儿作画。

教师鼓励幼儿大胆作画，充分利用砂纸的特性，表现出夜幕下的上海中心大厦。

6. 欣赏与交流。

幼儿在集体面前展示自己的作品，分享绘画时的一些想法。

活动延伸

环境创设：将幼儿创作完成的上海中心大厦砂纸画张贴在幼儿的作品展示栏里，美化环境的同时，促进幼儿之间相互学习，增强幼儿的成就感和满足感。

关键经验

1. 喜欢用新的绘画工具和材料尝试探索，用较丰富的颜色表现出夜幕下的上海中心大厦的景象。

2. 布局合理，关注背景、高低错落的建筑，体现出楼体之间的前后遮挡关系。

3. 乐意分享自己的作品，大胆介绍特别之处。

线索描述

线索三　哈利法塔

　　本线索主要围绕世界上最高的摩天大楼——哈利法塔展开，它 Y 形的花瓣样造型是幼儿最感兴趣的，他们尝试运用积木、纸牌以及纸杯等材料进行表现。针对花瓣和主体的融合方式，幼儿采用由粗到细的方法进行处理，呈现出比较具象的哈利法塔。

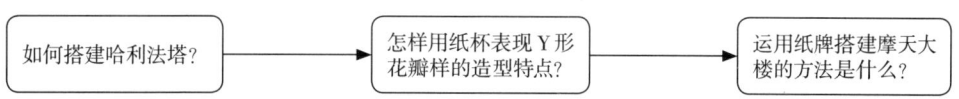

活动一　世界的摩天大楼

活动背景

哈利法塔是世界上最高的摩天大楼，其高度为 828 米，楼层总数为 162 层。它的独特之处在于它 Y 形的花瓣样造型，这也吸引了幼儿的关注。本活动中，幼儿以同伴合作的方式尝试搭建哈利法塔，表现出哈利法塔的典型特点。

材料准备

有关哈利法塔的多媒体课件。

活动描述

1. 谈话引发话题，引起幼儿兴趣。

幼儿围绕哈利法塔进行谈话，他们知道哈利法塔是世界第一高楼，高度为 828 米。

2. 观察哈利法塔图片，了解它 Y 形的花瓣样造型。

幼儿观察哈利法塔图片，了解整体的建筑特点。他们发现哈利法塔从正面看，从底部到顶部逐渐变细，最后融为一体，楼体高度不同，像不断上升的台阶一样。幼儿从顶部俯视图片观察哈利法塔的结构，他们看到哈利法塔像一朵花，中间是三角形的建筑主体，建筑的三个分支由花瓣演变而成，从下往上慢慢缩小，最后汇聚成钢桅杆，也就是避雷针。

3. 讨论搭建哈利法塔的方法。

幼儿就哈利法塔 Y 形的花瓣样造型及逐渐缩小的建筑分支的表现方法进行了讨论，有的幼儿提出用高圆柱和四倍块、双倍块积木的组合可以表现其逐渐收缩的特点。

4. 幼儿与同伴寻找空地，共同搭建。

特特、哈哈、妥妥和琪琪四人一组搭建哈利法塔。进入游戏之后，通过商量，他们决定先搭建中间部分，用两个大拱形组合成圆环，在上面放上四根高圆柱，继续放大拱形组成的圆环，用这样的方法搭建了四层。接着开始搭建它的花瓣造型，考虑到它逐渐缩小的特点，他们在第一层用了四倍块，紧挨着中间的楼体，相对分布在三个方向。第二层开始缩小，在四倍块上各放两根高圆柱，架上双倍块，再各放上两根高圆柱，加上一块基本块。最后一层，基本块上各放一根高圆柱，上面放一块正方形积木，这样花瓣形就搭好了，中间的楼梯也慢慢缩小，先铺上一层双倍块，在上面放上四根高圆柱，架上大半圆，再在大半圆上放高圆柱、细圆柱，哈利法塔就搭建完成了！

5. 师幼共同欣赏，交流作品。

幼儿介绍自己是如何搭建哈利法塔的，说一说哈利法塔的建筑特点和自己选用的材料。

活动延伸

区域游戏：在建构区尝试用多种材料表现哈利法塔 Y 形的花瓣样造型；在美工区用绘画的方式表现哈利法塔独特的造型特点。

关键经验

1. 感知哈利法塔 Y 形像花瓣一样的造型特点。

2. 能手眼协调地运用合适的建构材料和多种建构方法，大胆尝试表现出哈利法塔逐层缩小、台阶式的典型特征。

3. 能和同伴共同搭建牢固的哈利法塔，并爱护自己及同伴的作品。

图 9-12 哈利法塔（一）

图 9-13 哈利法塔（二）

图 9-14 哈利法塔（三）

活动二　纸杯盖大楼

活动背景

纸杯是除了积木、积塑玩具之外，幼儿最熟悉的材料，幼儿已经用积木表现过哈利法塔，于是提出用纸杯表现哈利法塔的想法。本次活动是他们的第一次尝试，重点解决哈利法塔主体和花瓣的连接方式，从而搭建出立体、形象而且稳固的哈利法塔。

项目九　摩天大楼

材料准备

纸杯若干，乐高玩具、雪花片、蛇形玩具、万能工匠等材料。

活动描述

1. 回忆哈利法塔的造型特点。

幼儿回忆有关哈利法塔的内容，他们提出哈利法塔是三角形的主体，有三个像花瓣一样的分支，从底部往顶部逐渐缩小，最后融为一体。

2. 了解材料，思考搭建方式。

幼儿尝试用教室里的纸杯、雪花片、蛇形玩具、万能工匠等材料搭建哈利法塔，将像花瓣一样的分支和主体连接在一起。尝试之后，幼儿一致认为纸杯比较适合搭建哈利法塔。

3. 尝试用纸杯搭建哈利法塔。

幼儿自由组合，和同伴选择合适的地方用纸杯搭建哈利法塔。

4. 分享搭建时遇到的困难。

幼儿围绕纸杯搭建哈利法塔时所遇到的问题进行讨论，比如，怎么表现一层层缩小？怎么搭建比较稳固，不容易倒？东东说每一层减少纸杯数量就可把主体缩小；萌萌说搭建的时候要整齐，这样才更牢固。

5. 继续完成作品。

可乐和萌萌合作搭建哈利法塔。她先用纸杯围合成三角形的样子，在每一个角处围合出花瓣形的分支。接着搭建第二层，为了表现出主体一层层缩小的特点，她们比搭建第一层时少用了一个纸杯，不断调整纸杯的位置，使其稳固不倒。花瓣形的分支也用了同样的方法，因为花瓣比较小，所以到了第六层，花瓣就和主体融合在一起了，下面的搭建方式就是用之前的方法逐层缩小，最后一层只用了一个纸杯，她们用杯底对杯底的方式向上加高了一层，纸杯搭建的哈利法塔就完成了！

6. 评价与欣赏。

幼儿分享搭建完成的哈利法塔，重点介绍主体造型和分支的连接方式，幼儿之间相互欣赏作品。

活动延伸

区域游戏：幼儿继续用纸杯在建构区搭建哈利法塔及其他的摩天大楼，丰富摩天大楼的多种造型。

关键经验

1. 运用纸杯大胆表现出各种不同造型摩天大楼的基本外形特征。

2. 克服一定的困难，与同伴协商，共同坚持完成作品。

图 9-15 纸杯大楼（一）

图 9-16 纸杯大楼（二）

图 9-17 纸杯大楼（三）

图 9-18 纸杯大楼（四）

活动三 纸牌搭高楼

活动背景

扑克牌是生活中最常见的游戏纸牌，因其丰富的玩法受到幼儿的青睐。纸杯成功建构哈利法塔大大激发了幼儿建构的热情，他们也想用纸牌尝试搭建摩天大楼。本次活动中主要解决的问题是用纸牌表现摩天大楼，突出典型的造型特点，增强稳定性。

材料准备

纸牌若干份，摩天大楼的图片等。

活动描述

1. 讨论纸牌的建构方法。

幼儿有用积木搭建摩天大楼的经验，没有用纸牌尝试过。对于这种材料，他们有着不同的看法，大部分幼儿认为可以用纸牌搭建出摩天大楼。幼儿拿纸牌材料自由进行尝试，用折一折、卷一卷等方法去表现。成功的幼儿将其作品进行展示，其他幼儿通过观察，总结并学习其搭建方法。

2. 尝试搭建，通过分享总结搭建方法。

幼儿自主选择合适的地方，尝试用纸牌搭建摩天大楼。

朵朵拿了一些纸牌，坐在桌子边尝试搭建摩天大楼。基于之前的同伴学习，她把自己手里一半的纸牌进行对折，有的是长边对折，有的是短边对折。她先把没有折过的纸牌铺在桌子上，然后把长边对折的纸牌两两相对，置于牌面之前，一共放了三组。怎么继续往上搭？她拿来平整的纸牌铺在上面形成一个平面。她用了两组两两相对的纸牌继续往上搭，之后铺上平整的纸牌。最后依旧用了一组长边对折的纸牌，再铺上平整的纸牌。为了表现出顶部的避雷针，她把纸牌卷成筒状，粘住其开口处，并放置在最后的扑克牌上，就这样用纸牌搭建出了摩天大楼。

3. 通过观察对比，发现"三角形"在搭建高楼中的作用。

通过对比两组运用三角形元素搭建的摩天大楼作品，幼儿发现，他们都把纸牌进行了折叠，变成了三角形。为什么要把纸牌折成三角形的样子？幼儿总结发现：三角形是比较稳固的结构，将它运用在摩天大楼的搭建中，使得大楼更结实、稳固。

4. 互相欣赏，再次建构。

幼儿互相欣赏作品，比较摩天大楼的高矮，尝试运用三角形结构建构更高的大楼。

活动延伸

区域游戏：在美工区提供纸牌、黏合剂，供幼儿制作纸牌高楼；在建构区，幼儿探索用各种建构材料表现摩天大楼。

关键经验

1. 喜欢动手动脑探索纸牌搭建高楼的方法，并乐在其中。
2. 在操作过程中，通过对搭建的摩天大楼的观察和比较，发现"三角形"的坚固和稳定性。
3. 能用基本完整的语言，比较连贯地表达操作中的经验，分享成功的乐趣。

图 9-19　纸牌大楼（一）

图 9-20　纸牌大楼（二）

图 9-21　纸牌大楼（三）　　图 9-22　纸牌大楼（四）

四、关键经验

- 关键经验
  - 健康
    - 认识电梯里常见的安全标志，能遵守安全规则，正确乘坐电梯。
    - 知道火灾发生的原因，懂得预防火灾发生的方法，具有基本的安全知识，具有一定的自我保护能力。
  - 语言
    - 能用基本完整、连贯的语言，在集体中分享自己的调查和建构作品。
    - 愿意和同伴讨论自己所了解的摩天大楼，说出它们的典型特点。
    - 愿意用图画和符号制订摩天大楼的搭建计划，表达自己的想法。
  - 社会
    - 知道紫峰大厦是南京的标志性建筑，热爱自己的家乡。
    - 能想办法解决搭建时出现的问题，不依赖别人。
    - 能和同伴合作搭建摩天大楼，进行合理的人员分工。
    - 敢于尝试多种方法表现不同造型的摩天大楼，接受有一定难度的活动。
  - 科学
    - 能对各个摩天大楼进行观察和比较，总结摩天大楼的典型特征。
    - 通过实际操作，理解栋、单元、层、间的关系，用数词描述门牌号码的排列顺序和编排方法。
    - 感知摩天大楼的形体结构，运用三角形的原理，用纸牌、纸杯、积塑等各种建构材料拼搭出该物体的造型且整齐稳固。
  - 艺术
    - 能用简单的身体动作的变化表现高楼的造型进行歌曲表演。
    - 能用自然、适中的声音，基本准确地唱准歌曲中的休止符和念白部分。
    - 能运用绘画的形式表现自己观察到的摩天大楼，体现出楼体之间的前后遮挡关系。
    - 运用各种工具和材料，运用捏泥、手工制作等方式表现出摩天大楼的造型特点。

项目十
桥的世界

一、项目缘起

桥,记载着历史文化和民俗风情,是城市中一道亮丽的风景线,为人们的生活带来诸多便利。在自主活动中,有幼儿说:"我家住在定淮门桥旁边。"话匣子打开后,大家你一言我一语地说开了。"我家旁边是草场门桥。""秦淮河上也有桥。""桥下面有洞,船都能开过去。"

桥是什么样子的,由哪几部分组成?可以用什么形状的积木进行表现?幼儿围绕着桥展开了探索。在生活中,他们观察、了解身边有什么桥,运用积木、雪花片、万能工匠等材料进行拼插建构,表现九曲桥、"南京眼"等各种各样的桥。在户外活动中,幼儿自主选择,综合运用拱桥、平衡凳、竹梯、碳化积木等多种材料,自主搭建各种各样的桥,表现桥的多样性。幼儿从了解身边的桥开始,逐步对中国名桥进行了解。他们运用独立建构、小组合作等形式表现出安顺廊桥、广济桥等,充分表现亭桥、廊桥的多样性特征,感受中国桥建筑的历史与美感。

二、发展线索

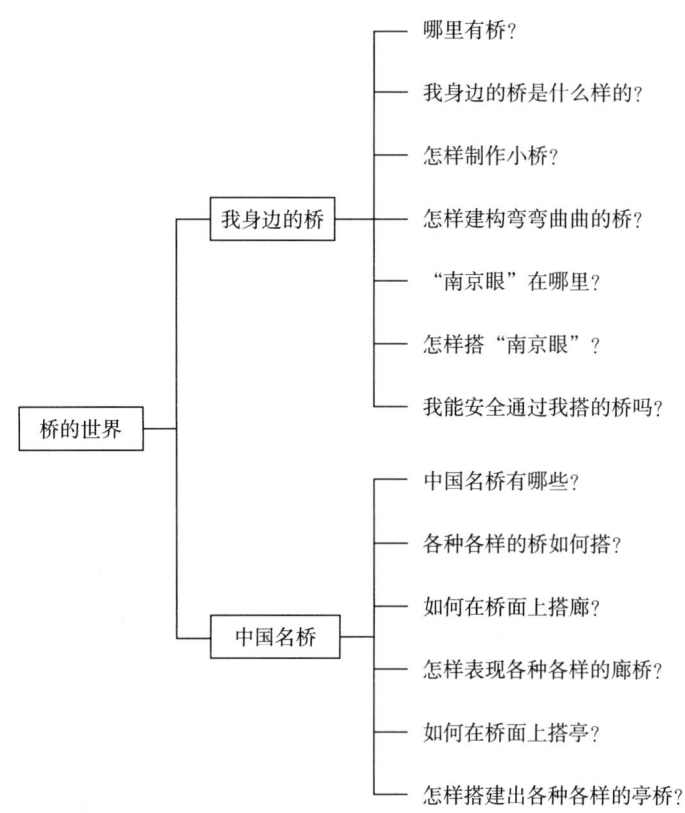

三、具体活动

线索描述

线索一 我身边的桥

在本线索中,幼儿通过对身边桥的观察、调查,了解身边常见的桥的名称、造型、历史发展,并运用积木、雪花片、万能工匠等材料拼插表现九曲桥、"南京眼"。幼儿还自主选择竹梯、碳化积木、平衡木等材料,进行组合搭建,综合表现出各种各样的桥,并在自己搭建的桥上行走、游戏,让建构游戏与户外游戏有效融合,在充满挑战的游戏中体验着自主建构的快乐。

项目十 桥的世界

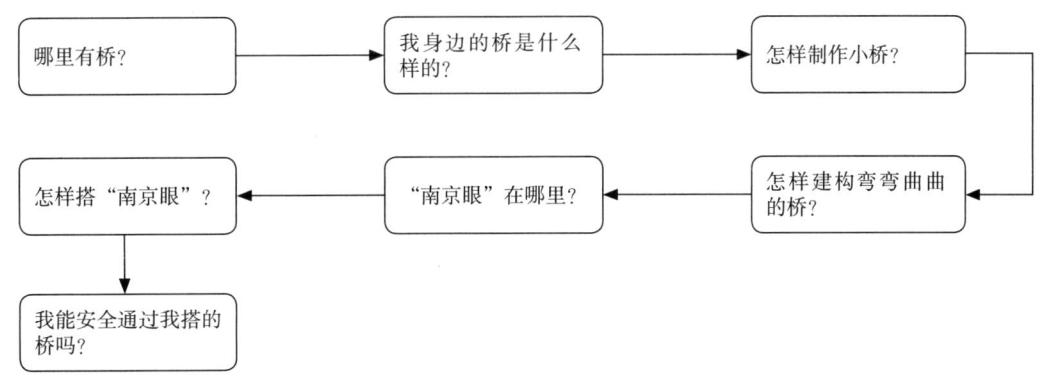

活动一 幼儿园里的荡桥

活动背景

幼儿从身边最熟悉的桥入手，通过对户外大型玩具中的荡桥进行观察、了解，初步了解桥的基本结构特征和功能，为后续搭建桥积累经验。本活动中，幼儿主要运用谈话、绘画等方式了解并表现出幼儿园里的荡桥的特征。

材料准备

幼儿玩荡桥的视频，荡桥，勾线笔、纸、画板。

活动描述

1. 欣赏幼儿玩荡桥的视频。

教师：你喜欢玩荡桥吗？

幼儿：喜欢。

教师：你们为什么喜欢玩荡桥？

圆圆：它会晃来晃去的。

涛涛：我总是走不稳，但是我喜欢走，很刺激。

菲菲：我刚开始有点害怕，后来我就不怕了，我变勇敢了。

教师：荡桥和普通的游乐设施不同，它会晃动，走的时候会带来刺激和挑战。

2. 观察、了解荡桥的外形特征。

幼儿对荡桥的样子进行讨论：荡桥在大型玩具的下端，是木质的。荡桥左右两侧有矮矮的桥墩，中间是桥面。桥面两侧是扶手，桥面由一块一块的木板组成，每块木板两端各有一根绳索连接着木板和扶手。

3. 户外写生，进一步了解荡桥的结构特点。

带领幼儿来到户外，提供画板，幼儿围坐在荡桥周围，开始对荡桥的外形特征进行写生。

4. 师幼共同欣赏作品。

师幼共同欣赏幼儿表征的不同角度下的荡桥样子，感受写生的乐趣。

活动延伸

1. 环境创设：将收集到的桥的照片与幼儿写生作品进行环境布置。

2. 家园共育：请家长带领幼儿到公园实地观察，或借助网络、图书等资源，观察、了解我们身边的桥的特点。

关键经验

1. 理解写生，用绘画的方式表现自己观察到的幼儿园里的荡桥。

2. 能用上下、中间、旁边等方位词描述荡桥各部分的位置。

活动二 我了解的桥

活动背景

在幼儿生活的周围，有许多常见的桥，他们发现这些桥都不一样。那到底桥有什么特点呢？本活动中，幼儿通过调查、讨论，了解各种桥的典型特征，为建构桥做经验准备。

材料准备

调查表，各种桥的图片（定淮门桥、草场门桥、九曲桥、"南京眼"、南京长江大桥等）。

活动描述

1. 分享调查表，介绍"我身边的桥"。

教师：在我们生活的周围有哪些桥？这些桥是什么样子的？

幼儿向同伴讲述自己的调查表内容。

2. 出示家乡的各种桥的图片，了解桥的外形特征。

教师：南京有哪些有名的桥？

幼儿讨论，介绍南京有名的桥，如："南京眼"、草场门桥、南京长江大桥等。

教师：这些桥是什么样子的？它们有哪些相同的地方？

幼儿观察南京的名桥图片，讲述桥的结构特征。

教师：这些桥都有桥墩、桥面、栏杆。

教师：这些桥有哪些地方不同？

幼儿再次观察、讲述桥在外形和功能上的不同。

教师：南京长江大桥很长，上面有公路和铁路，它有多个桥洞，桥洞很宽、很大；草场门桥、定淮门桥很短，有单个或几个桥洞。

3. 讨论、了解各种桥的功能。

教师：桥有什么作用？

幼儿观察并讲述各种桥在生活中的作用。

教师：定淮门桥、草场门桥只有一层，供汽车、行人通行；南京长江大桥是双层的，供汽车、火车、行人通行。它们的功能不同,桥的布局、结构也就不同。

活动延伸

区域游戏:在美工区提供水彩笔、白纸、纸黏土等材料,供幼儿绘画自己喜欢的桥,并用多种材料进行装饰;在建构区提供积木,供幼儿用建构的方式搭建喜欢的桥。

关键经验

1. 能通过观察和比较,发现桥在外形、功能上的异同。

2. 能基本完整地讲述有关身边常见桥的名称、造型。

3. 进一步了解家乡的桥,产生探究的兴趣。

附:调查表

表 10-1　我身边的桥

序号	你在哪里找到了桥?	它是什么样子的?(绘画或拍照的方式记录)
1		
2		
3		
4		
5		

活动三　秦淮古桥

活动背景

南京是六朝古都,是一座有着浓厚历史色彩的城市。在城市中,到处能见到各种各样的桥。通过上一次活动,幼儿发现南京的桥在造型和结构上变化很大,对古色古香的桥产生了极大的兴趣。本活动中,幼儿通过对比和观察,重点了解古代桥梁的建构特点。

材料准备

家乡古桥的图片、照片或模型。

活动描述

1. 朗诵古诗《乌衣巷》,感受南京古桥的韵味。

教师:在南京有一座古桥,诗人将它写入了古诗当中,我们一起来朗诵。

幼儿朗诵古诗《乌衣巷》。

2. 出示朱雀桥图片,了解朱雀桥的结构特征。

教师:这就是古诗里的桥,叫朱雀桥。你知道朱雀桥在哪里,是什么样子的?

幼儿观察并讲述朱雀桥的外形特征。

教师：朱雀桥有两个宽宽的桥墩，中间只有一个桥洞，桥面宽，两侧有栏杆。

朱雀桥地处夫子庙秦淮风光带。朱雀桥是东晋时期建造在秦淮河上最大、最重要的一座浮桥，因面对六朝时期都城正南门朱雀门，故名朱雀桥。

3. 出示多种古桥图片，了解各种古桥的典型特征。

幼儿观察并讲述各种古桥的外形特点，发现古代造桥的人会根据桥的用途和当时的生活环境将桥的栏杆筑造成石兽、亭子等不同图案，体现古代文化的美。为了保护古桥，不让古桥承受过重的重量，一些古桥上已经不通车，只供行人步行通过。

活动延伸

区域游戏：在语言区提供多种古桥的图片，幼儿用丰富的语言向同伴讲述古桥的造型、特点；在美工区提供勾线笔、白纸，幼儿用线描画等方式绘画古桥。

关键经验

1. 欣赏生活环境中的古桥，关注古桥的形态特征。
2. 在集体中，能有意识地倾听与古桥造型相关的信息并简单复述。
3. 进一步产生爱家乡的情感。

附：古诗

乌衣巷

［唐］ 刘禹锡

朱雀桥边野草花，乌衣巷口夕阳斜。

旧时王谢堂前燕，飞入寻常百姓家。

活动四　河面上的小桥

活动背景

幼儿对身边常见的桥、家乡的古桥等有了初步的了解，知道了桥的基本结构和特征，他们想用美工区的各种低结构材料来制作一座小桥。本活动中，幼儿利用纸黏土、油泥，运用捏、插、刻的方法表现出小桥的立体结构特征，为立体桥的搭建做准备。

材料准备

纸黏土、油泥、塑料刻刀、棉签棒、火柴、纸绳、吸管，各种桥的图片，河面轮廓模型。

活动描述

1. 出示各种桥的图片，了解桥的基本结构。

幼儿讨论各种桥的造型，发现桥都由桥墩、桥面、栏杆几部分组成，有的桥有斜坡，有的桥有台阶。桥有直直的、弯弯曲曲的多种造型，桥有单个或多个桥洞，桥洞是半圆形的。水里映射出桥的倒影，格外美丽。

2. 讨论：桥的制作计划。

教师：请你们用各种美工材料制作桥，你想和谁一起合作制作？想制作哪种桥？是什么样子的？

幼儿自主选择同伴，协商计划想要制作的桥的造型。

3. 出示材料，讨论材料的使用方法。

教师出示纸黏土、油泥、塑料刻刀、棉签棒、火柴、纸绳、吸管，幼儿讨论自己想用的材料及使用方法。

师幼小结：可以用纸黏土或油泥搓长、压扁等方法做桥墩、桥面，用火柴、棉签棒、纸绳做栏杆，用塑料刻刀、棉签棒、吸管在桥身上刻、印、画出桥身上的花纹，表现桥的细节特征。

4. 幼儿制作桥。

幼儿自主选择合适的材料，与同伴合作制作桥。可以用搓、团、压、插等方法制作桥，用画、刻等方法装饰桥。教师重点观察引导幼儿用材料表现出桥的基本结构特征。

5. 河上的小桥作品展。

将幼儿制作的各种小桥放在河面轮廓模型上集中展示和欣赏。

活动延伸

区域游戏：在建构区提供牙膏盒、肥皂盒等废旧材料，供幼儿搭建桥。

关键经验

1. 能用绘画、捏泥、手工制作等方式表现各种各样的桥。
2. 在合作制作桥的过程中，愿意接受同伴的意见。

活动五　弯弯曲曲的桥

活动背景

幼儿认识、了解了各种桥的结构特征，对于常见的、直直的桥的外形的认识有了丰富的经验。不论在观察还是制作中，他们所表现的桥都是直直的。本活动中，幼儿通过观察了解弯弯曲曲的桥的外形特征，尝试用万能工匠材料，运用插、串的方式搭建弯弯曲曲的桥。

材料准备

万能工匠材料：蓝轴，黄轮，蓝管，带孔单接头，带孔双接头，各色长、短软管，各色管，正方形，长方形；多种造型的九曲桥图片；公园里桥的一段视频。

幼儿园建构项目活动（中班）

活动描述

1. 欣赏视频，了解各种各样的桥。

教师：公园里有各种各样的桥，我们一起来参观吧。

教师播放桥的视频，供幼儿欣赏。

2. 出示多种造型的九曲桥图片，了解九曲桥的外形特点。

教师：这是什么桥？它由哪几部分组成？桥面、引桥和桥墩分别是什么样子的？

乐乐：这座桥是弯弯曲曲的九曲桥。

天天：它有很多柱子，有桥面、栏杆。

幼儿边指出九曲桥的各部分名称，边讲述各部分的造型特点。

教师：九曲桥有桥墩、引桥和桥面，桥面是弯弯曲曲的，桥墩是用来支撑桥面的，引桥是用来上下桥的。

3. 出示万能工匠材料，讨论材料的使用及桥的搭建方法。

幼儿尝试用万能工匠材料搭建桥：幼儿拿出两个黄轮，用长黄管分别插在两个黄轮顶端孔洞里，在顶上分别插上另一个黄轮，两个桥墩拼插好后，再用长红管横插在两座桥墩顶端黄轮的侧面孔洞里，连接好后，最后将蓝大三孔板摆放在上面，桥面搭建完成。

4. 建构九曲桥。

幼儿自主选择合适的材料建构九曲桥，教师重点引导幼儿发挥想象，创造性地使用各种材料做桥墩、桥面，表现出更多造型的九曲桥。

在搭建九曲桥的过程中，幼儿先用黄轮、长管连接做桥墩和桥面，再将蓝大三孔板摆放在桥面上，组成面状的桥面。幼儿拼插出四组桥面后，将两个小一字接头分别插入关节两端，再将小一字接头末端分别插进桥面的黄轮孔洞里，将两组桥面连接在一起。幼儿用同样的方法制作一字连接头，将四组桥面前部连接起来。摆放好桥面后，幼儿转动关节，一组桥面转到另一个侧面，从而形成了弯曲的桥面。

5. 分享、展示幼儿搭建的九曲桥。

幼儿向同伴介绍九曲桥，观察同伴搭建的九曲桥各部分是否完整。

活动延伸

1. 区域游戏：在建构区提供清水积木，幼儿用积木建构的方式搭建九曲桥。
2. 环境创设：将幼儿搭建桥的过程性照片及问题解决方法布置在建构区环境中。

关键经验

1. 了解九曲桥的典型特征。
2. 愿意动手动脑探索用万能工匠中关节等材料搭建九曲桥的方法，并乐在其中。

项目十 桥的世界

图10-1 弯弯曲曲的桥（一）

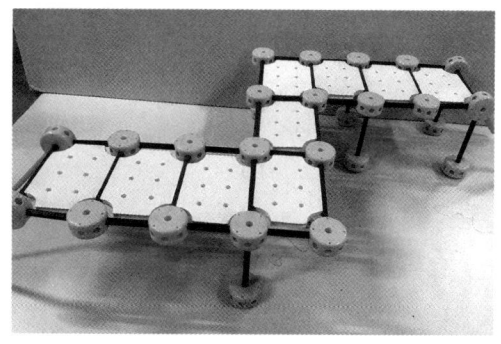

图10-2 弯弯曲曲的桥（二）

图10-3 弯弯曲曲的桥（三）

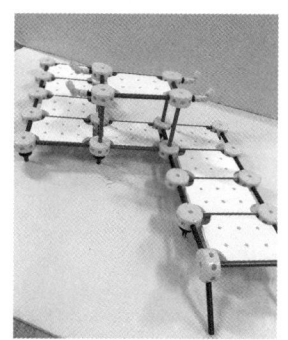

图10-4 弯弯曲曲的桥（四）

活动六 "南京眼"的由来

活动背景

在南京，有一座"南京眼"，它是南京的标志性建筑之一。在日常生活中，很多家长都会带着幼儿去"南京眼"参观、游玩。本活动中，幼儿通过实地观察、亲身体验，了解"南京眼"的结构、特点及与人们生活之间的关系，进一步产生爱家乡的情感体验。

材料准备

幼儿参观"南京眼"的照片，"南京眼"的图片，青奥会的宣传视频。

活动描述

1. 分享幼儿参观"南京眼"的照片，回顾对"南京眼"的认识。

教师：我们最近认识、参观了很多家乡的桥。在家乡众多的桥中，有一座桥因为它独特的外形给小朋友们留下了深刻的印象。你们知道是哪一座桥吗？

教师出示幼儿参观"南京眼"的照片，幼儿讲述自己的参观经历。

2. 播放青奥会的宣传视频，了解"南京眼"的由来及历史意义。

教师：它为什么叫"南京眼"？桥的中间为什么有奥运五环的标记？它的建造有什么作用？

教师播放青奥会的宣传视频，幼儿发现"南京眼"是为青奥会而建立的，所以桥中间有奥运五环的标记。

3. 观察"南京眼"图片，了解"南京眼"的外形、结构及典型性特征。

幼儿观察、讨论"南京眼"的造型特征，发现"南京眼"是一座观光步行桥，跨越长江，连接青奥文化体育公园和江心洲青年森林公园。它有桥墩、桥面、栏杆，是一座双塔双索面钢塔钢箱梁斜拉桥。在桥的两端分别有一个Q状造型，是倾斜椭圆形结构的索塔，如两只眼睛。

幼儿欣赏从不同角度拍摄的"南京眼"照片。

4. 绘画"南京眼"。

幼儿尝试将看到的建筑特点用画笔记录下来，突出它的两个大"眼睛"。

5. 作品欣赏。

教师：你们愿意分享一下自己的绘画作品吗？师幼主要从它的建筑特点进行评价。

活动延伸

区域游戏：在建构区提供各种形状的积木、纸绳、雪花片，幼儿用积木建构"南京眼"，用纸绳、雪花片进行装饰。

关键经验

1. 能基本完整地说出自己对"南京眼"的参观见闻及"南京眼"的结构特征，尝试用积木和辅助材料表现出主要特征。

2. 乐于参与绘画创作活动，探索用线条和形状表现"南京眼"的主要特征。

3. 产生爱家乡的情感体验。

活动七 "南京眼"灯光秀

活动背景

"南京眼"除了外形上的独树一帜，它的美还体现在夜晚美轮美奂的灯光中，幼儿提出用绘画的方式来表现"南京眼"。用什么材料画？怎样画呢？本活动中，幼儿运用在刮画纸上画画的方式，表现多姿多彩的"南京眼"，表达自己对"南京眼"的理解。

材料准备

刮画纸，细的竹笔，"南京眼"灯光秀的视频及图片。

活动描述

1. 观看"南京眼"灯光秀的视频，感受"南京眼"的魅力。

幼儿观看"南京眼"灯光秀的视频。

教师：你看到的"南京眼"的灯光秀是什么样子的？你有什么样的感觉？

幼儿对比"南京眼"白天和夜晚的不同，并讲述自己的感受：在"南京眼"上有很多五颜六色的灯，到晚上，这些灯就会亮起来，光彩耀目。

2．出示"南京眼"灯光秀的图片，了解夜晚桥的形态和色彩。

幼儿重点观察、了解夜晚桥上灯光的色彩和江中桥的灯光和倒影，并讲述自己的观察和发现：晚上的"南京眼"是五颜六色的，漂亮极了！两座大圆环索塔，就像两只大眼睛闪闪发光，倒映在长江上，使得长江水也波光粼粼。桥上的斜拉索亮起来了，变成了彩色，让桥变得更加漂亮。

3. 讨论在刮画纸上表现灯光的方法。

教师：在刮画纸上画画时要注意什么？怎样表现出美妙的灯光呢？

幼儿发现用竹笔在刮画纸上画画时，先用竹笔把上面的黑色刮开，就会出现彩色的线条，刮下来的黑色部分用嘴巴把它吹掉，这样画面才会干净、整洁。可以通过画斜线的方法表示一束束的灯光。

4. 绘画"南京眼"。

幼儿用竹笔在刮画纸上画"南京眼"，教师重点引导幼儿大胆表现出桥的基本结构及水中桥的倒影，并大胆添画桥上散步的行人及桥下的江水等。

5. 欣赏幼儿作品。

活动延伸

晨间锻炼：幼儿将平衡木、竹梯、轮胎、万能工匠等材料自由组合搭建桥，完成后进行攀爬、行走的体育游戏。

关键经验

1. 欣赏夜晚"南京眼"灯光秀时，关注其色彩和桥的形态等特征。
2. 熟悉刮蜡画的作画工具，进一步表现出夜晚"南京眼"的主要特征。
3. 能平稳走过一段用各种材料搭建的桥，发展平衡能力。

活动八 "南京眼"

活动背景

幼儿认识、了解了"南京眼"，对桥的基本结构及桥上有两个索塔的典型性特征有了初步的了解，他们想用建构的方式搭建"南京眼"。本活动所要解决的核心问题是怎样搭建"南京眼"。幼儿自由选用积塑材料，运用同伴合作的方式，用拼插等方法搭建"南京眼"，表现桥的典型特征。

材料准备

"南京眼"的图片，幼儿搭建的小桥照片，雪花片、万能工匠等积塑材料，玩具小人等。

活动描述

1. 出示"南京眼"图片，了解桥的结构特征。

教师：这是什么桥？"南京眼"由哪几部分组成？

师幼小结:"南京眼"由桥墩、桥面、栏杆、索塔和斜拉索组成。

教师:"南京眼"的两座索塔在桥的什么位置?

师幼小结:两座索塔有一些倾斜,在桥的两边,桥面从两座索塔中间穿过。

2. 出示幼儿搭建的小桥照片,比较"南京眼"和小桥的不同。

教师:这是小朋友以前搭建的小桥,和"南京眼"有什么不同的地方?

师幼小结:"南京眼"的桥面较宽,上面有两个圆环和一些斜拉索,小桥没有这些装饰物。

3. 制订建构计划并尝试搭建。

教师:搭建"南京眼"时,先搭哪里,再搭哪里?

幼儿迁移建构经验,说出先搭好桥墩、桥面,再搭索塔。

教师:"南京眼"的索塔是什么形状?可以用什么材料来表现?请你们在搭建的过程中去试一试。

幼儿自由选择同伴,2—3人一组,合作搭建"南京眼"。教师重点引导幼儿表现出"南京眼"的基本结构,选择合适的材料表现两座索塔。

乐乐用同色雪花片连接拼插成椭圆形,她说这个椭圆形就是"南京眼"的索塔,可以把搭建好的桥套进椭圆形内,就是"南京眼"的索塔。

4. 欣赏作品。

幼儿介绍索塔搭建时选择的材料,以及在搭建时遇到了什么困难、是如何进行协商解决的。

活动延伸

区域游戏:在建构区提供各种形状的积木、纸绳、雪花片、万能工匠材料,幼儿用积木建构"南京眼",用纸绳、雪花片、万能工匠材料进行装饰。

关键经验

1. 能综合运用雪花片、万能工匠等材料,探索搭建"南京眼"。

2. 愿意并主动参与小组合作搭建"南京眼",遇到困难时,愿意接受同伴的意见。

图 10-5 "南京眼"(一)

图 10-6 "南京眼"(二)

图 10-7 "南京眼"（三）

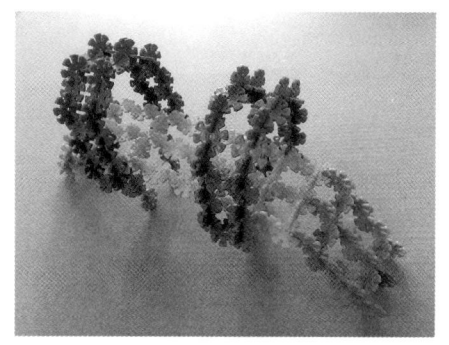

图 10-8 "南京眼"（四）

活动九　桥的挑战

活动背景

幼儿认识了身边各种各样的桥，并运用积木、万能工匠等材料搭建桥，用雪花片、各种插塑装饰桥。我们能在搭建好的桥上行走、游戏吗？本活动所要解决的核心问题是能安全通过所搭的桥。活动中，幼儿综合运用碳化积木、万能工匠、轮胎、梯子、城砖等大型材料，搭建各种各样的桥，并在桥上进行攀爬、行走等，感受建构游戏与户外游戏相结合带来的挑战与体验。

材料准备

户外建构计划图，碳化积木、万能工匠、轮胎、梯子、城砖，汽车玩具若干。

活动描述

1. 分享户外建构计划图，回顾计划内容。

教师：前两天你们提出想用户外游戏材料在操场搭建各种各样的桥进行游戏，还制订了户外建构计划图，现在请每组选一位代表上来介绍你们组的建构内容。

2. 讨论户外建构的场地安排和建构材料的拿取。

观察操场的平面图，幼儿小组讨论桥的搭建位置，每个小组选一名幼儿代表将自己小组的计划图张贴在操场平面图上。

教师：我们在拿取材料时要注意什么？

师幼小结：拿取材料时根据小组计划按需拿取；对于大件的材料，可以多人合作帮忙。

3. 户外分组合作建构。

幼儿分组按计划选择对应的材料合作搭建桥。教师重点观察、引导幼儿对桥墩和桥面关系的探索。

乐乐和成成合作搬来四个轮胎，将其两两垒高，共搭建了两个桥墩。果果和可可抬着一个竹梯，将其平放在两侧轮胎上做桥面。乐乐搬来两张儿童座椅，将其在轮胎旁边相对而放。成成搬来多块碳化积木，将其架在两张椅子上，然后将碳化积木逐一架高，在同侧搭建了四层台阶，又用同样方法在桥面另一侧搭建了四层台阶。

4. 游戏体验。

教师：你们建构的桥牢固吗？让我们到桥上走一走、玩一玩吧。

幼儿到自己及同伴搭建的桥上进行行走、攀爬等游戏。

5. 游戏分享。

教师：下次再搭建桥，你还有哪些想法？怎样可以让自己搭建的桥变得更好玩？

幼儿讲述自己的想法，如：增加游戏挑战等。

活动延伸

户外游戏：提供平衡凳、攀登架、圈、碳化积木等材料，幼儿合作搭建不同高度、不同难度的桥，进行游戏挑战。

关键经验

1. 愿意小组合作，运用多种材料建造不同造型和功能的大型桥。
2. 敢于尝试在不同难度的桥上行走、攀爬等。
3. 体验户外建构游戏的趣味性。

图 10-9 桥（一）

图 10-10 桥（二）

图 10-11 桥（三）

图 10-12 桥（四）

项目十 桥的世界

> **线索描述**
>
> ### 线索二　中国名桥
>
> 在本线索中，幼儿主要围绕中国名桥这个核心，通过讨论、观察，探索中国名桥的外形特征，并运用清水积木、碳化积木、纸砖、轮胎、万能工匠等多种材料，以同伴合作等方式搭建中国名桥，创造性地表现出各种各样的桥的造型。

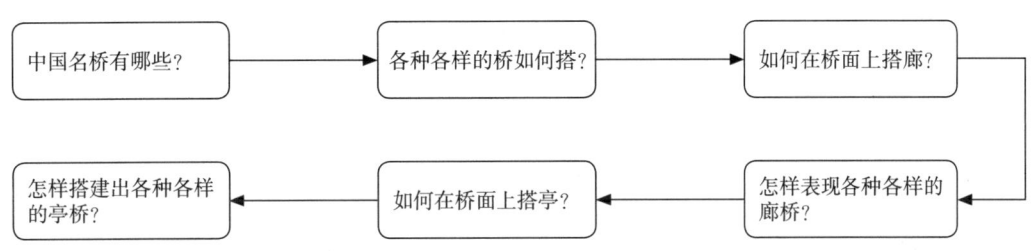

活动一　中国名桥

活动背景

幼儿认识、了解了家乡的桥，他们还想知道中国都有哪些著名的桥，每座名桥都有哪些造型特征。本活动中，幼儿通过图片观察，了解中国名桥的名称、造型特征，进一步感受桥的多样性。

材料准备

中国名桥图片、幼儿用积木搭建的桥的照片。

活动描述

1. 欣赏中国名桥的图片，了解各种中国名桥的历史价值和外形特征。

教师：你们去过哪些中国名桥？可以和大家分享一下吗？幼儿主要从自己的感受进行分享和交流。

教师：我还收集了一些中国名桥的照片，我们一起来欣赏一下。

幼儿欣赏中国名桥的外形结构，对桥的结构、桥面的线条、桥洞的数量、栏杆等特征进行细致观察。幼儿了解到：赵州桥，又名安济桥，是单孔石拱桥，是世界上现存最早、保存最完整的石拱桥。洛阳桥原长1200米，宽约5米，桥墩有46座，采用筏形基础的方式建造，就是沿着桥的中轴线抛置大量石块，形成一条连结江底的矮石堤，然后在上面建造船形桥墩，船形桥墩上是宽宽的桥面。广济桥集梁桥、浮桥、拱桥于一体，分东西两段，桥上两边有雨亭，中间是由十八梭船组成的浮桥，连接两端。卢沟桥是十一孔联拱桥，有桥拱11个和桥墩10个，拱洞由两岸向桥中心逐渐增大，桥两旁有 281 根汉白玉栏杆，桥上有大小石狮共 501 个。

2. 出示其他的中国名桥图片，自主讨论各种桥的造型特点。

幼儿结伴观察、讨论各种名桥在结构上的不同特征，他们发现中国名桥如玉带桥只有一个桥洞，桥面是双反向曲线，组成波形线桥型。十字桥由桥梁、桥面组成，它的桥面是十字形。铁索桥以铁索悬于江、河、谷两岸为桥，栏杆由一根根铁索连接组成，桥面多为木板等。

3. 讨论中国名桥的历史价值。

幼儿讨论发现：我们国家有很多名桥，有超长的世界第一长跨海桥，还有不少高高的桥。每种名桥都有不同的造型特征，都是广大劳动人民智慧的结晶。

活动延伸

1. 区域游戏：在美工区提供水彩笔、绘画纸、牙膏盒、纸绳、彩纸、胶棒、剪刀等材料，幼儿自主选择材料，用绘画、粘贴等方式制作表现中国名桥。

2. 环境创设：展示幼儿用各种形式表现的中国名桥。

关键经验

1. 能对各种名桥进行观察和比较，发现桥外形结构和造型上的不同。

2. 愿意与同伴讲述、讨论各种名桥的特征。

3. 了解中国的名桥，激发爱祖国的情感。

活动二 各种各样的桥

活动背景

通过观察、讨论，幼儿了解了各种桥的典型的外形特点，他们对搭建各种造型的桥充满浓厚兴趣。本活动中，幼儿运用建构的方式，合理运用各种材料元件，与同伴合作搭建各种造型的桥。

材料准备

各种桥的图片（廊桥、亭桥、九曲桥、中国名桥等），万能工匠材料，玩具小人。

活动描述

1. 观察各种桥的图片，了解桥的不同。

乐乐说九曲桥的桥面是弯弯曲曲的；小可说桥上的顶很长，像长方形；菲菲说桥上有亭子；东东说有的桥有一个大大的桥洞，有的桥有很多个小小的桥洞。

师幼小结：每种桥都有不同的外形特点，如：九曲桥桥面弯弯曲曲；亭桥桥面上会有长廊；亭桥桥上有亭子；各种拱桥的桥洞大小、数量也不同。

2. 自选同伴，制订建构计划。

教师：这么多不同造型的桥，你最喜欢哪种造型的桥？你想和谁一起搭？搭建的顺序是什么？怎么搭？

项目十　桥的世界

幼儿自选同伴协商讨论想搭建的桥的造型、搭建顺序。

3. 建构各种各样的桥。

幼儿与同伴合作，选择合适的积木搭建自己喜欢的桥。教师重点引导幼儿将桥的典型特点搭建出来。

乐乐拿出四个黄轮，分别将两根蓝短管插进黄轮正面中心孔洞和侧面孔洞，用一根蓝短管插进顶端黄轮中心孔洞进行连接做桥墩。然后用相同方法共拼插出四组桥墩、两组斜坡。他用蓝短管将每组桥墩顶端黄轮连接在一起做桥面，用两根蓝短管分别将斜坡和桥面两侧连接在一起，然后将蓝大三孔板平铺在桥面和斜坡上。

4. 欣赏各种各样的桥。

幼儿向同伴介绍自己搭建的桥的名称及造型特点。

活动延伸

区域游戏：在建构区提供万能工匠、雪花片、插塑等材料，幼儿用多种材料表现各种造型的桥；在语言区提供各类桥的书籍，供幼儿自由阅读。

关键经验

1. 与同伴合作搭建桥时，愿意接受同伴的意见。
2. 能感知想要搭建的桥的外形结构，拼搭出它的造型。
3. 为自己创作的作品感到自豪。

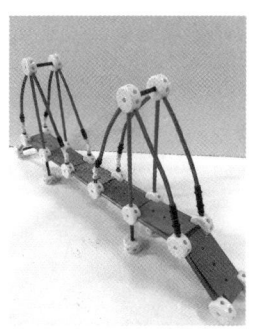  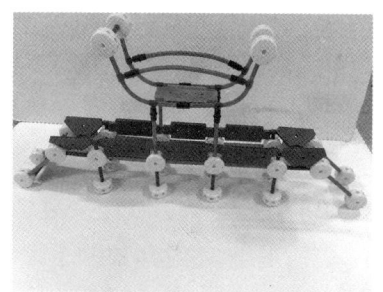

图 10-13　各种各样的桥（一）　　图 10-14　各种各样的桥（二）　　图 10-15　各种各样的桥（三）

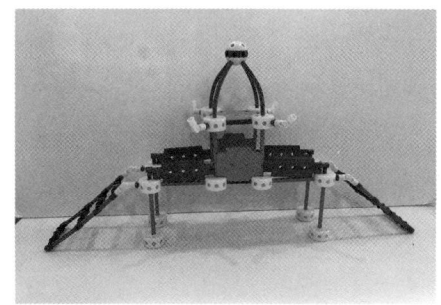 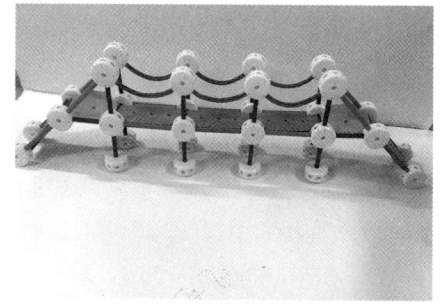

图 10-16　各种各样的桥（四）　　图 10-17　各种各样的桥（五）

活动三　风雨廊桥

活动背景

在欣赏各种名桥时,幼儿发现有些桥面上有很多亭子、塔、廊等造型,幼儿对此产生了浓厚的探索兴趣。本活动所要解决的核心问题是如何在桥面上搭廊。活动中,幼儿通过图片观察,了解名桥中的风雨廊、桥中廊的特点;运用积木,通过合作建构的方式,在桥面上搭建长长的廊,表现风雨廊桥的典型特征。

材料准备

幼儿搭建拱桥、九曲桥的作品照片,风雨廊桥图片,廊桥亭子图标,积木若干。

活动描述

1. 欣赏风雨廊桥的图片,了解廊桥的典型特点。

教师:这座桥和我们刚才看到的桥有什么不同?

幼儿讨论风雨廊桥的外形。

教师:风雨廊桥位于重庆市黔江区濯水古镇,整座桥分为桥、塔、亭三部分,桥很长、很宽,它有很多桥墩,桥面上有长长的廊,廊的顶上有飞檐。

2. 讨论:怎样在桥面上搭建廊?

幼儿讨论并讲述:先搭建桥墩、桥面,再在桥面两侧搭建相同高度的栏杆,在栏杆顶上用铺平的方法搭顶,最后搭建飞檐。

3. 讨论合作搭建的方法。

幼儿在讨论与同伴怎样合作搭建风雨廊桥时,有幼儿提出:可以先分工,明确自己搭建的是哪一部分,然后再各自搭建,最后将大家搭建的内容组合在一起;也可以多人一起搭建桥的其中一部分内容。

幼儿自主选择同伴讨论搭建内容。

4. 幼儿合作建构风雨廊桥。

教师重点引导幼儿先搭建完整的桥,再在桥面搭建亭子和长廊。

菲菲拿出四个大圆柱,两两一组相对摆放,将两块双倍块分别摆放在两个大圆柱上做桥墩,将四块四倍块架高、平铺在两个桥墩上形成桥面。可可拿出四个中圆柱分别摆放在桥面四个角,将两块双倍块摆放在两个近距离的中圆柱上,将四块四倍块架高、平铺在双倍块上面。菲菲拿出四个大三角分别摆放在四倍块顶端四个角做飞檐。乐乐拿出四块四倍块斜放在桥面一端做斜坡,用相同方法搭建了桥面另一侧斜坡。菲菲拿出小曲面摆放在桥面、斜坡上做栏杆,乐乐拿出两块大曲面摆放在桥面下端做两个桥洞。

5. 欣赏搭建的风雨廊桥。

幼儿互相欣赏,介绍自己作品的特别之处。

活动延伸

区域游戏：在美工区提供勾线笔、绘画纸，幼儿用线描画的方式绘画风雨廊桥。

关键经验

1. 能用上下、左右的方位词描述风雨廊桥各部分的位置，感知它的典型特征。
2. 迁移已有建构经验，与同伴合作搭建风雨廊桥。
3. 感受中国名桥的建筑美。

图 10-18 风雨廊桥（一）

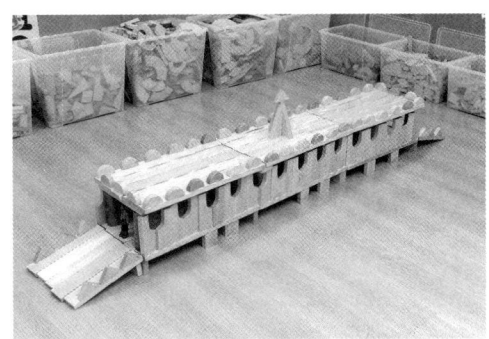

图 10-19 风雨廊桥（二）

图 10-20 风雨廊桥（三）

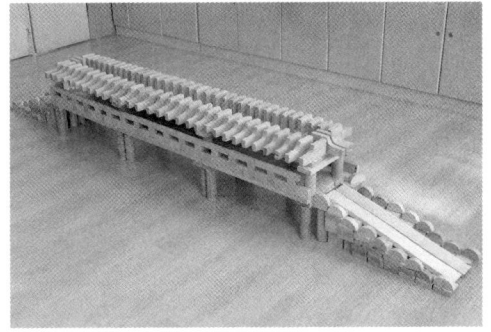

图 10-21 风雨廊桥（四）

活动四　各种各样的廊桥

活动背景

幼儿认识了中国名桥——风雨廊桥，了解了风雨廊桥的外形特征，用积木建构的方式探索廊桥的搭建方法，并合作搭建了风雨廊桥。他们对于廊桥的更多造型有进一步的探究兴趣。本活动中，幼儿通过对比和观察，了解各种各样的廊桥特征，并用建构的方式搭建廊桥，表现廊桥造型的多样性。

材料准备

幼儿搭建的风雨廊桥的照片、各种各样的廊桥图片、积木若干、玩具小人等。

幼儿园建构项目活动（中班）

活动描述

1. 回顾廊桥的搭建方法。

教师：这是小朋友们通力合作、共同搭建的风雨廊桥。在搭建风雨廊桥时，你们是怎么在桥面上搭建廊的？

师幼小结：先搭建桥墩、桥面，再在桥面两侧搭建相同高度的栏杆，在栏杆顶上用铺平的方法搭建顶，最后搭建飞檐。

2. 了解廊桥外形特征的多样性。

幼儿欣赏各种各样的廊桥图片及各自搭建的风雨廊桥的照片，他们了解到：泰顺廊桥，中国四大古桥之一，是世界上最长、最年轻的单孔跨度最大的廊桥，它只有一座桥洞，两边是台阶。安顺廊桥比较短，有三个桥洞，桥面中间的长廊最长，两侧各有一座古牌坊。江西廊桥全长140米，由六亭、五廊构成长廊式人行桥，每个墩上建一个亭，墩之间的跨度部分称为廊，因此，也叫廊亭桥。

3. 讨论搭建多种多样的廊桥的方法。

幼儿讨论：在搭建前先和同伴协商想搭建的廊的长度、桥洞数量、廊的数量，再自选同伴，分工合作搭建。

4. 幼儿合作搭建各种各样的廊桥。

乐乐拿出高圆柱搭建了两座相对摆放的桥墩，用四倍块架高做桥面。然后再次用相同的积木以架高的方法搭建第二个桥面，两面桥面成九十度直角转弯。然后连续用相同方法共搭建了四组直角转弯的桥面，形成了一座九曲桥的桥面。她拿出矮圆柱摆放在桥面左右两侧，用架高、铺平的方法用基本块搭建顶，形成了一个长长的廊，在廊的四个角各摆放了一块大三角，用来做飞檐。

教师重点引导幼儿在桥面搭建长廊时，注意作品的完整性和整齐性。

幼儿搭建好后，将玩具小人摆放到廊桥上。

5. 欣赏各种造型的廊桥。

幼儿欣赏后讲述自己最喜欢的廊桥造型。

活动延伸

户外游戏：提供大型碳化积木、拱桥、平衡木等材料，幼儿运用多种方式将材料组合搭建出各种造型、各种挑战难度的桥后，进行体育游戏。

关键经验

1. 能与同伴合作，合理运用各积木元件表现出各种造型的廊桥。
2. 能对各种各样的廊桥进行观察和比较，发现其在造型、长廊表现上的不同。
3. 在别人讲述各种廊桥特征时能注意倾听，并做出回应。
4. 感受将建构的桥与体育游戏相结合，共同游戏的快乐。

图 10-22　各种各样的廊桥（一）　　　图 10-23　各种各样的廊桥（二）

图 10-24　各种各样的廊桥（三）　　　图 10-25　各种各样的廊桥（四）

活动五　亭桥

活动背景

在探索、搭建廊桥的过程中，幼儿发现很多廊桥上都有亭子，他们通过查阅资料了解到，亭桥是廊桥的形式之一。本活动所要解决的问题是如何在桥面上搭亭。活动中，幼儿通过图片观察，了解广济桥的造型特征，并用建构的方式搭建广济桥，感受亭桥的造型特点。

材料准备

廊桥图片，广济桥图片，积木若干。

活动描述

1. 观察广济桥图片，了解广济桥的外形特征。

幼儿观察图片后了解到：广济桥为浮梁结合结构，由东西二段石梁桥和中间一段浮桥组合而成，梁桥由桥墩、石梁和桥亭三部分组成。广济桥有桥墩 12 个，桥台 1 座，桥孔 12 个；梁桥有桥墩 8 个，桥孔 7 个，中间浮桥由 18 只木船连接而成。

2. 讨论亭桥的搭建方法。

幼儿讨论并讲述：广济桥的梁桥是由一座座的亭桥连接而成，在搭建时，先搭建桥，再在桥面搭建亭子，最后把每座桥连接起来。

3. 幼儿合作搭建广济桥的梁桥。

天天拿出四个大圆柱，两两相对摆放，将两块双倍块摆放在距离较近的两个大圆柱上做桥墩；将四块四倍块架高、平铺在两个桥墩上做桥面；将四个中圆柱摆放在桥面中间位置的四个角，将两块双倍块分别摆放在左右两个中圆柱顶端，将四块双倍块架高、平铺在顶端做亭子的顶；又将四块半拱形积木短边着地，长边靠在一起做亭子顶端中心位置的尖顶，四个大三角分别摆放在顶的四个角做飞檐。随后，幼儿用大圆柱、双倍块架高做桥墩，四倍块铺平做桥面，将每一组元件连接起来，亭桥作品大功告成了。

教师重点引导幼儿在搭建桥的亭子部分时注意亭子位置在桥面中间。

4. 欣赏合作搭建出来的广济桥。

活动延伸

1. 区域游戏：在美工区提供勾线笔、绘画记录本，幼儿将建构中出现的问题和解决的方法记录下来。也可以自由选择各种低结构材料，如小棒、纸盒，制作桥。

2. 环境创设：制作中国名桥的儿童海报，关注幼儿对"名桥"相关问题的讨论与表现。

关键经验

1. 观察、了解广济桥亭桥的外形特征。
2. 迁移搭建古代建筑的经验，表现出亭桥的基本特征。

图 10-26 亭桥（一）

图 10-27 亭桥（二）

图 10-28 亭桥（三）

图 10-29 亭桥（四）

活动六 各种各样的亭桥

活动背景

幼儿了解了广济桥的外形特征，并用架构的方式表现出了亭桥的搭建方法，表现出广济桥的宏伟造型。在中国，还有哪些造型的亭桥呢？本活动中，幼儿通过图片观察，了解各亭桥的造型及亭子在桥上的位置，选用合适的积木与同伴合作表现各种亭桥，感受亭桥造型多样性的特点。

材料准备

各种各样的亭桥照片，积木若干。

活动描述

1. 欣赏各种各样的亭桥照片，了解亭桥外形的多样性。

幼儿观察、讨论各种亭桥的外形特征，发现：五亭桥左右两侧是台阶，桥身由大小不一、形状不同的卷洞组成，桥孔共有 15 个，中心桥孔最大，在桥面上有 5 座亭子，中间有一座亭子，两侧各并排两座亭子，亭子之间用短廊相接。有的亭桥上有一座亭子，有的亭桥上有多座亭子；有的亭桥桥身是单孔，很短；有的亭桥桥身长，引桥是台阶，有多个桥洞。

2. 讨论：如何搭建出多种多样的亭桥？

幼儿讨论并讲述：在搭建之前，先和同伴协商想搭建的亭桥造型，再分工合作搭建多种多样的亭桥。乐乐说想搭建两座连接在一起的亭桥；可可说想搭建有两层飞檐的亭桥；菲菲说想搭建九曲桥式样的亭桥。

3. 幼儿合作搭建亭桥，教师重点引导幼儿搭建出多种造型的亭桥。

先建好桥后，将四个大圆柱摆放在桥面中间位置，两块双倍块分别摆放在大圆柱上做第一层亭子的柱子，用四块双倍块架高、平铺在柱子上做亭子的顶，将四个中圆柱摆放在顶的四个角。随后用同样的方法继续表现第二层飞檐，呈现亭子状，最后用小积木搭建细节处。

4. 欣赏各种各样的亭桥。

幼儿介绍自己和同伴合作搭建的亭桥造型的典型特征。

活动延伸

区域游戏：在美工区提供勾线笔、白纸，幼儿用线描画的方式绘画各种各样的亭桥，用各种纸盒、筷子等材料制作小亭子；在科学区提供硬币、纸、圆柱形积木，幼儿进行纸桥实验，将一张 A4 纸平放或折叠，观察所承受的硬币数量，记录下实验结果。

关键经验

1. 欣赏各种各样的亭桥，感知亭桥造型多样性的外形特征。
2. 运用绘画、建构等方式表现出各种各样的亭桥。

图 10-30 亭桥（五）

图 10-31 亭桥（六）

图 10-32 亭桥（七）

图 10-33 亭桥（八）

四、关键经验

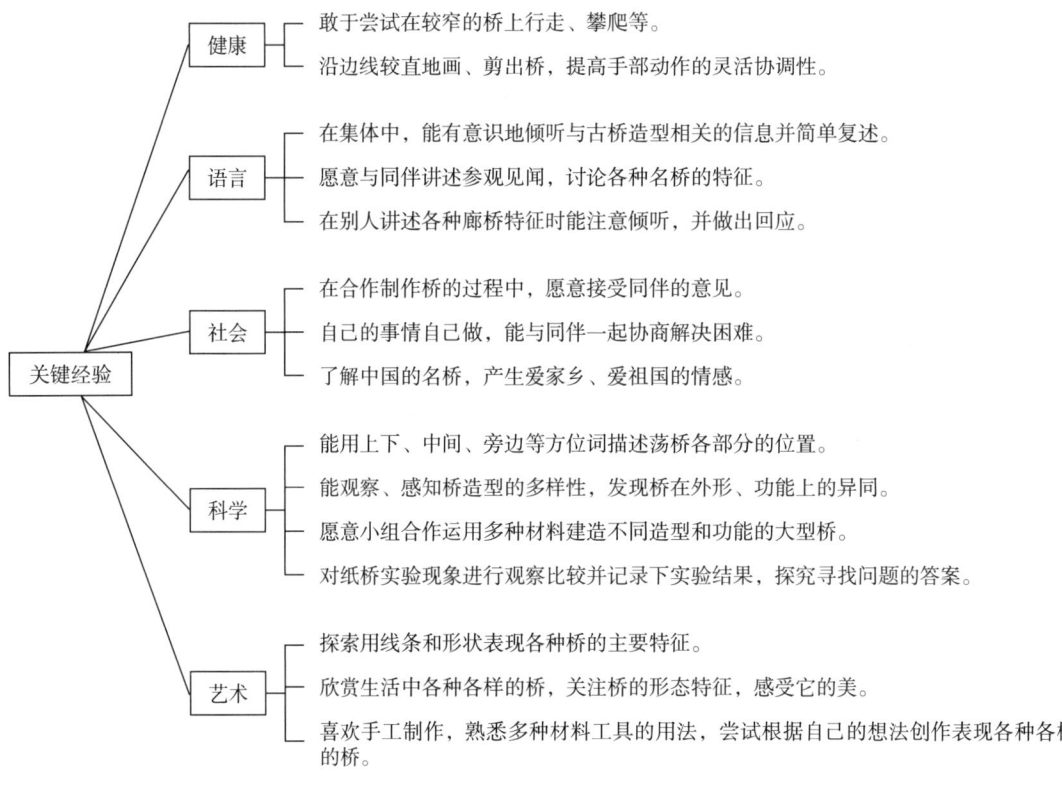

幼儿建构表征作品

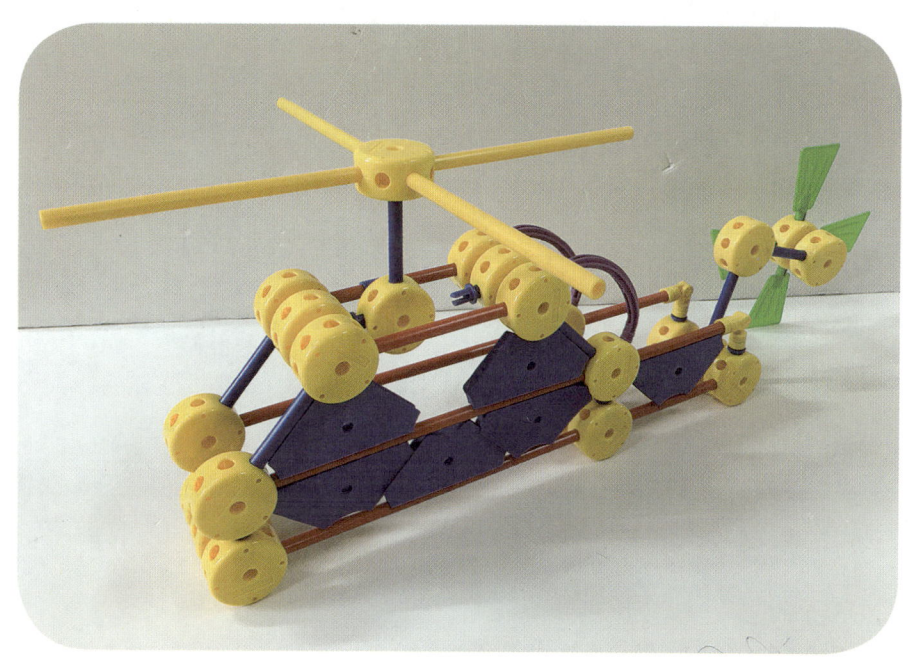

直升机

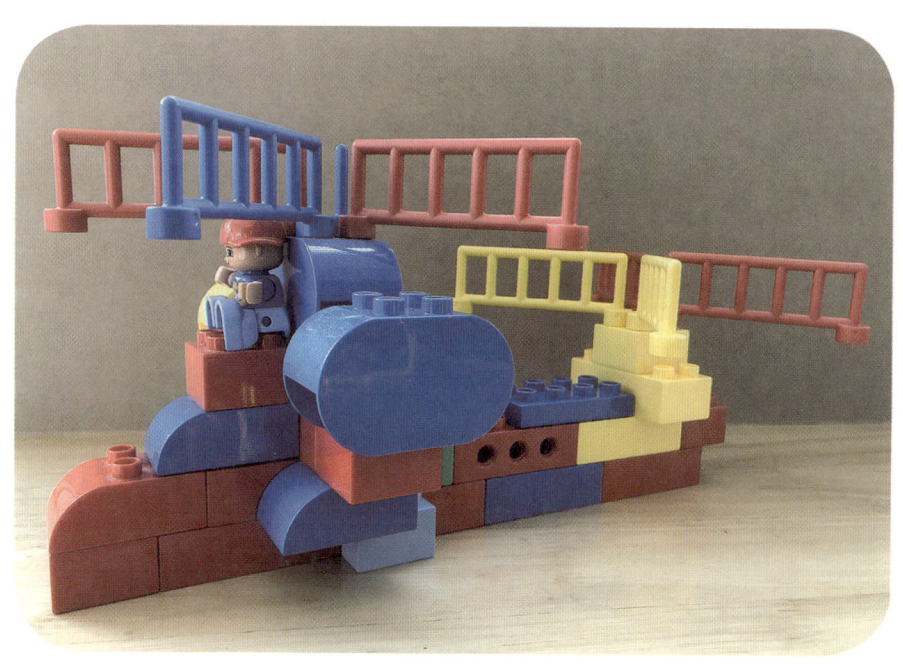

直升机

邮轮

邮轮

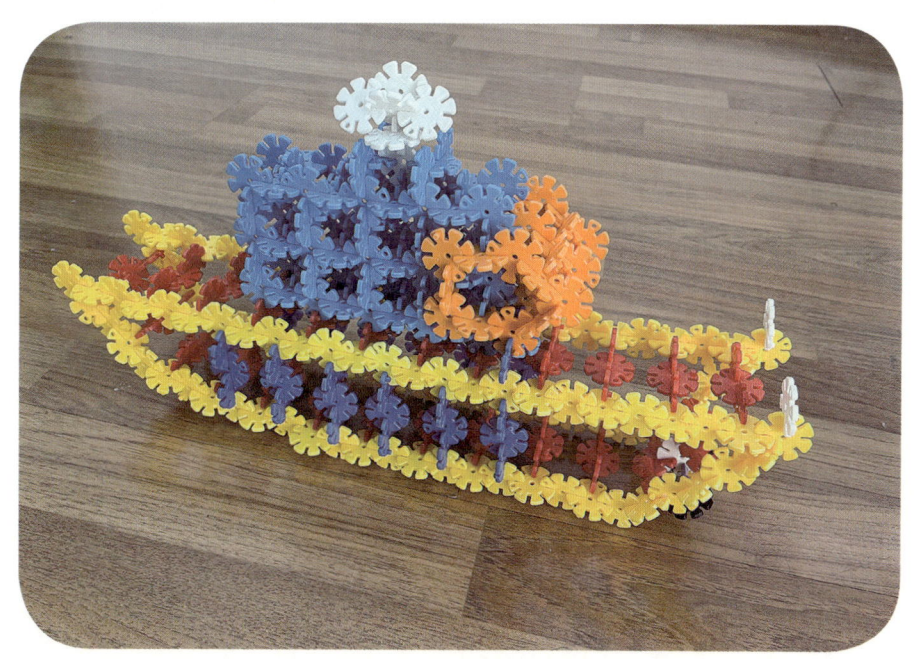

军舰

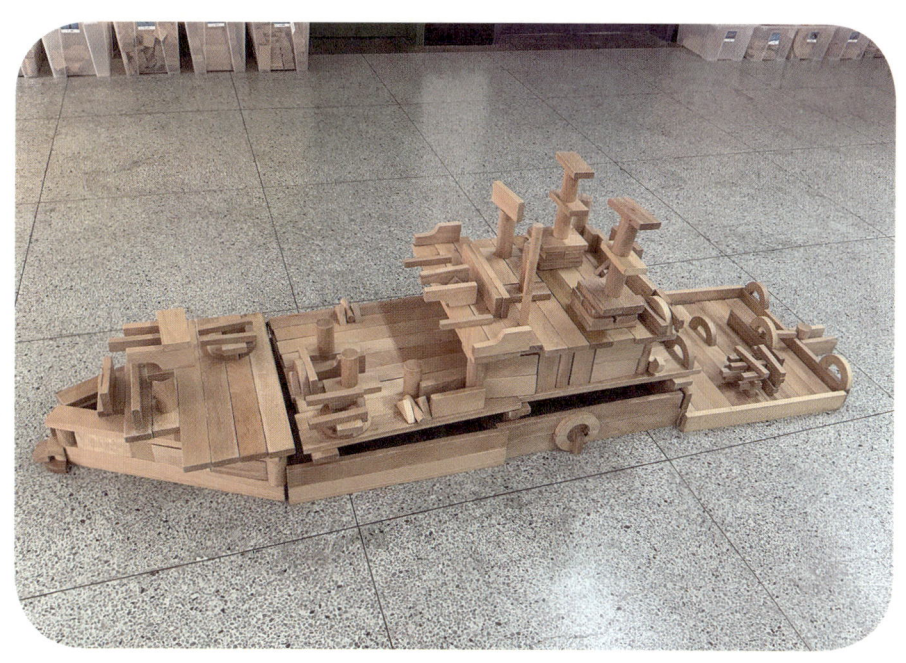

军舰

海龟

鲨鱼

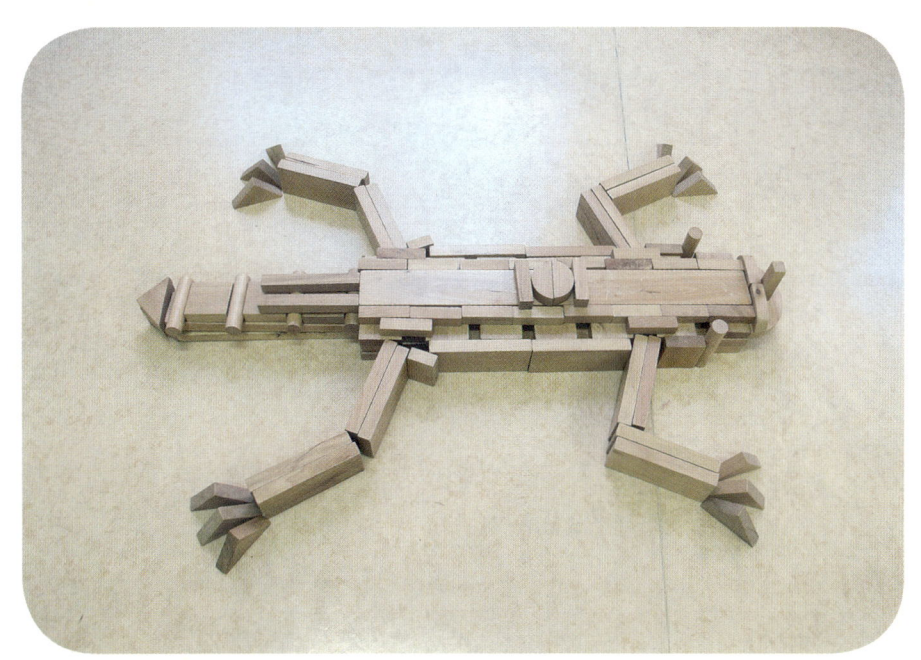

仿生壁虎机器人

机器人

未来机器人世界

未来机器人世界

画舫

画舫

十里秦淮

十里秦淮

动物乐园

猫咪

毛毛虫

蜻蜓

鸟儿

鸟儿

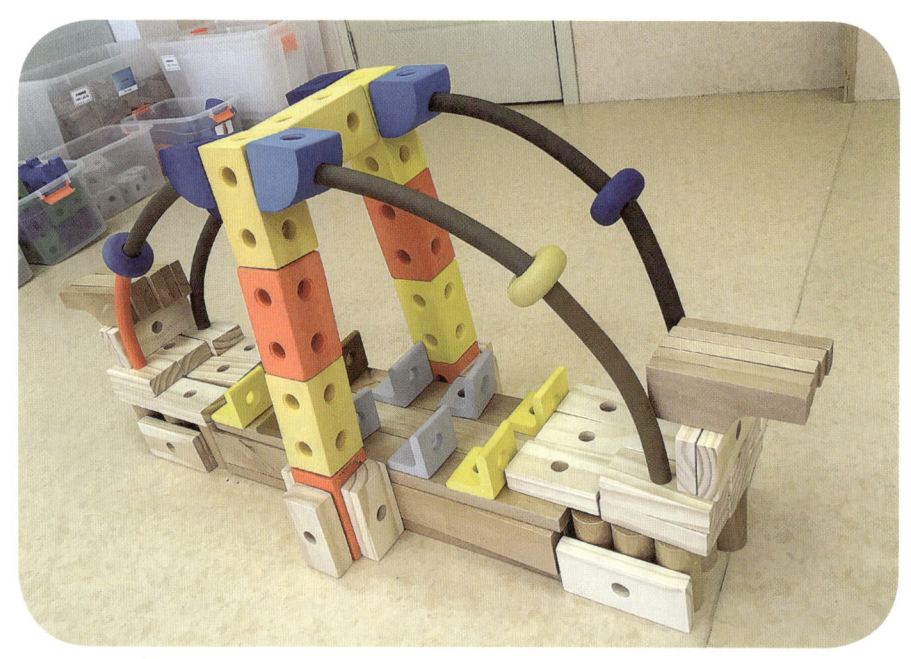

海盗船

游船

水晶鞋

水晶鞋

纸杯高楼

纸杯高楼　　　　　　　　纸牌高楼

桥

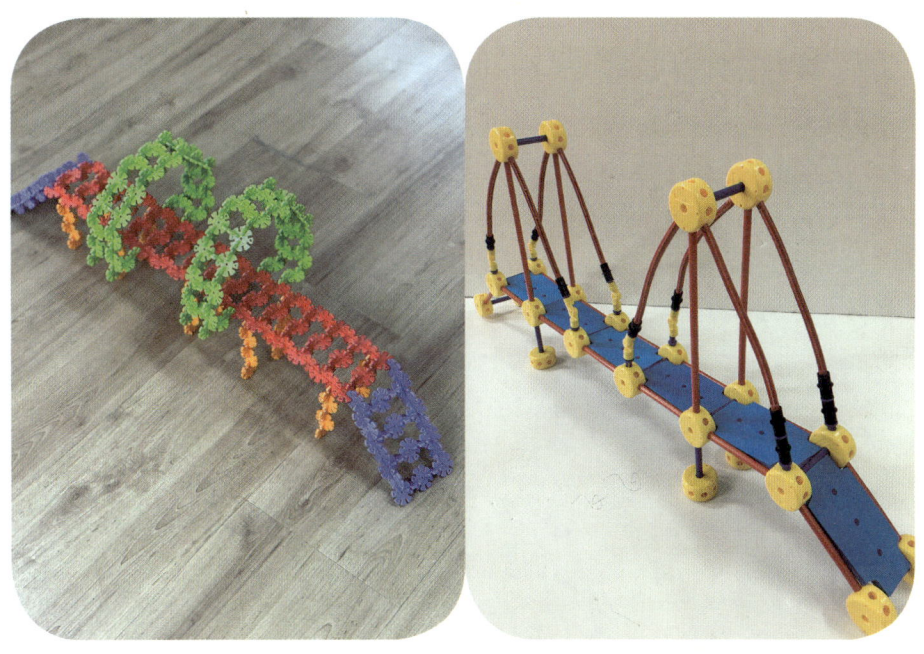

桥

后 记

感谢各位读者对我园第一套建构领域丛书《创意拼搭——幼儿园建构游戏方案》的厚爱，该丛书自2016年出版后又进行了加印。在建构领域方面，我园不断追随和实践，研究兴趣越来越浓，探究的广度越来越宽，内容也越来越细。时隔6年，在"十三五"省级规划课题研究的基础上，我们不断分析、实践、总结，第二套建构领域丛书《幼儿园建构项目活动》又与读者见面了。这套书在建构游戏方案的基础上，站在一个完整项目的角度，用建构的方式解决生活、游戏中的实际问题，将健康、语言、科学、社会、艺术各领域知识相互融合，成为支持儿童解决问题的助手，促进他们主动深入学习，全面提高各项能力的综合发展。

为了更好地呈现幼儿园建构项目活动内容，突出建构主线，在6年实践和验证的基础上，我们从50多个项目活动中，挑选出30个项目，小、中、大班各10个，进行再次整理。在整个研究过程中，教师的课程意识明显提高，儿童观、教育观也在逐步转变，随时随地都能看到项目活动已经和儿童的生活真正联系在一起。在文字的撰写上，我们以一个个问题为导向，更加凸显建构特色。

本套书的出版凝聚了许多人的心血，得到了许多专家的鼓励和指导。在此，特别感谢毛曙阳教授专门为丛书作序，感谢姚慧、张珲娟等幼教专家的指引，一次次和我们讨论、修改、完善幼儿建构项目活动的具体内容。

亲爱的读者，虽然我们的书稿已经完成了，但我们的研究仍在继续。在此，诚挚地邀请您提出宝贵意见，也希望通过本套书给您提供参考，一起做儿童喜欢的建构游戏、喜欢的建构项目活动。

南京市六一幼儿园
2022年8月